Armin Herb
Daniel Simon

RAD
Die schönsten Touren in Europa
REISEN

Delius Klasing Verlag

Wir danken:
Barbara Merz-Weigandt, Jochen Donner, Karin Michaelis, Paula Barceló Aguilar, Reiner Büchtmann, Jérôme Poulalier, Anna Maria Stranieri, Janne Smauget, Heinz Merlein, Hans-Peter Ettenberger, Dan Hooper, Ursula Leinfelder, José Ángel Risco, Ernesto Hutmacher, Hilke von Hoerschelmann.

Titelfoto: Daniel Simon
Küstentour am Monte Argentario in der südlichen Toskana.

Foto vorhergehende Seite: Daniel Simon
Auf dem Weg zum Cap de Cavalleria (Menorca).

Foto Seite 160: Daniel Simon
Zu Füßen des Pico del Teide (3718 m) auf Teneriffa.

Bibliografische Information der Deutschen Nationalbibliothek
Die Deutsche Nationalbibliothek verzeichnet diese Publikation in der Deutschen Nationalbibliografie; detaillierte bibliografische Daten sind im Internet über http://dnb.d-nb.de abrufbar.

1. Auflage
ISBN 978-3-7688-3162-8
© by Delius, Klasing & Co. KG, Bielefeld

Schutzumschlaggestaltung: Gabriele Engel
Kartografie: Rolle Kartografie, Holzkirchen
Layout: Hildegard Imping
Lektorat: Klaus Bartelt
Reproduktionen: digital | data | medien, Bad Oeynhausen
Druck: Kunst- und Werbedruck, Bad Oeynhausen
Printed in Germany 2010

Alle Rechte vorbehalten! Ohne ausdrückliche Erlaubnis des Verlages darf das Werk weder komplett noch teilweise reproduziert, übertragen oder kopiert werden, wie z. B. manuell oder mithilfe elektronischer und mechanischer Systeme inklusive Fotokopieren, Bandaufzeichnung und Datenspeicherung.

Delius Klasing Verlag, Siekerwall 21, D - 33602 Bielefeld
Tel.: 0521/559-0, Fax: 0521/559-115
E-Mail: info@delius-klasing.de
www.delius-klasing.de

Inhalt

Radler aller Art und Nationen treffen sich auf Mallorca.

Das Tal der Loire zählt zu den Radweg-Klassikern in Frankreich.

Sanfter Weg durch beeindruckendes Gebirge: Dolomiten-Radweg.

Der Ostsee-Radweg gilt als Dänemarks schönste Radroute.

Vorwort	7
Spanien	
Mallorca	8
Teneriffa	18
Menorca	26
Österreich	
Salzkammergut	35
Deutschland	
Bayern und Tirol	42
Mecklenburg-Vorpommern	52
Großbritannien	
Wales	61
Frankreich	
Tal der Loire	68
Burgund	78
Provence	87
Tschechien	
Moldau	94
Polen	
Masuren	102
Italien	
Dolomiten	110
Maremma	120
Norwegen	
Oslo–Bergen	128
Dänemark	
Ostsee-Inseln	138
Schweden	
Westküste	148
Autoren & Fotografen	158

Vorwort

Mit dem Auto ist man in der Regel zu schnell, zu Fuß ist es oft sehr Zeit raubend, aber das Fahrrad bietet genau die richtige Geschwindigkeit, um eine Region – im doppelten Sinne des Wortes – zu erfahren. Wir stellen das immer wieder fest.

Reisen mit dem Fahrrad sind ein ganz besonderes Erlebnis. Immer mehr Menschen steigen deshalb aufs Rad, um für einige Tage oder Wochen schöne Landschaften zu erfahren. Ob gemütlich an einem Fluss entlang oder sportlich durch Hügel und Berge – Radreisen bringen Bewegung in den Urlaub. Und zeigen einen ganz anderen Blick auf die Ferienregionen. Natürlich gelangt man auch per Bus, Bahn oder Mietwagen zu interessanten Aussichtspunkten oder idyllischen Ufern, aber meist auf anderen Wegen, und viele Details am Wegesrand bleiben dabei verborgen.

Dieses Buch richtet sich nicht unbedingt an Globetrotter, die monate- oder gar jahrelang mit schwerem Gepäck durch die Kontinente radeln. Vielmehr an aktiv Reisende, die auch auf nicht allzu langen Touren die schönsten Regionen Europas mit dem Rad entdecken möchten. Und es gibt wahrlich viel zu entdecken. Eine gute Infrastruktur für Radreisende hilft dabei, vor allem in Deutschland und in den radbegeisterten Nachbarländern. Aber auch Spanien, Großbritannien oder Italien empfangen zunehmend radelnde Urlauber und bieten ihnen mehr und mehr beschilderte Routen und radfahrerfreundliche Unterkünfte. Schließlich hat Radfahren auch etwas Verbindendes: So begegnete uns kürzlich auf einem Radfernweg am Tegernsee ein Chinese und schmetterte uns lachend ein freundliches, bayerisches „Griaß Di!" entgegen.

In diesem Sinne: Viel Spaß beim Lesen und auf der nächsten Tour.

Armin Herb & Daniel Simon

Mallorca

Die beliebteste Ferieninsel im Mittelmeer ist auch ein Hot Spot für Freizeitradler – vor allem in der Nebensaison.

Eine Insel für alle

Armin Herb, Text   Daniel Simon, Fotos

Cap Formentor – Mallorcas schönes Ende im Nordosten. (vorhergehende Doppelseite).

Mallorca klassisch: Radeln zwischen Bruchsteinmauern und Olivenbäumen.

Vor Wind und Wellen geschützt liegt die wildromantische Cala Pi an der Südküste.

Schon wieder Mallorca? Warum denn nicht?! Die Lieblingsinsel nicht nur der Deutschen ist die Radlerinsel schlechthin. Das wissen nicht nur die Profi-Radteams und tausende Hobby-Racer, die sich dort jedes Frühjahr auf die kommende Saison vorbereiten. Auch die Trekkingbiker lernen die Balearen-insel mehr und mehr zu schätzen. Immerhin sind noch viele weitere Kilometer Radwege in Planung. Biker statt Ballermänner – scheint die Inselregierung zu denken und unterstützt tatkräftig den Fahrradtourismus. Fernziel ist, dass einmal alle Dörfer auf einem Radweg erreichbar sein sollen. Der Vorteil dabei: Die Flüge nach Palma de Mallorca sind preiswert, und die Infrastruktur für Radler lässt nur wenige Wünsche offen. Auch wenn sich so mancher Aktiv-urlauber gerne eine exakte Wegbeschilderung wie an den deutschen Fernradrouten wünschen würde. Nichts ist perfekt. Ein bisschen südländisches Flair muss eben auch sein.

Nur der Einstieg kann etwas Überwindung kosten. Anfangs kommt man sich fast verloren vor unter all diesen Rennrad-Cracks: Ex-Weltmeister, Sieger von Sechs-Tage-Rennen und sogar viele Hobby-Racer spulen noch ein Tagespensum von 100 Kilometern herunter. Selbst am „Ballermann" in S'Arenal flitzen sie ständig vorbei – die Radler-Pulks in ihren quietschbunten Vereinsleibchen mit Sponsorenlogos darauf. Genau dort, wo fast alle Malle-Besucher einmal hinwollen, starten wir unsere Radwoche. Außerhalb der Hauptsaison gibt man sich ruhiger an den ehemaligen Balnearios, den Strandkiosken und Namensgebern für den „Ballermann" an der Playa de Palma. Kein Kübelsaufen zwischen Schinken- und Bierstraße. Man schaut zwar Fußball auf Großleinwänden, aber der Teutonengrill wirkt nun fast wie eine gewöhnliche mediterrane Strandpromenade, abgesehen von den urdeutschen Kneipennamen wie „Oberbayern" und „Bierkaiser". Und welch angenehme Überraschung: Zwischen Ballermann und Palma verläuft sogar einer der besten Radwege der Insel. Trotzdem machen wir kehrt. Wir wollen raus aus der Mammut-Touristensiedlung, weg aus dem Labyrinth aus Ferienhotels und Appartementhäusern. Zuerst mal den Rennradlern hinterher gen Süden. Nach einigen Kilometern lässt der Autoverkehr nach, und die schier endlose Häuseransammlung weicht mediterraner Macchia. Nach zunächst etwas eintöniger Kulisse rollen wir eben dahin durch Mallorca-Landschaft, wie man sie von vielen Bildern kennt: Schmale Sträßchen winden sich zwischen Bruchsteinmauern, dahinter Blumenwiesen und Mandelbäume, ab und zu ein paar Schafe im Gras.

Cala Pi heißt das Ziel. Eine Bucht wie eine kleine Schlucht. Wellen donnern gegen wilde Felsen. Zum Strand führt ein schmaler steiniger Weg hinunter. Nix los am Beach. Es ist noch zu kühl für ein Bad im Meer. Unser Weg führt

Wilde Landschaft, spannende Route: die Straße zum Cap Formentor.

wieder ins Landesinnere. Gemütliches Radeln, mal mit Rückenwind, mal mit Gegenwind, fast ohne Steigungen. Bis auf eine, und die hat es in sich. Hinter dem Städtchen Llucmajor warten noch einige anstrengende Serpentinen. Schon von weitem ist das Ziel zu sehen. Das Asphaltband hinauf auf den einzeln stehenden Berg endet erst nach fünf Kilometern auf 543 Metern über dem Meer am Kloster Cura, besser gesagt, dem Santuari de Nostra Senyora de Cura. Eigentlich gibt es auf Mallorca gar kein klassisches Kloster mehr. So ist auch das Santuari de Cura heute ein kleines, nicht alltägliches Hotel mit Zimmern in Mönchszellen und ein Museum, das von Franziskaner-Patres verwaltet wird, und der zweitwichtigste Wallfahrtsort der Insel nach dem Kloster Lluc. Hier oben lebte einst auch der berühmte mallorquinische Mönch Ramon Llull, dem unter anderem zu verdanken ist, dass Katalanisch vom Dialekt zur Kultur- und Literatursprache erhoben wurde. Der Rückweg hinunter ins schmucke Dörfchen Randa ist ohne Treten zu schaffen – einfach rollen lassen. Und dann noch ein paar Flachkilometer zurück zu unserem Radlerhotel an der Cala Blava. Natürlich radeln wir in Ruhe abseits der lebhaften Hauptstraße – das GPS-Gerät weist den Weg.

Ortswechsel vom Südwesten in den Nordosten. Statt Mallorca in Etappen hatten wir uns für Standorttouren entschieden. Der zweite Stützpunkt liegt an der weiten Bucht von Alcúdia. Ein herrlich langer Sandstrand, dahinter der Parc Natural S'Albufera und das Beste: fast keine Leute. Viele Bars und Hotels bleiben im Frühjahr geschlossen. Hochsaison herrscht nur bei Hürzeler. Am Playa de Muro befindet sich nämlich eine der größten Radstationen der Welt. Beim ehemaligen Bahnweltmeister treffen sich zwar hauptsächlich Rennradler. Aber den allmorgendlichen Auftrieb sollte man sich ansehen: Rund 2000 erstklassige Leihräder warten in Halle und Zelt auf Abnehmer. Laut klackern hunderte Klickpedalplatten auf dem Asphalt. Die Hobby-Racer in ihren oft zu engen Trikots wuseln hektisch zwischen den Tischen für Erfrischungsgetränke und Energieriegel und der Radausgabe hin und her. Dann suchen sie schnell die richtige Gruppe und los geht's auf Tour. Eine perfekte Rad-

Der Hafen von Puerto Sóller ist im Frühling noch etwas verschlafen (oben).

Pulsierendes Kleinstadtleben an der Plaza de España in Sóller.

Der Baustil des Bankgebäudes von Sóller heißt Modernisme Katalan.

Am Cap Pinar finden sich noch einige schöne, versteckte Badeplätze.

Das ist Mallorcas liebliches Hinterland, wie es alle lieben – auch die Radler (rechts).

sportmaschinerie läuft hier ab. Man weiß nicht, soll man nun fasziniert oder abgeschreckt sein. Spätestens um zehn kehrt Ruhe ein. Jetzt sollten auch wir langsam auf Touren kommen, auch wenn nur eine kleine Runde auf dem Plan steht.

Die gemütlicheren Radler fahren bei Hürzeler in der „Cappuccino-Gruppe", was etwa so viel heißt wie ein Schnitt von 20 km/h und 60 bis 80 Kilometer pro Ausfahrt. Angelehnt daran, machen wir daraus spanisch das „Café-con-leche-Team". Kultur und Kaffee stehen heute im Vordergrund, nicht die Kilometer. Von Puerto Alcúdia schlängeln wir uns über asphaltierte Feldwege durch Olivenhaine nach Pollença, der Künstler- und Kulturmetropole des Nordens. Damit der Kaffeestopp an der Placa Mayor auch wirklich verdient ist, folgt zuvor noch eine kleine Bergprüfung. Durch steile zugeparkte Gässchen schnaufen wir hinauf zum Kalvarienberg. Beeindruckend ist dort oben nicht die kleine Kapelle, sondern der Rundblick auf die alte Stadt, die weite Bucht und die kahlen Felsberge im Wechsel mit fruchtbaren Feldern.

Ganz anders der nächste Spot: Cala Sant Vicenç. In der schmalen Bucht zwischen hohen Felsen hört man in erster Linie das Meer rauschen. Sonst fast unwirkliche Ruhe. Hotels und Ferienhäuser wirken verwaist. Am Ministrand liegen drei Unverdrossene im Windschatten. Nur in der Bar „Mallorca" herrscht Betrieb – ein beliebter Treff mit Fahrradparkplatz. Genau richtig für eine stärkende Pause: An der frischen Luft schmeckt „Pa amb oli" besonders gut. Das mallorquinische „Butterbrot" ist geröstet, mit Olivenöl, Rosmarin, Knoblauch und klein geschnittenen Tomaten bestrichen. Dazu werden Schinken, Ziegenkäse und grüne Oliven gereicht. Den Nachmittags-Kaffeestopp legen wir in Alcúdia ein. Mächtige Stadtmauern öffnen den Durchgang ins denkmalgeschützte Städtchen. Hier müssen wir auch am folgenden Tag wieder vorbei auf dem Weg zum Cap Formentor, und zwar ganz früh, wenn die schmale Straße noch uns gehört. Vor zehn Uhr lässt sich die Strecke genießen, sicher nicht wegen der Steigungen, sondern wegen der faszinierenden Landschaft. Senkrechte Felsen stürzen ins tiefblaue Meer. Am windumtosten Leuchtturm treffen sich alle, genießen den Rundblick und radeln zurück. Bei der Rückfahrt ergeben sich wieder ganz andere Aus- und Tiefblicke. Etwa zum Naturstrand der Cala Figuera oder zur verlockenden Playa Formentor. Inzwischen kommen uns schon Kolonnen von Mietwagen und Bussen entgegen. Gut, dass wir früh dran waren. So schaffen wir noch einen Abstecher Richtung Cap Pinar, das die Buchten von Alcúdia und Pollença trennt – bis der Tag mit einem warmen Abendlicht ausklingt.

Kann es landschaftlich noch eine Steigerung geben zum Cap Formentor? Gibt es. Das Tramuntanagebirge – 90 Kilometer lang und bis über 1400 Meter hoch – ist mehr als einen Besuch wert. Vor allem die Straße nach Sa Calobra. Kurve um Kurve windet sich das Asphaltband wie eine gigantische Schlange durch die Felsen zwölf Kilometer und 800 Höhenmeter hinunter ans Meer. Ein Abfahrtserlebnis wie im Rausch. Allein dieses Serpentinenabenteuer ist Grund genug, nochmals hierher zu kommen. Aber möglichst wieder in der Nebensaison.

Info **Mallorca**

CHARAKTER Mallorca bietet für jeden etwas. Viele flache Asphaltstrecken – auf Haupt- und Nebenstraßen auch oft mit Radstreifen –, fordernde, aussichtsreiche Passstraßen, windige Küstenabschnitte und auch mal schotterige Feldwege. Neue Radwege sind in Planung.
TOURENTIPPS: 1. Von Arenal zur Cala Pi: S'Arenal – Bahia Gran – Cala Pi – Sa Ràpita und zurück; 88 km (mittelschwer; ggf. ohne Sa Ràpita fahren)
2. Von Puerto Alcúdia zum Cap Formentor: Puerto Alcúdia – Alcúdia – Port de Pollença – Cap Formentor und zurück; 72 km (schwer). Am besten ganz früh am Morgen starten, wenn noch keine Touristenbusse unterwegs sind!
3. Von Sóller zum Kloster Lluc: Sóller – Fornalutx – Col de Puig Major – (Abzweig Sa Calobra) – Kloster Lluc; 36 km, 1050 Höhenmeter (mittelschwer bis schwer). Mit Abstecher nach Sa Calobra zzgl. 24 km und 900 hm (schwer).

GPS-TRACKS Diverse Touren zum Download unter www.rad-mallorca.de

BESTE REISEZEIT Mitte März bis Mitte Juni und Anfang September bis Ende Oktober. Im Hochsommer ist es zu heiß für Radtouren.

ANREISE Am besten per Flugzeug, z. B. von mehr als zehn deutschen Flughäfen in rund zwei Stunden nach Palma de Mallorca, z. T. auch zum Schnäppchentarif (Air Berlin, Condor, TUIfly, Lufthansa). Radmitnahme unbedingt vorher anmelden!

RAD-SHOPS Fahrradservice gibt's vor allem in den größeren Orten wie Palma, Sóller etc., viele Radläden finden sich rund um Pollença und Alcúdia.

RESTAURANT-TIPP Bodega D'es Port in der Teodoro Canet 8 in Puerto Alcúdia. Sehr gute Tapas und authentische mallorquinische Küche in urigem Ambiente. Direkt am Hafen gelegen.

BIKE-HOTELS Die Auswahl kann sich sehen lassen. Komfortabel am Strand: Hotel Iberostar Playa de Muro Village an der Bahia de Alcúdia, Tel. 0034-971/890460 (mit Radverleih, Bike-Boutique und Werkstatt, Hürzeler-Radstation), www.iberostar.com. Ansprechende Land- und Strandhotels oder Fincas auf der Insel bei Reis de Mallorca (www.reisdemallorca.com)

VERANSTALTER Philipp's Bike Team (www.radferien-mallorca.com); Vuelta (www.vuelta.de); Wikinger Reisen (www.wikinger.de); Velotours (www.velotours.de); Velociped (www.velociped.de); Dertour (www.dertour.de); Rückenwind Reisen (www.rueckenwind.de); Eurobike (www.eurobike.at). Vuelta (www.vuelta.de) bietet auch eine einwöchige individuelle Insel-Rundreise mit GPS-Führung.

KARTEN/LITERATUR Kompass Wander- und Bike-Karte Nr. 230 „Mallorca", 1:75 000; Kompass Digitale Wander- und Radkarte „Balearen"; bikeline „Radatlas Mallorca", 1:75 000, 160 Seiten.; Cyklos-Fahrradreiseführer „Mallorca per Rad", 224 Seiten. Bruckmanns Radführer „Mallorca" mit Karten 1:75 000, 192 Seiten. Allgemeine Reiseinfos findet man gut aufbereitet in: „Mallorca", Michael Müller Verlag, 256 Seiten.

AUSKUNFT (ALLGEMEIN) Spanisches Fremdenverkehrsamt, Kurfürstendamm 63, 10707 Berlin, Tel. 030/8826-543, Fax 030/8826-661 (mit Filialen in München und Düsseldorf), www.spain.info

INTERNET www.rad-mallorca.de, www.mallorca-radsport.de (Tourtipps, Radreisen, Radverleih etc.); www.newsmallorca.com, www.visitbalears.com (allgemeine Infos zur Insel)

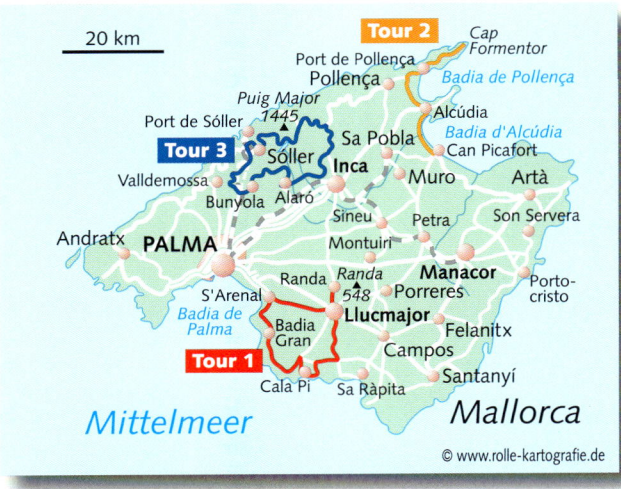

Teneriffa

Wüstensand und Meeresstrand, Vulkane und Dschungel –
auf Radtouren erschließt sich die Vielfalt der Kanareninsel.

Naturgewalten

Armin Herb, Text   **Daniel Simon, Fotos**

Frost auf der Ferieninsel? Ja, selbst in südlichen Breiten sackt in luftigen Höhen das Thermometer unter null. Vor allem am frühen Morgen. Während in Playa de las Americas gerade die ersten Sonnenanbeter per Badelaken die Strandliege reservieren, fahren wir durch gefrorene Pfützen. Hoch oben im Nationalpark herrschen Softshell-Temperaturen – glasklare Luft, aber zum Bibbern kalt. Zugegeben, wir haben uns samt Rad per Taxi-Shuttle aufs Cañadas-Hochplateau auf 2000 Meter bringen lassen. Sonst hätten wir wohl mitten in der Nacht in Orotava loslegen müssen und wären nach mehr als 1500 Höhenmetern jetzt am Ende der Kräfte. So geht es nun erst los. Noch gehört die Mondlandschaft uns. Vor zehn Uhr drohen noch keine Mietwagenkolonnen im Parque Nacional del Teide. Das Vorankommen geht aber trotzdem eher schleppend. Immer wieder locken Fotostopps vor Lava und bizarren Felsen. Die ideale Kulisse für Science-Fiction-Filme à la „Krieg der Sterne". Aber zum Glück darf man das empfindliche Ökosystem nur auf markierten Wegen betreten.

Erster Stopp zum zweiten Frühstück: die Teide-Seilbahn. In der Cafeteria erwarten uns lange Gesichter. Die Bergbahn hat den Verkehr eingestellt. Zu starker Wind, außerdem verwandelt Glatteis die Gipfelwege in gefährliche Rutschbahnen. Spaniens höchster Berg mit 3718 Metern scheint die Besucher zu necken. Obendrein verhüllt er sein schneeweißes Haupt immer wieder mit einer dicken Wolkenhaube. Da bleibt den enttäuschten Gästen nur der Blick durch die riesige Panoramascheibe. Keine Entschädigung für den Gipfelbesuch, aber trotzdem ein paar Minuten Pause wert.

Wir rollen weiter zum Mirador Los Roques, einem der begehrtesten Spots der Insel. Dieses Felsenensemble, ein Schauspiel aus Farben und Formen, muss man wirklich gesehen haben. Auch wenn tagsüber ganze Busladungen dazwischen herumwuseln. Bevor Busse und Kleinwagen das Radeln vermiesen, biegen wir von der Hauptroute ab. Es folgt eine nicht enden wollende Abfahrt durch Kiefernwälder auf bester Fahrbahn, unterbrochen durch grandiose Aussichtspunkte. Im Blickfeld bauen sich dort die Nachbarinseln Gran Canaria, Gomera und La Palma auf. Aber Sightseeing macht leider nicht satt. Sondern eher ein original kanarisches Mittagessen. Vilaflor ist nicht nur bekannt als Teneriffas höchstgelegenes Dorf auf 1400 Metern, sondern auch für seine authentische Küche. Isabel, Wirtin im eigenen kleinen Gartenlokal, empfiehlt als Vorspeise gegrillten Ziegenkäse mit Palmenhonig, danach Gemüseeintopf mit Gofio und zum krönenden Abschluss Bienmesabe, eine sündig-süße Mandelspeise. Dazu einen Café cortado, eine Art Espresso mit süßer Milch. Das opulente Mahl bringt verbrauchte Energie schnell zurück, lähmt aber auch etwas den Willen zur Weiterfahrt.

Frostig-schön: in eisigen Höhen im Teide-Nationalpark. (vorhergehende Doppelseite).

Abstecher in den Bergwald oberhalb von Güímar.

Stopp an der Playa de las Teresitas – Teneriffas schönster Badestrand (linke Seite).

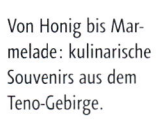

Von Honig bis Marmelade: kulinarische Souvenirs aus dem Teno-Gebirge.

Bergort Masca: Serpentinen, Steilpassagen, aber eine einmalige Szenerie.

Wild und noch recht ursprünglich ist die Nordküste bei Garachico.

Hochland-Highway: auf 2000 m Höhe durch den Nationalpark Las Cañadas (rechts).

Am Ortsausgang strampeln uns athletisch zwei Mann des Teams Milram entgegen. Die Radprofis wissen eben auch, wo es sich in toller Umgebung gut trainieren lässt. In Granadilla endet die Talfahrt. Es folgt ein langes, angenehmes Auf und Ab mit vielen Kurven, durch kleine Dörfer, durch Kakteenhaine, hier und da einer der markanten Drachenbäume. Und in der Ferne leuchtet stets tiefblau die Küste des Atlantiks. Erst in Güímar ist wieder wahrer Sportgeist gefragt. Die vielen Serpentinen hinauf nach Arico und weiter durch die Wälder in Richtung Hochplateau gehen ganz schön an die Kondition.

Seitenwechsel an die Nordküste. Garachico im Morgenlicht. Schon von weitem leuchten die weißen Häuser auf dem schwarzen Lavagestein. Ein alter Mann krabbelt über die Felsen am Meer auf der Suche nach Muscheln und Krabben. Im 16. und 17. Jahrhundert war Garachico die bedeutendste Hafenstadt Teneriffas. Ein gigantischer Vulkanausbruch beendete vehement diese Ära. Heute geht es hier eher gemütlich provinziell zu. Die alten Gassen sind sogar autofrei. Unsere Route führt am Meer entlang, durch Bananenplantagen nach Buenavista del Norte. Dort stoppt ein mannshohes Warnschild Fahrzeuge aller Art: Weiterfahrt verboten. Die eindrucksvoll in die Felsen gehauene Straße zum Leuchtturm von Punta de Teno ist mal wieder wegen Steinschlaggefahr gesperrt. Schade! Also geht es gleich hinauf ins Teno-Gebirge Richtung El Palmar. Kurve um Kurve werden die Häuser weniger, die Temperatur sinkt. Vor einem verfallenen Gehöft steht ein altes Pferd – wie wenn es jemand vergessen hätte. Eine anstrengende Radroute mit grandioser Szenerie. Am Horizont bauen sich bizarre Felsen auf. Dann plötzlich ein atemberaubender Tiefblick auf Masca und die gleichnamige Schlucht. Auch Teneriffas schönstes Dorf hat unter den verheerenden Bränden im Jahre 2007 gelitten. So manch historisches Haus fiel den Flammen zum Opfer. Heute ist von der Katastrophe nur noch wenig zu sehen. Hinter dem schmucken Dörflein, das abends wie ausgestorben wirkt, drohen wieder steile Serpentinen. Wäre diese Wildwestlandschaft nicht so faszinierend, könnte man die Lust am Treten verlieren. Dann nach einer windumtosten Kuppe wieder dieser spezielle Teneriffa-Anblick: formatfüllend der Schlot des Teide, diesmal nur von der anderen Seite. Nach erholsamem Ausrollen Richtung Santiago del Teide eine letzte Bergprüfung hinauf zum Pass von Puerto de Erjos. Das Tourfinale führt dann nur noch bergab. Zuerst auf ausgebauter Route bis El Tanque, dann in Haarnadelkurven steil hinab wieder nach Garachico. Kurve um Kurve wurde die Straße in den Fels gemeißelt. An den Hängen kleben verwegen kleine weiße Häuschen. Im warmen Spätnachmittagslicht am kleinen Hafen lassen wir alles Revue passieren und besprechen unsere dritte Gebirgstour. Diese führt in die nordöstliche Ecke der Insel: von der Inselhauptstadt Santa Cruz erst mal zum schönsten Palmenstrand Teneriffas, Playa de las Teresitas, danach in vielen Kurven hinauf ins Anagagebirge und am Kamm entlang zum alten Universitätsstädtchen La Laguna. Eine beeindruckende Route, aber mal wieder eine Herausforderung an die Kondition.

Info Teneriffa

CHARAKTER Die Insel will erobert sein. Die interessantesten Routen finden sich vor allem in den verschiedenen Gebirgsregionen, d. h., eine gute Kondition und Übersetzung sind ratsam. Auf bestimmten Routen nehmen auch einige Linienbusse (am besten vorher anfragen!) begrenzt Fahrräder mit. Die Touren verlaufen meist auf den asphaltierten Inselstraßen, einige Abschnitte leider auch mit viel Autoverkehr.

TOUR-TIPP Teno-Gebirge
Eine schwere, etwa 45 km lange, aber landschaftlich überaus reizvolle Runde mit einigen steilen Anstiegen führt von Garachico an der Nordküste entlang nach Buenavista del Norte und weiter ins Gebirge nach El Palmar und Masca, hinauf nach Santiago del Teide und Puerto de Erjos und von dort zurück nach Garachico (optional mit Exkursen nach Icod de Los Vinos oder zum Leuchtturm von Teno).

BESTE REISEZEIT Ganzjährig (im Juli und August kann es warm werden); herrliche Landschaft im Januar und Februar zur Mandelblüte.

ANREISE Täglich gehen Ferienjets von mehreren Flughäfen Deutschlands nach Teneriffa-Süd, einige auch nach Teneriffa-Nord, z. B. Condor, Air Berlin und TUIfly. Radmitnahme vorher anmelden!

RAD-SHOPS/-VERLEIH In den Bergen sollte man autark sein. Ansonsten gibt es Radverleih und Service in Puerto de la Cruz (Calle Mazaroco, edificio Daniela 26, bajo, gegenüber dem Busbahnhof, Tel. 0034-922/376081, www.mtb-active.com, und in Playa de las Americas (Diga Sports, Avenida Rafael Puig, 23, Tel. 0034-922/793009, www.diga-sports.de).

HOTELTIPPS Die Auswahl an Unterkünften unterschiedlicher Kategorien an der Küste ist groß, nicht so sehr in den Bergen. Für Bergfans: Das einzige Gebäude im Teide-Nationalpark ist der Parador Las Cañadas del Teide, Tel. 0034/922374841, E-Mail: canadas@parador.es. Für Kulturfans: Das kleine, sympathische Altstadthotel Rural Victoria aus dem 17. Jahrhundert, Hermano Apolinar 8, E-38300 La Orotava, Tel. 0034-922/331683, Fax 0034-922/320519, www.hotelruralvictoria.com

KARTEN/LITERATUR Nicht mehr ganz aktuell, aber trotzdem nützlich ist das Büchlein „Teneriffa & Gomera per Rad", 256 Seiten, aus dem Wolfgang Kettler Verlag. Einen ausführlichen Insel-Überblick gibt's im Reisehandbuch „Teneriffa" aus dem Michael Müller Verlag, 256 Seiten. Relativ genau und mit diversen Radrouten: die Kompass Wander-, Bike- und Straßenkarte Nr. 233 „Teneriffa" 1 : 50 000.

AUSKUNFT (ALLGEMEIN) Spanisches Fremdenverkehrsamt, Kurfürstendamm 63, 10707 Berlin, Tel. 06123/99134, Fax 030/8826-543, weitere Büros in München, Düsseldorf und Frankfurt, www.spain.info, www.web-tenerife.com, www.teneriffa.com (touristische Infos).

Menorca

Mallorcas kleine Schwester überrascht mit sanft hügeligem Grünland und einer wilden Küste.

Wilde Küste

Armin Herb, Text   **Daniel Simon, Fotos**

Dunkler Schiefer prägt die Landschaft am Cap de Favàritx (vorhergende Doppelseite).

Dauerbegleiter: Menorcas Bruchsteinmauern sind 15 000 Kilometer lang.

Bizarre Mondlandschaft umgibt das glasklare Meer an der Cala Morell.

Unser Schiff legt sich in die Wellenberge wie ein Segelboot. Unfreiwillig. Das aufgepeitschte Meer zwischen Mallorca und Menorca bringt selbst mächtige Autofähren ins Wanken. Und den Passagieren einen flauen Magen. Segler und Surfer haben einen riesigen Respekt vor diesen Gewässern. Aber Radler brauchen nichts zu fürchten. Menorca gebärdet sich nur an der Küste so wild. Ansonsten gibt sie sich unverhofft sanft. Außer man macht eben mal Pause auf einer Klippe wie am Cap d'Artrutx. Dort herrscht Wegspülgefahr, wenn man zu nah am Rand sitzt.

Menorca misst nur ein Fünftel der Fläche seiner großen Schwester, bei den Besucherzahlen ist es wohl gerade mal ein Zehntel. Tendenz leicht fallend. Von ein oder zwei Standorten aus lässt sich die Östlichste der Balearen ohne Hektik in rund einer Woche per Fahrrad erkunden.

Wer vom quirligen Mallorca übersetzt, ist anfangs etwas irritiert, dann angenehm angetan von dieser so anderen Stimmung und Landschaft. Das soll eine Insel im Mittelmeer sein? Wir radeln nicht selten zwischen saftig grünen Weiden umrahmt von fast mannshohen Mauern. Im Gras stehen schwarzweiße Friesenkühe. Übrigens ein Erbe der Briten, die von 1708 bis 1756 das Leben Menorcas bestimmten. Bis heute hinterließen sie ihre Spuren. So ist zwischen Ciutadella im Westen und Mahón im Osten der Gin das Nationalgetränk. Manches große Landgut erinnert stark an englische Schlösschen.

Unser erster Tourentag gilt dem Westen. Mit Kultur und Architektur geht's los in Ciutadella, bis 1722 die Hauptstadt Menorcas. Ohne Übertreibung eines der schönsten Städtchen der Balearen – und so gemütlich. Die engen, verkehrsberuhigten Gassen der Altstadt spenden Schatten für ausgedehnte Erkundungsgänge zwischen Kathedrale, Stadtpalästen und kleinen Geschäften. Reges Treiben herrscht in und um die Gewölbe des alten Marktes. Am besten setzt man sich dort zum Café con leche in eine kleine Bar und lässt das städtische Leben Revue passieren. Wer nicht gerade in Ciutadella sein Quartier aufgeschlagen hat, sollte sich dafür mindestens einen halben Tag Kulturstopp verordnen. Es lohnt sich.

Wir verlassen die kleine Hafenmetropole schnurstracks Richtung Norden. Gemütliches Radeln – leicht eingeschränkt durch kräftigen Wind. Eine Art Radweg-Teststrecke führt uns zum Leuchtturm Punta Nati. Ziegelrot eingefärbte Radstreifen flankieren das Asphaltsträßchen, links und rechts begrenzt von den allgegenwärtigen, akkurat aufgeschichteten Trockenmauern. Davon soll es tatsächlich 15 000 Kilometer auf der Insel geben. Sie stehen seit den 1980er-Jahren sogar unter Denkmalschutz. Verwundert fällt der Blick auf Steinhäuser, die aussehen wie eine Mischung aus Tempeln und prähistorischen Grabstätten. Diese Barracas sind jedoch neueren Datums und dienen meist als

Vorsicht, starke Brandung! Feuchte Pause am Cap d' Artrutx (linke Seite).

Bunte Sukkulenten: Auch zwischen kargen Felsen blüht das Leben.

Nicht so alt, wie es aussieht, ist das kleine Fischerdorf Es Grau (unten).

Viehunterstand. Zum Beispiel für die berühmten menorquinischen Pferde.

Im Vergleich zum Rest der Insel wirkt der Nordwesten äußerst karg und steinig. Aber anziehend ist die Region trotzdem, vor allem so manch tiefblaue Bucht zwischen bizarren Felsen, wie die Cala Morell. Von den schmucken Ferienhäuschen dort blicken die Gäste auf eine wild zerklüftete Küste. Der Badestrand misst allerdings nur wenige Quadratmeter – mehr Stein als Sand.

Starke Steigungen braucht der Reiseradler auf Menorca nicht zu fürchten. Mit einer Ausnahme: Wer den absoluten Weit- und Überblick über die Insel sucht, sollte sich auf einige Serpentinen und etwa 300 Höhenmeter hinauf zum Monte Toro einstellen. Ein Tourtipp für den frühen Morgen: Dann herrscht noch kein Urlauberverkehr, und das Kloster am Gipfel lässt sich ohne Menschentrauben betrachten ebenso wie die grandiose Aussicht in alle Himmelsrichtungen. Eine hohe Christusstatue wacht vor dem Klostereingang. Irgendwie strahlt sie erhabene Ruhe aus, auch wenn ein Wald aus Funkantennen eine denkbar skurrile Kulisse abgibt.

Mit Schwung fegen wir die Kurven vom Toro wieder hinunter ins Städtchen Es Mercadal und weiter an die Nordspitze zum Cap de Cavalleria. Ein bunter Landschaftsmix begleitet den Weg: ausgedehntes Weideland mit schwarzweiß gescheckten Kühen, liebliche Blumenwiesen und zum Meer hin fast nordisch wie Fjorde anmutende Buchten mit Segelbooten. Klischeehaft spanisch wird's dann erst an der Cala von Fornells. Nachdem man vier Kilometer an der lieblichen Bucht entlanggeradelt ist, erreicht man den kleinen Hafen für Fischer und Segler. Übrigens auch einer der charmantesten Orte der ganzen Insel mit blendend weiß getünchten Häusern. Spaniens König Juan Carlos schippert mit der royalen Jacht auch gerne hierher. Sein Ziel ist ein kulinarisches – und zwar zweifellos das erha-

Durch blühende Landschaften: einsames Sträßchen zur Fortalesa de la Mola.

Hohe Felsen schützen die Badebucht: Cala Galdana im Süden von Menorca (rechts).

benste und bekannteste Gericht aus Meeresfrüchten – die „caldereta de langosta", ein Langusteneintopf. Wer in den Genuss der Gourmetsuppe kommen möchte, sollte nicht nur vorher in den Restaurants Es Pla oder Es Cranc einen Tisch reservieren, sondern auch bereit sein, stolze 40 bis 50 Euro auszugeben für den leckeren Sud aus Langustenstücken, Tomaten, Lauch, Zwiebeln und Knoblauch, serviert auf trockenen Brotscheiben in einem Tontopf. Uns schmeckt's auch bei einfacher menorquinischer Kost an der Marina: ein paar Tapas, wie Hackfleischbällchen in Mandelsauce, und „Pa amb oli" – geröstetes Brot mit Knoblauch, Tomaten, Olivenöl und würzigem Schinken.

Richtung Osten nehmen wir den Cami d'en Kane, ein Weg benannt nach dem einstigen britischen Gouverneur Colonel Richard Kane. Vor einigen Jahren verlief hier noch die Hauptverbindung zwischen Ost und West. Aber nach dem Bau der Schnellstraße zählt der alte Weg zu den sechs ausgeschilderten Radrouten, gekennzeichnet durch nostalgische Holzschilder. Autos fahren hier nur wenige. Menorcas Tourismusverantwortliche schielen auf den Fahrradreiseboom der Nachbarinsel und möchten damit auch etwas mehr Aktivurlauber anlocken. Aber alles in erträglichem Maße, schließlich pflegt man ja auch seit 1993 die Auszeichnung der UNESCO zum Biosphärenreservat.

Kurz vor Mahón machen wir noch einen Schwenk zum Cap de Favàritx. Etwa 1800 Hektar Land um den Leuchtturm sind heute Naturpark, das zweitgrößte Feuchtgebiet der Balearen mit großer Salzwasserlagune, viel Macchia, aber auch kahlen Schieferfelsen. Ein herrliches Stück unberührte Natur mit Reihern und Kormoranen. Zuweilen ziehen sogar Fischadler ihre Kreise am Himmel. Das nahe Es Grau wuchs seit rund hundert Jahren zur kleinen Feriensiedlung für angelbegeisterte Hauptstadtbewohner. Unter der Woche ein überaus gemütliches Dörfchen mit Ministrand und zwei, drei Restaurants. Wer hier gemütlich an der Bar Es Grau sitzt, muss sich danach förmlich wieder in den Sattel zwingen.

Die Hauptstadt und der Südosten bilden unser Schlussprogramm für Menorca. In puncto Attraktivität muss sich Mahón trotz einiger schöner Gassen und Stadtpaläste ihrer Rivalin Ciutadella geschlagen geben. Aber die Lage an der sechs Kilometer langen Bucht ist einmalig – nach Pearl Harbor auf Hawaii der zweitgrößte Naturhafen der Welt. Wir radeln bis zum östlichsten Punkt des spanischen Königreiches, der Punta d'Espero mit der mächtigen Festung Sa Mola. Leider fehlt hier eine Brücke über die Bucht, so geht es wieder den ganzen Weg zurück in die Stadt, um in den Süden zu gelangen. In die Region, wohin es auch die meisten Menorca-Urlauber verschlägt. Denn dort ist es oft am wärmsten, und es warten die wenigen ausgeprägten Sandstrände der Insel, wie etwa in Punta Prima. Aber in der Nebensaison herrscht dort wenig Rummel. Auch nicht im malerischen Binibequer, einem im katalanischen Stil – ganz in Weiß – errichteten Feriendorf. Da sind die Schilder, die höflich um Leisesein bitten, fast überflüssig. Laut ist dort außerhalb der Hochsaison nur das Tosen des Meeres.

Info **Menorca**

CHARAKTER Bis auf den Monte Toro weist Menorca keine ernst zu nehmenden Steigungen auf. Die Landschaft ist meist flach bis sanft hügelig. Bis auf einige Hauptrouten hält sich der Autoverkehr in Grenzen. Eine direkte Umrundung der Insel funktioniert nicht mangels Küstenstraße, dafür bieten sich interessante Stichtouren und Rundtouren im Inselinneren an. Die Inselregierung hat mittlerweile einige Routen speziell für Radfahrer ausgeschildert. Da Streckenabschnitte nicht asphaltiert sind, empfiehlt sich ein Rad mit Federgabel und Cross-Bereifung.

BESTE REISEZEIT Von Mai bis Oktober herrscht angenehmes mediterranes Klima. Heiß werden kann es im Juli und August. Radwanderer bevorzugen Frühling und Herbst. Im Winter bleiben die Menorquiner unter sich, denn es regnet viel, und es weht ein kalter, zum Teil heftiger Nordwind, den Segler und Surfer fürchten.

ANREISE Mehrmals wöchentlich fliegen von Mai bis Oktober Ferienjets von diversen Flughäfen Deutschlands nach Mahón. Täglich geht es auch via Palma de Mallorca oder Barcelona per Linienflug nach Menorca. Der Tipp für einen kleinen Bootstrip: Die Fähre von Alcúdia im Nordosten Mallorcas nach Ciutadella im Westen Menorcas benötigt nur eine gute Stunde.

RAD-SHOPS/-VERLEIH Radverleihe gibt es in den touristischen Regionen wie Fornells und Cala Galdana. Für größere Reparaturen muss man nach Ciutadella oder Mahón.

UNTERKUNFT Architektonisch kein Hingucker, aber ein angenehmes Wellnesshotel mit guter Küche in schöner Lage an der Cala Galdana: Hotel Audax, Urb. Serpentona, s/n, E-07750 Cala Galdana (Menorca), Tel. 0034-971/154646, www.rtmhotels.com

KARTEN/LITERATUR Relativ genau und mit diversen Wander- und Radrouten: Kompass Wander- und Straßen-Karte Nr. 243 „Menorca" 1:50 000, und Digitale Karte GPS 4243 „Menorca". Ein informatives Büchlein für Aktivurlauber: „Menorca – Mit dem Kajak um die Insel und Radtouren durchs Landesinnere" von Sergi Lara, 130 Seiten, erhältlich vor Ort bei der Tourist-Info. Einen ausführlichen Überblick, dazu interessante Hintergrundinfos bietet der Baedeker Allianz Reiseführer „Menorca" (mit guter Landkarte), 240 Seiten.

AUSKUNFT Spanisches Fremdenverkehrsamt, Kurfürstendamm 63, 10707 Berlin, Tel. 0180/3002647, Fax 030/8826-543, weitere Büros in München, Düsseldorf und Frankfurt, E-Mail: berlin@tourspain.es; Internet: www.spain.info, www.menorca-info.de, www.e-menorca.org

Salzkammergut

Östlich von Salzburg eröffnet sich eine kitschig-schöne Ferienwelt mit vielen Badeseen und Wanderbergen.

Kaiserliches Seenland

Sylvia Lischer, Text   Gerhard Eisenschink, Fotos

Knackige Gipfel, dschungelgrüne Bergflanken, smaragdgrünes Wasser – anders sieht es in der Karibik mancherorts auch nicht aus. Bisweilen erinnern nur Ortsnamen wie Seewalchen, Nussdorf oder Mondsee daran, dass ich mit meinem Rad durchs österreichische Salzkammergut fahre. Der vom Höllengebirge überragte Attersee liegt schon hinter mir. Jetzt rolle ich mit Blick auf die mehr als tausend Meter hohe Drachenwand am Mondsee entlang. Schön hier! Das fanden schon die Menschen der Jungsteinzeit, die vor rund 5000 Jahren hier siedelten. Archäologen förderten bei Scharfling, das ich auf dem Weg gen Süden passiere, eine Pfahlbausiedlung aus jener Zeit zutage.

Auch das Paradies hat seine Tücken, denke ich mir beim Blick auf den alles beherrschenden Schafberg, der – gut 1800 Meter hoch – sich wie ein steinerner Wächter am Südufer des Mondsees aufbaut. Irgendwo an seiner Flanke liegt die Scharflinger Höhe, die ich auf dem Weg zum Wolfgangsee überwinden muss. Ungefähr zwei Kilometer und hundert Höhenmeter weiter blicke ich erschöpft, aber glücklich auf das am Ufer des Wolfgangsees gelegene St. Gilgen hinab. Im Hintergrund schichten sich Alpengipfel wie Scherenschnitte bis zum Horizont. Was für eine Landschaft, die hier der Traungletscher während der Eiszeiten aus dem Gestein gehobelt hat.

In St. Gilgen werfe ich einen Blick auf die Speisekarte des „Fischerwirts" – und kann nicht widerstehen. Es gibt „Kaiserschmarrn" – diese deftig-leckere österreichische Süßspeise, die man mit Postkartenblick auf den Wolfgangsee verdrücken kann. Springbrunnenfontänen hier, auf den Wellen schaukelnde Segelboote und Schwäne dort. Zackige Bergflanken im Hintergrund. Am Ufer stehen steinalte Linden neben Sonnenschirmen mit der Aufschrift „Carpe Diem" – „nutze den Tag". Entsprechend geschäftig geht es beim örtlichen Bootsverleiher zu: Da werden Segelboote namens „Samy", „Sabina" und „Rolli" aufs Wasser entlassen, Ferrari-rote Elektroboote auf Hochglanz gewienert. Noch ein Blick auf den Mozartbrunnen, die Villen und geraniengeschmückten Häuser im Dorfzentrum, dann dirigiere ich das Rad am Ufer des Wolfgangsees entlang gen Südosten.

In Abersee watscheln vier Enten in Reih und Glied über den Radweg, ringsum herrscht das perfekte Dorfidyll mit Kuhweiden, Bauernhäusern und sommerlichen Blumenwiesen. Schäfchenwolken streichen um die zackigen Berge. Nach der Schiffsanlegestelle Gschwendt verläuft der Radweg auf der alten Trasse der Salzkammergut-Lokalbahn, die hier von 1893 bis 1957 verkehrte. Es geht durch das Naturschutzgebiet Wolfgangsee-Blinkingmoos, wo es Moor, Schilfgürtel, Feuchtwiesen und Auwald zu sehen gibt. Mit etwas Glück erspäht man das seltene Braunkehlchen oder den fleischfressenden Sonnentau. Der Kontrast zu St. Wolfgang könnte kaum größer sein.

Bootssteg mit Bergblick: in Traunkirchen am Attersee (vorhergehende Doppelseite).

Das historische Zentrum im Dorf Hallstatt am gleichnamigen Bergsee.

Warten aufs Boot: Auf vielen Seen im Salzkammergut verkehren Linienschiffe.

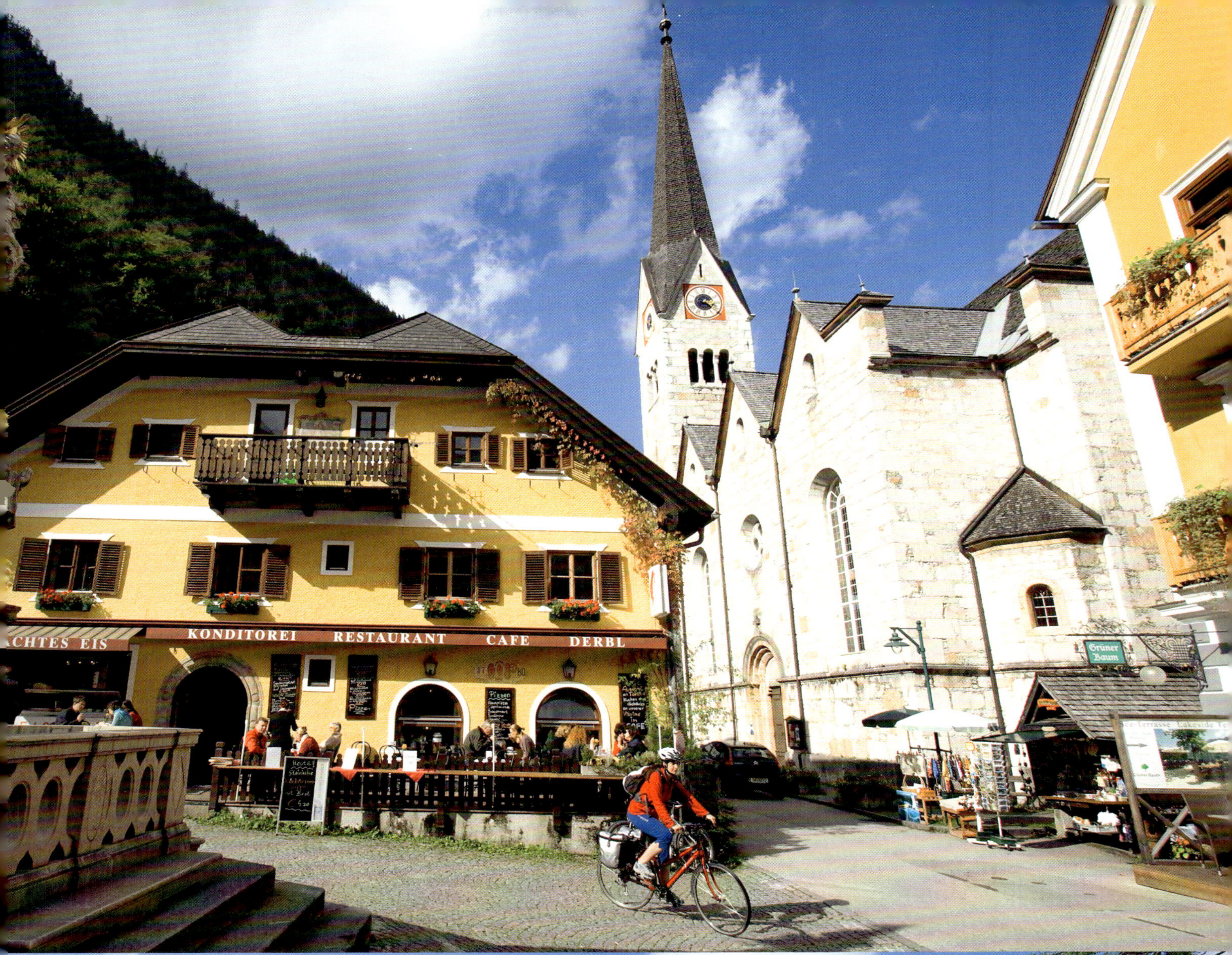

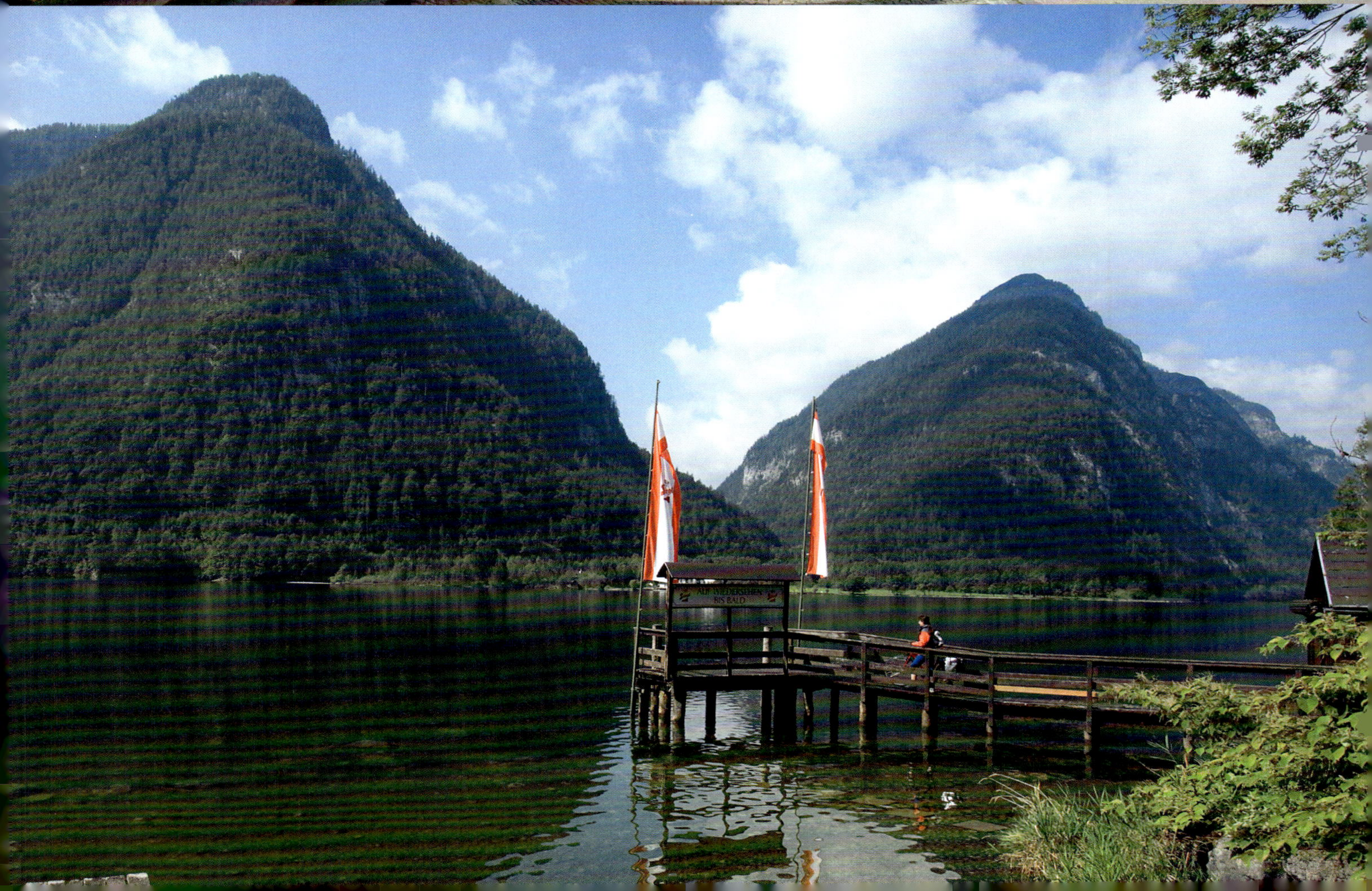

„Hier war der Kaiser Gast, hier ist der Gast König" steht am berühmten „Weißen Rössl" zu lesen, das einst Bühne für die gleichnamige Operette und den 1960er-Jahre-Film „Im weißen Rößl" mit Peter Alexander war. Als ich die Restaurantterrasse betrete, begrüßt mich ein livrierter Kellner mit „Grüß Gott, gnäää Frau". Aus Lautsprechern hallt abwechselnd: „Im Weißen Rößl am Wolfgangsee, da steht das Glück vor der Tür" und „Ich brech' die Herzen der stolzesten Frau'n", während sich „Apple strudel" (Apfelstrudel) und „Black forest cake" (Schwarzwälder Kirschtorte) in einer gläsernen Tortenvitrine um die eigene Achse drehen.

Gar nicht so leicht, in St. Wolfgang dem Touristentrubel zu entkommen. Als ich mit dem Rad durch die Gassen streife, stoße ich auf ein schier unüberschaubares Souvenir-Potpourri an St.-Wolfgang-Bierkrügen, weißen Porzellan-Rössln und Austria-Tellern. Im Slalom zwischen „Original St. Wolfganger Lebkuchen" und „Mozart"-Eau de Toilette gelange ich zur Wallfahrtskirche St. Wolfgang und blicke über die Brüstung zum Wolfgangsee hinab. Ein Wasserflugzeug landet vor dem Weißen Rössl, das sich – ausgestattet mit Wasserskisteg, roten Liegestühlen und schwimmendem Whirlpool – einen luxuriösen Anstrich gibt. Die „Im weißen Rößl"-Darsteller von einst würden Augen machen.

Auf dem Radweg nach Bad Ischl kehrt dann das Landidyll zurück: geraniengeschmückte Bauernhäuser, Pferdekoppeln, Blumenwiesen. Hier und da rauscht ein kleiner Wasserfall von den Hängen. Kalkfelsen ragen aus dicht bewaldeten Bergen. Am Bad Ischler Franz-Lehár-Kai stoße ich auf die Traun, deren Gletscher die Seen und Berge des Salzkammerguts bis zum Ende der letzten Eiszeit mitgestaltet hat. Die Kaiserin-Elisabeth-Brücke, auf der ich den quirligen Gebirgsfluss überquere, ist gut 10 000 Jahre jünger als das Landschaftsbild. Genau wie das „Café Sissy", das sich am anderen Traun-Ufer in strahlendem Habsburgergelb präsentiert. „Im Glanz der alten Zeit" und „kaiserlich und königliche Restauration" steht nostalgisch am Eingang zu lesen.

Doch ich fahre lieber über die Esplanade zwischen alten Alleebäumen an der Traun entlang. Das goldfarbene Touristenbähnchen „Kaiserzug Bad Ischl" zockelt mir mitten auf dem Radweg entgegen, drin sitzt eine Gruppe US-Amerikaner, aus Lautsprechern ertönt auf Englisch die Geschichte des Kaiserpaares Franz Josef und Sisi, dessen Verlobung einst in Bad Ischl stattgefunden hat. Kaum

Traditionelle Beinkleider aus Leder werden noch in Bad Aussee geschneidert.

Karibisches Blau im Salzkammergut zeigt das klare Wasser des Attersees.

Platznot auf dem Friedhof war der Grund für die Gebeinsammlung in Hallstatt.

Den berühmten Wolfgangsee begrenzen steile Felsflanken (rechte Seite).

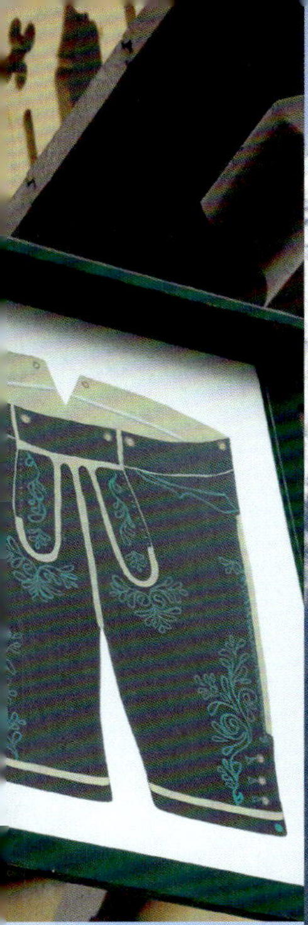
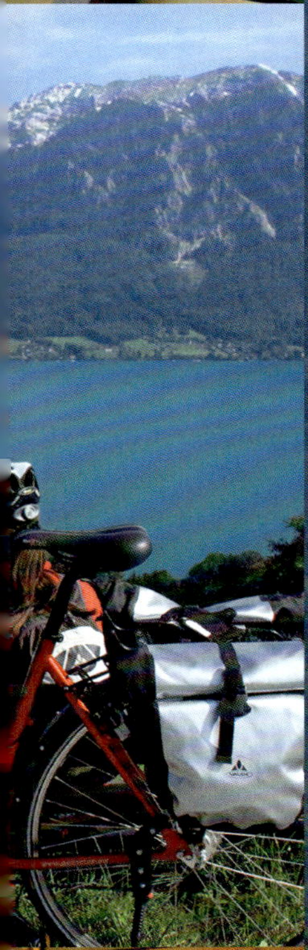
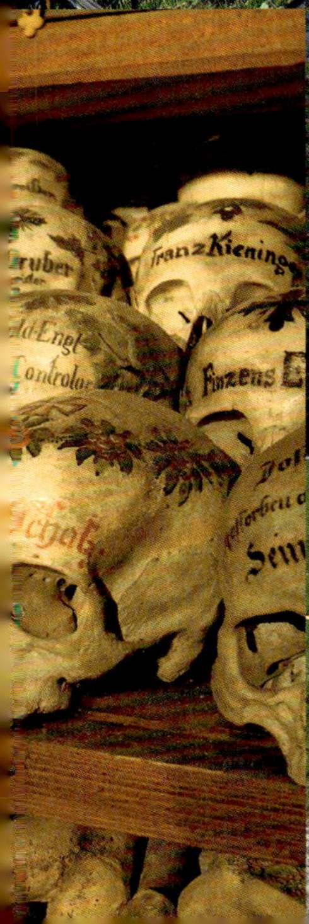
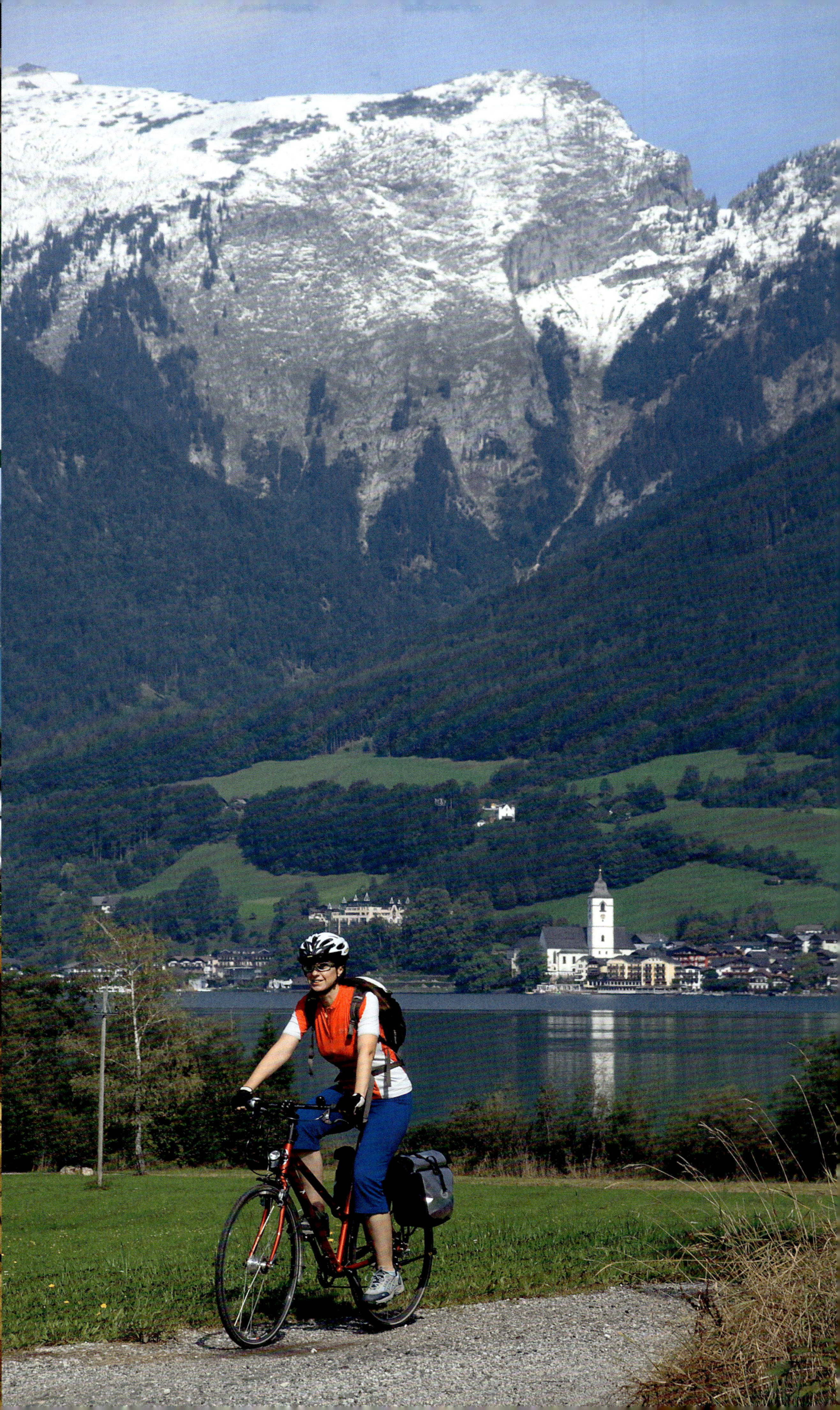

Der Radweg am Hallstätter See führt durch grandiose Landschaft.

Tradition und Alpenkitsch paaren sich in Sankt Wolfgang (rechts).

habe ich das Touristenbähnchen umfahren, taucht unvermittelt eine Pferdekutsche auf, sodass ich beim Ausweichen ums Haar mit einem Plakat des ehemaligen Kaiser-Franz-Josef-Darstellers Karlheinz Böhm kollidiere. Zeit für Kaffee und Kaisertorte beim „Zauner", wo einst schon die bessere Gesellschaft der österreichisch-ungarischen Doppelmonarchie verkehrte.

Bad Ischl, so stelle ich nach einer Weile fest, scheint durch und durch kaiserlich und königlich zu sein. Sogar McDonald's am Schröpferplatz kann sich dem Charme der einstigen k. u. k. Monarchie nicht entziehen und hat eine historische Bildergalerie der guten alten Zeit aufgehängt. In der Kaiservilla, einst Sommerresidenz von Franz Josef und Sisi, sehe ich mir kaiserliche Jagdtrophäen an und erfahre, dass Kaiser Franz Josef über die Jahre tausende Tiere erschossen haben soll. Was damals wohl nichts Besonderes war. Einige Tausend Trophäen musste der Jäger der k. u. k. Zeit schon vorweisen, um Anerkennung zu ernten. Schlechte alte Zeit also für Hasen, Hirsche, Wildschweine und Rehe.

Der Traun flussaufwärts folgend, radle ich an Bad Goisern vorbei zum Hallstätter See. Wieder ein von schroffen Bergen gesäumtes Gewässer, das man mit dem Trekkingbike prima erkunden kann! Doch erst seit kurzem. Das Seeufer ist so steil, dass man eine Teiletappe des Radweges mittels Stegen und Brücke über das Wasser bauen musste. Nach zwei Jahren Bauzeit wurde diese spektakuläre Teiletappe des Radwegs am Ostufer des Hallstätter Sees im Sommer 2008 eröffnet. Und ich darf nun weitab von jeglichem Autoverkehr über einen Holzbohlensteg gleiten und mal über See und Berge, mal über das an die Felswände des Westufers geschmiegte Hallstatt blicken. „Schönster Seeort der Welt" befand der weit gereiste Universalgelehrte Alexander von Humboldt. Die UNESCO hat Hallstatt, das zu Zeiten Humboldts nur über den See oder verschlungene Fußpfade zu erreichen war, auf die Weltkulturerbeliste gesetzt.

Schindelgedeckte Häuser, verwinkelte Gässchen, ein winziger Marktplatz – bei einem Rundgang durch das 1400 Einwohner zählende Hallstatt kann ich kaum glauben, dass sich hier mal ein bedeutendes Wirtschaftszentrum befunden hat. Vor gut zweieinhalbtausend Jahren wurde in der Umgebung des heutigen Hallstatt im großen Stil Salz abgebaut und damit gehandelt. Am Steilhang über der Stadt liegt der Eingang zum wohl ältesten Salzbergwerk der Welt. Archäologische Funde machten den Ort so bedeutend, dass sogar eine ganze Epoche – die Hallstattzeit – nach ihm benannt worden ist.

Ein Blick auf die Radkarte, dann fahre ich durchs Koppental in Richtung Bad Aussee, ins steirische Salzkammergut. Von dort will ich über Altaussee und die Rettenbachalm wieder zurück nach Bad Ischl, dann weiter zum Traunsee und übers Höllengebirge zum Ausgangspunkt meiner Rundtour in Seewalchen am Attersee. Während ich die geplante Route in Gedanken durchgehe, spurtet ein Reh über den Radweg und verschwindet mit einem Satz im Gebüsch. Schön zu sehen. Der Wildbestand in den Wäldern des Salzkammergutes scheint nach den Jagdexzessen zu Zeiten der k. u. k. Monarchie doch wieder ins Gleichgewicht gekommen zu sein.

Info **Salzkammergut**

TOURENTIPPS Im Salzkammergut gibt es eine Vielzahl von Radwegen, die man zu einer schönen Rundtour um die Salzkammergut-Seen kombinieren kann. Bei der beschriebenen Tour bewegt man sich hauptsächlich auf dem Salzkammergut-Radweg, mitunter auch R 2 genannt, fort. Meist verlaufen die Routen auf asphaltierten Rad- oder Güterwegen und ruhigen Nebenstraßen. Steigungen lassen sich in der Alpenrepublik nicht ganz vermeiden, vor allem zwischen den Seen ist mit dem einen oder anderen kräftigen Anstieg zu rechnen. Steilere Passagen (z. B. der Koppenpass zwischen Obertraun und Bad Aussee) kann man mit der Bahn umgehen (siehe Rubrik „Anreise"). Oft stehen auch mehrere Radwege mit unterschiedlichen Steigungen zur Auswahl (z. B. kann man das Höllengebirge zwischen Traunsee und Attersee sowohl auf anspruchsvollen wie auch auf sanften Wegen überwinden).

ANREISE Mit der Bahn z. B. bis Bad Ischl, Gmunden oder Salzburg (über den Salzkammergut-Radweg gelangt man von Salzburg an den Mondsee). Informationen und Fahrpläne unter www.bahn.de und www.oebb.at (Infos zu den Regionallinien). Mit dem Auto über die A 8 (München–Salzburg), dann über die Westautobahn (A 1) bis Mondsee oder Seewalchen.

UNTERKUNFT Auf Radreisende spezialisiert sind u. a. das Landhotel Agatha Wirt, St. Agatha 10, in A-4822 Bad Goisern, Tel. 0043-6135/8341, Fax 0043-6135/7557, E-Mail: office@agathawirt.at, www.agathawirt.at
Gasthof Aberseehof, Christian-Fritz-Weg 19, A-5342 Abersee,
Tel. 0043-6227/3882, Fax 0043-6227/38823,
E-Mail: gasthof@aberseehof.at, www.aberseehof.at

SEHENSWERT Radmuseum „anno dazumal" in Altmünster am Traunsee, Maria-Theresia-Straße 3, Tel. 0043-664/1521264, www.radmuseum.at
Kaiservilla in Bad Ischl, Tel. 0043-6132/23241, www.kaiservilla.at
Die Salzkammergut-Seen lassen sich auch mit dem Linienschiff entdecken (Fahrrad-Transport ist zum Teil möglich), weitere Informationen im Internet unter www.traunseeschifffahrt.at, www.hallstattschifffahrt.at, www.wolfgangseeschifffahrt.at, www.wassertaxi.at, www.schifffahrt-mondsee.at sowie www.eventschiff.at
Wer einen kleinen Abstecher nach Salzburg unternehmen will, informiert sich unter www.salzburg.info

LITERATUR/KARTEN/GPS Kompakt, detailliert und lesenswert für die allgemeine Reiseinformation: „Salzburg & Salzkammergut" aus dem Michael Müller Verlag, 264 Seiten.
Für die Orientierung eignet sich ganz gut die Bikeline-Radkarte „Salzkammergut" aus dem Verlag Esterbauer, Maßstab 1 : 75 000.
Ergänzend empfiehlt sich aus dem gleichen Verlag das Bikeline-Radtourenbuch „Radatlas Salzkammergut" mit Routenbeschreibungen und Detailkarten im Maßstab 1 : 75 000, 140 Seiten.
Eine weitere hilfreiche Landkarte ist die Kompass WK 229 „Salzkammergut" im Maßstab 1 : 50 000 (zwei Karten im Set).
Für die GPS-Tourenplanung: Kompass GPS 4334 „Salzkammergut 3D Digital".
Diverse GPS-Tracks mit Touren aus der Region finden sich zum Download im Internet unter www.bikemap.net

AUSKUNFT Touristische Informationen erhält man bei der Österreich Werbung, Klosterstraße 64, 10179 Berlin, Tel. 030/219148-0, Fax 030/2136673, www.austriatourism.com
Salzkammergut Tourismus-Marketing GmbH, Salinenplatz 1, A-4820 Bad Ischl, Tel. 0043-6132/269090, Fax 0043-6132/2690914,
E-Mail: info@salzkammergut.at, www.salzkammergut.at

Bayern und Tirol

Von München ins Inntal und zurück führt die Via Bavarica Tyrolensis, ein noch junger, faszinierender Fernradweg.

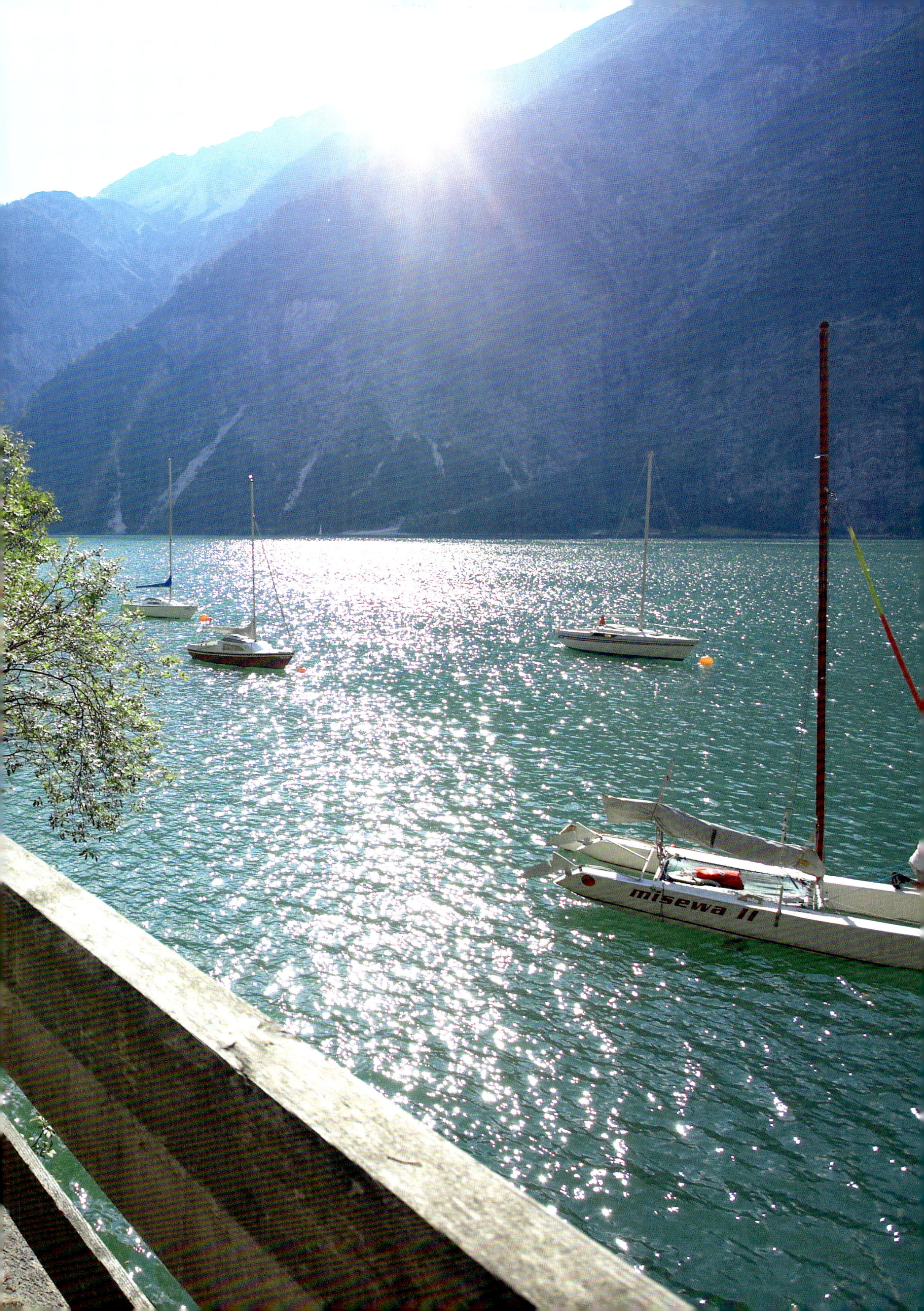
misewa II

Auf in die Alpen

Daniel Simon, Text und Fotos

Andere Regionen, andere Sitten – auch wenn sie manchmal recht nah beieinander liegen. „Schleich di" – was vornehm so viel heißt wie „würden Sie bitte das Lokal verlassen" – muss sich schon mal ein armer norddeutscher Radlurlauber im bayerischen Lenggries von einer Kellnerin sagen lassen. Nur weil er fragt, ob er im Wirtsgarten zum gekauften Getränk seine mitgebrachte Brotzeit essen dürfe. Ein Wirtsgarten ist eben kein Biergarten. Im nahen Tirol würde man an gleicher Stelle dem „Saupreißn", besser gesagt „Piefke", eher vom hauseigenen Kaiserschmarrn vorschwärmen. Dieser würde die Stulle dann schon von vornherein im Rucksack lassen. Aber ob derbes Vokabular oder diplomatische Verlockung – schön ist es in beiden Grenzlandregionen.

Die wechselvolle Beziehung zwischen Bayern und Tirol war jahrhundertelang die zweier Brüder, die miteinander nicht wollten, aber ohne den anderen auch nicht konnten. Mal hatte der eine die Vorherrschaft, dann wieder der andere. Es wurde gekämpft. Sich vom Joch des Nachbarn befreit. Um Besitztümer gestritten. Bis heute fand aber immer ein enger, kultureller Austausch statt. Im Charakter ist man sich ähnlich, gleich möchte man aber dennoch nicht sein.

Heute dominiert eher das partnerschaftliche Nebeneinander. Ausdruck dafür ist zum Beispiel der noch junge Fernradweg Via Bavarica Tyrolensis.

Start der Radroute ist am Deutschen Museum mitten in München. Vor der Tour die Kultur – einen ausgiebigen Besuch des weltberühmten Technik-Museums sollte man sich schon gönnen. Dann auf, Richtung Süden. Nach wenigen gepflegten Kilometern entlang der Isar sind wir schon im dichten Wald. Und wüssten wir nicht den Tierpark Hellabrunn in der Nähe, würden wir am Geruch vermuten, dass schon hier die ersten Wildschweine hinter Büschen lauern. Kurz vor dem Nobelvorort Grünwald fällt die Entscheidung: Wir fahren den Hinweg entlang der östlichen Route über den Tegernsee. Über eine steile Rampe geht's aus dem Isartal hinauf in den Perlacher Forst. Eine erste Rast gönnen wir uns in der Kugler-Alm. Selbstverständlich bestellt der Radler eine Radlermaß, denn der bekannte Durstlöscher wurde genau hier erfunden. An einem heißen Sommertag 1922 ging damals das Bier zur Neige, da wurde das Helle kurzerhand mit Zitronenlimonade verlängert. Wie am Reißbrett entworfen, kreuzen sich die Wege in den Wäldern südlich von München. Die Ausschilderung der Via Bavarica Tyrolensis an sich ist vorbildlich. Immer dem roten Pfeil nach Tirol folgen, zurück nach Bayern zeigt der blaue. Aber Vorsicht! Gerade an unübersichtlichen Punkten fehlt leider manchmal das Hinweisschild.

Richtung Holzkirchen geht's durch kleine, fast kitschige Dörfer und schönstes Alpenvorland – Bayern wie aus dem Bilderbuch. Immer im Blick:

Am Ostufer des Achensees radelt man direkt am Wasser (vorhergehende Doppelseite).

Start und Ziel der Alpentour ist am Deutschen Museum in München.

Kneipp-Treten in Bad Tölz: Auch im Sommer ist die Isar ziemlich frisch.

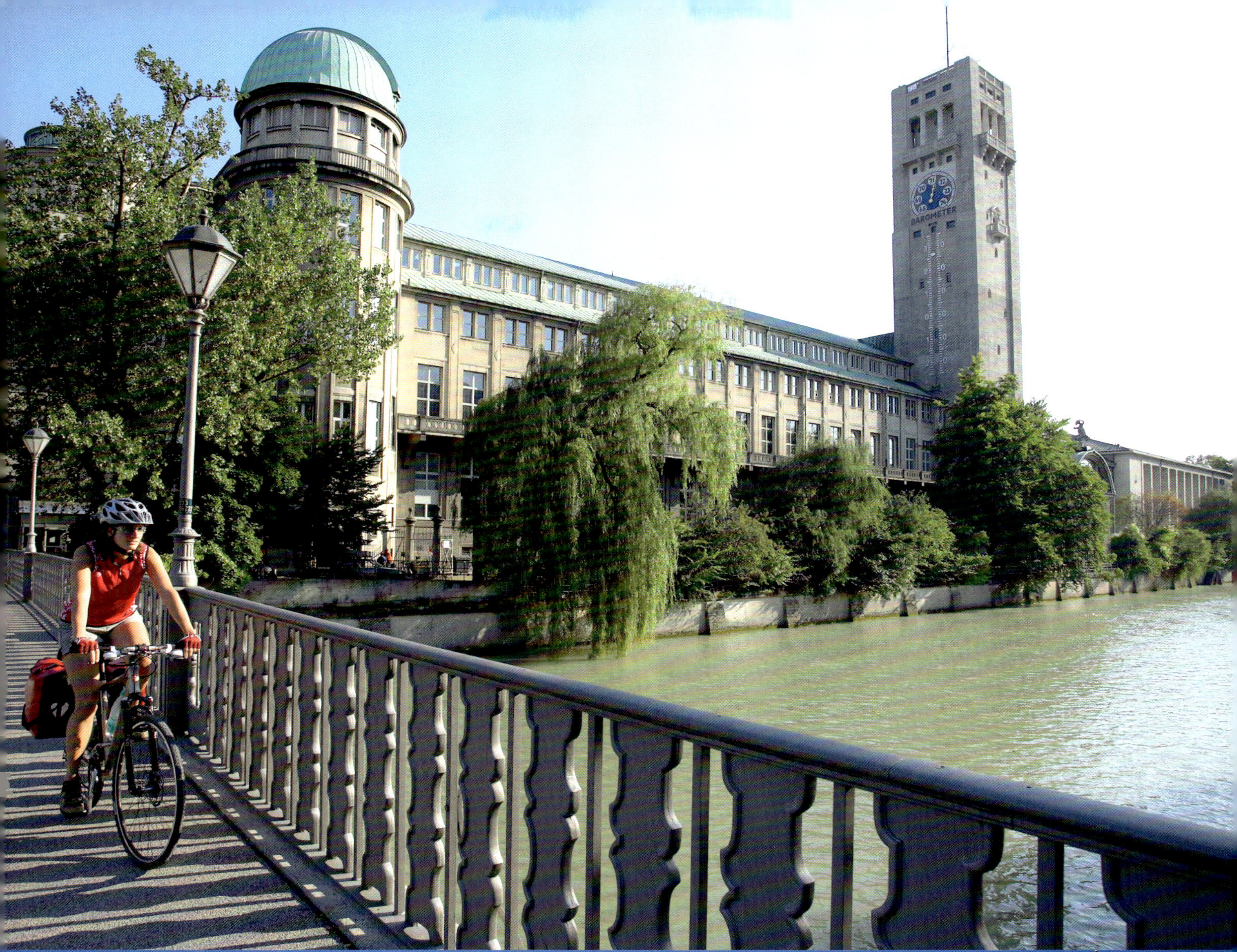
BAROMETER
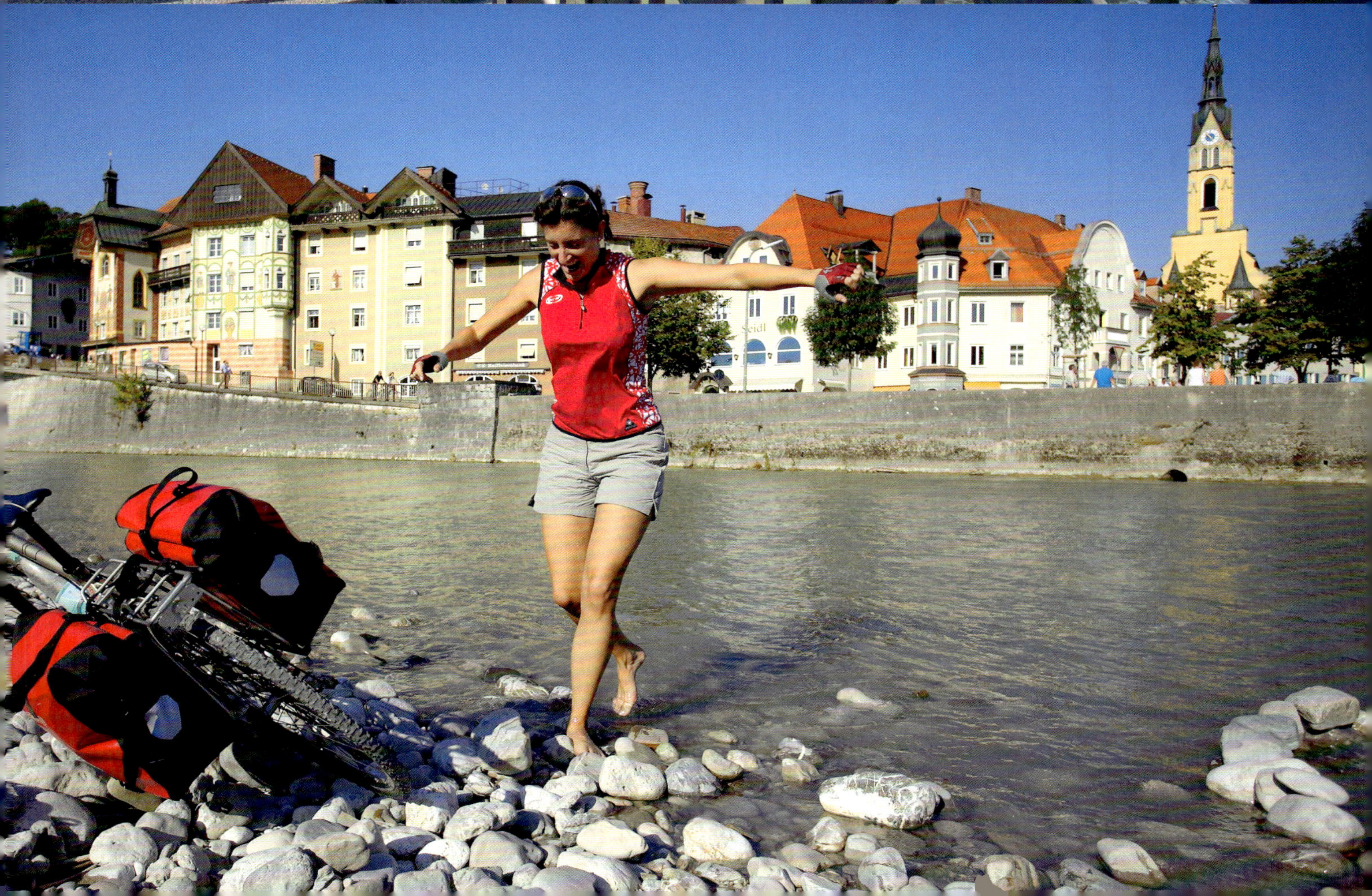

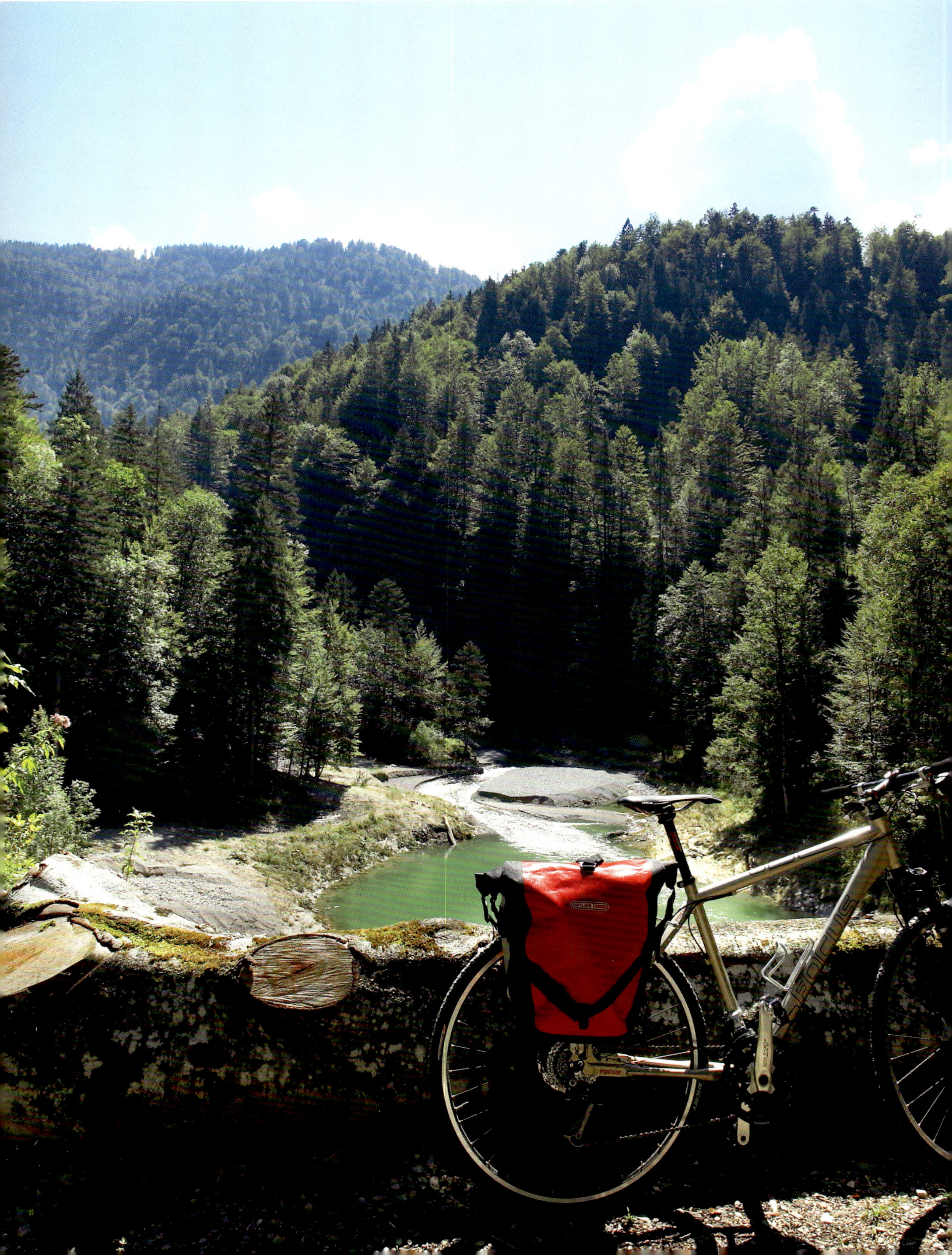

Wilde Natur an der Walchenklamm: Pause am Ufer des Sylvenstein-Stausees.

das Mangfallgebirge. In Gmund erreichen wir den Tegernsee. Eingebettet in die ersten Vorboten des Gebirges, wahrlich einer der schönsten Seen Bayerns. Kein Wunder, dass dort so viele „geldige Zuagroaste" ihre Villen bauen ließen. Abends liegen die vielen Segelboote, die zuvor noch das Wasser mehr weiß als blau erscheinen ließen, friedlich vertäut an den Stegen. Und was könnte den ersten gelungenen Radtag besser beschließen als die herzhaft-deftige bayerische Küche im urigen Tegernseer Bräustüberl.

Morgens liegt über den Wiesen von Rottach-Egern noch der Frühnebel. Ein herrliches Stillleben. Entlang der Weißach fahren wir nach Kreuth und Wildbad Kreuth, dort wo die CSU-Oberen gerne in Klausur gehen. Der Weg wird zunehmend steiler. Lange vor dem Achenpass spüren wir die Steigung in den Waden. Zum Glück führt der Weg danach wieder etwas sanfter weiter. Direkt an der deutsch-österreichischen Grenze zweigt die westliche Route der Via Bavarica Tyrolensis ab – zurück nach München. Wir rollen am verlassenen Zollamt vorbei. Der Werbeaufsteller für Stroh-Rum am alten Kiosk ist das eindeutige Zeichen: Jetzt sind wir in Tirol. Das weitläufige Achental gibt grandiose Blicke ins Gebirge frei. Zur Linken das Rofangebirge, rechts das Karwendel mit so seltsam klingenden Gipfelnamen wie dem Kotzen, Mantschen oder dem Schleimsjoch. Was mag da nur der Grund der Namensgebung gewesen sein? Im Sommer übrigens wunderbare Wandergebiete, im Winter kleine Skitouren-Paradiese. Unser Ziel heißt Achenkirch. Den restlichen Tag verbummeln wir beim Baden und Kaffeetrinken. Müßiggang muss auch mal sein – vor allem nach diesen Steigungen. Außerdem ist die Gegend ein optischer Genuss. Das Baden beschränkt sich allerdings auf kurzes Abkühlen, da die Wassertemperatur des Achensees selbst in den Sommermonaten selten über 18 Grad steigt. Wir quartieren uns gleich für zwei Nächte im „Fischer Wirt" am Nordende des Sees ein. So lässt sich die nächste Etappe hinunter ins Inntal und zurück mit leichtem Tagesgepäck absolvieren. Tirols größter See wird übrigens seit 1927 als natürlicher Stausee zur Stromgewinnung genutzt. Dadurch senkt sich der Wasserspiegel im Winter

So lässt es sich leben: Immer wieder laden urige Biergärten zur Rast, wie hier am Ufer des Achensees.

Die Wagen der Achenseebahn zieht eine der ältesten Dampflokomotiven der Welt.

um bis zu zehn Meter ab. Die Schneeschmelze im Frühjahr füllt ihn wieder auf. Die kleine Panoramastraße direkt am See teilen wir mit vielen Surfern, die dort ihre Segel aufriggen. Am Südende in Maurach sind dann etwas Mut und Fahrtechnik gefragt. Dort beginnt die abenteuerliche, steile Abfahrt ins Inntal über einen fein geschotterten Weg. Im Winter dient die Verbindung als Rodelbahn. Was man sich problemlos vorstellen kann – bei dem Gefälle. Aber die Alternative ist nicht weit – einfach die leichter zu fahrende, aber verkehrsreiche Hauptstraße nach Wiesing hinunterrollen. Dort mündet die Via Bavarica Tyrolensis schließlich in den Innradweg. Für die Rückfahrt bergauf entschließen wir uns gerne für die bequeme Variante. Nein, nicht die Hauptstraße! Noch bequemer: Am Bahnhof Jenbach steigen wir in die Achenseebahn. Schnaufend und ächzend rattert die schmalspurige Dampf-Zahnradbahn die 400 Höhenmeter wieder zum Achensee hinauf. Der Blick zurück übers Inntal lässt Alpenfans schmachten: die Zillertaler Alpen und der Wilde Kaiser zum Greifen nah. Vier Haltestellen und eine Dreiviertelstunde später erreichen wir die Seespitz-Bahnstation. Nach einem kurzen Stück auf dem Rad lockt Pertisau mit seinem schönen Seebad. Seit mehr als hundert Jahren gibt's dort das Tiroler Steinöl, gewonnen aus urzeitlich abgelagerten pflanzlichen und tierischen Organismen in Schieferplatten. Nicht schlecht als Mitbringsel: Das Steinöl-Museum verkauft diverse heilsame Produkte zum Baden, Salben oder Einmassieren. Da der Pfad am Westufer für Fahrräder gesperrt ist, steigen wir gleich ins nächste öffentliche Verkehrsmittel. Mit dem Schiff geht es mit zwei Stopps zurück nach Achenkirch. Wieder ein neuer Blickwinkel über den See und die angrenzenden Berge. Die Region hat stets Neues und Überraschendes parat. Ob allerdings das Wildbret zum Abendessen beim Fischer Wirt in der Gegend gejagt wurde, wissen wir nicht. Es schmeckt auf jeden Fall vorzüglich.

Der kommende Morgen zeigt sich ganz schön frisch, fast zu viel der kühlen Bergluft. Mit vollem Gepäck fahren wir zurück zur Grenze. Dann geht's kurvenreich steil bergab zum Sylvensteinsee. Auf

Landidyll in Oberbayern: ruhiges Radeln in einem verschlafenen Weiler im Isartal bei Lenggries.

Abendstimmung am Bootssteg: Der Tegernsee liegt einmalig schön in den Bayerischen Alpen.

Durch Wald und Wiesen zum Achenpass: auf einem Forstweg bei der Trifthütte (rechts).

der Straße wären es nur ein paar Minuten bis zum Abzweig nach Lenggries. Die Via Bavarica Tyrolensis führt uns aber über eine Brücke an der Walchenklamm auf die Südseite des Sees. Eine wildromantische Waldstrecke, zum Teil an schroffen Felswänden entlang und mit einigen saftigen Steigungen. Die fantastischen Ausblicke über den fjordartigen Stausee belohnen den mühsamen Umweg. Angelegt wurde der Sylvenstein-Stausee 1954, um einen konstanten Wasserspiegel der Isar zu gewährleisten. Der zufließende Rißbach war fast komplett zum Walchensee-Kraftwerk umgeleitet worden. Auch fehlte das Wasser des Achensees, der über die Ache in die Isar entwässerte, seit dieser selbst als Stausee genutzt wurde. So litt vor allem Bad Tölz am Wassermangel der Isar. Hochwasserschutz war für den Bau damals nur von sekundärer Bedeutung. Wie wichtig der Sylvenstein-Stausee allerdings für den Schutz vor Überschwemmungen ist, zeigte das Hochwasser im Sommer 2005. Während sogar Bäche zu reißenden Strömen wurden und ganze Landstriche des bayerischen Oberlandes überfluteten, blieben die Schäden an der Isar vergleichsweise gering.

Im Sylvensteinsee versunken liegt der Ort Fall, den schon Ludwig Ganghofer in seinem Roman „Der Jäger von Fall" verewigte. Nach dem schwierigsten Teil der ganzen Route erreichen wir im neuen Ort Fall die Hauptstraße. Auch wer zum ersten Mal über die 400 Meter lange Brücke fährt, erkennt sie sicher aus diversen Werbespots. Auf der Dammkrone biegen wir in einen dunklen Stollen ein. Der spuckt uns unterhalb der Staumauer wieder aus. Wir folgen dem Radweg entlang der Hauptstraße bis Lenggries.

Die letzte Etappe beginnt mit der Fahrt durch liebliche Auenlandschaft. Die Via Bavarica Tyrolensis verschmilzt nun quasi mit der Strecke des Isarradwegs. Eigentlich schade, dass wir nun wieder nach Norden radeln. Immer wieder bleiben wir stehen und blicken sehnsüchtig zurück in die Berge. Markant baut sich die Benediktenwand vor der Alpenkulisse auf. In Bad Tölz bummeln wir die historische Marktstraße hinauf. Die prächtigen Fassaden mit ihren Lüftlmalereien brachten schon zu Zeiten der Salzstraße den Reichtum der Stadt zum Ausdruck, erklärt uns eine Anwohnerin. Etwas abseits der Isar führt die Route weiter durch den „Malerwinkel". Eine Moränenlandschaft mit sanften Hügeln und saftigen Wiesen. Kurz vor Königsdorf geht's in den Wald. Manchmal erhascht man durch die Bäume einen kurzen Blick auf die Isar, die sich in großen Bögen ihren Weg durchs Tal bahnt. Bei Wolfratshausen wechseln wir die Flussseite. Hinein ins Naturschutzgebiet der Pupplinger Au, eines der beliebtesten Naherholungsgebiete im Süden Münchens. An Wochenenden muss man sich seinen Weg durch Horden von Rennradlern, Inline-Skatern und Joggern bahnen. An geschützten Plätzchen der Isarauen aalen sich die Sonnenanbeter. Eine letzte Rast gönnen wir uns im Biergarten von Kloster Schäftlarn. Entlang des Isar-Wehrkanals und dann noch eine kurze knackige Steigung zur Frundsberger Höhe, und wir sind in Grünwald. Dort schließt sich der Kreis, und wir rollen den bekannten Weg zurück nach München.

Info Via Bavarica Tyrolensis

CHARAKTER Der Fern-Radwanderweg durch Bayern und Tirol kann von trainierten Radfahrern in drei Tagen gut bewältigt werden. Um die Natur und die vielen Sehenswürdigkeiten entlang der Strecke genießen zu können, sollte man aber mindestens vier bis fünf Tage für die 225 km lange Tour einplanen. Man fährt vorwiegend auf asphaltierten oder gekiesten Radwegen, selten auf befahrenen Straßen. Hin und wieder warten einige steile, holprige Abschnitte bergauf wie bergab, daher ist die Route nicht für Kinder unter zehn Jahren geeignet.

TOURENVERLAUF München – Holzkirchen – Warngau – Gmund – Tegernsee – Rottach-Egern – Kreuth – Achenpass – Achenkirch – Maurach – Wiesing im Inntal – Sylvensteinsee – Lenggries – Bad Tölz – Wolfratshausen – München

UNTERKUNFT An vielen Wegmarkierungen der Via Bavarica Tyrolensis verweisen Schilder auf Gasthöfe und Pensionen, die Radfahrer auch gerne für eine Nacht aufnehmen. Radlerfreundliche Herbergen in dieser Region finden sich im Internet unter www.bettundbike.de

LITERATUR/KARTEN „Radführer Via Bavarica Tyrolensis – Durch Oberbayern und Tirol", Detailkarten im Maßstab 1 : 75 000, 48 Seiten, Galli Verlag; ADAC Rad-Touren-Karte Blatt 49 „München Süd, Alpenvorland, Starnberger See, Ammersee, Karwendelgebirge", Maßstab 1 : 75 000.

AUSKUNFT Tourismusverband Alpenregion Tegernsee Schliersee e. V., Tegernseer Str. 20a, 83734 Hausham, Tel. 08026/920700, Fax 08026/924166, www.tegernsee-schliersee.de
Tölzer Land Tourismus, Prof.-Max-Lange-Platz 1, 83646 Bad Tölz, Tel. 0800/8635937, Fax 08041/505375, www.toelzer-land.de
Achensee Tourismus, Rathaus 387, A-6215 Achensee, Tel. 0043-5246/5300, Fax 0043-5246/5333, www.achensee.info

INTERNET Offizielle Website des Fernradweges: www.via-bavarica-tyrolensis.com (mit Etappen-Beschreibungen und interaktiver Tourenkarte)
Achensee-Schifffahrt: www.tirol-schifffahrt.at
Achensee Bahn: www.achenseebahn.at
Tiroler Steinölwerke: www.steinoel.at
Tegernsee-Schifffahrt: www.seenschifffahrt.de
Stadt München: www.muenchen.de

Mecklenburg-Vorpommern

Radwandern in der Mecklenburgischen Seenplatte ist ein wahrlich königliches Vergnügen, vor allem wenn man in einem der vielen Schlösser übernachtet.

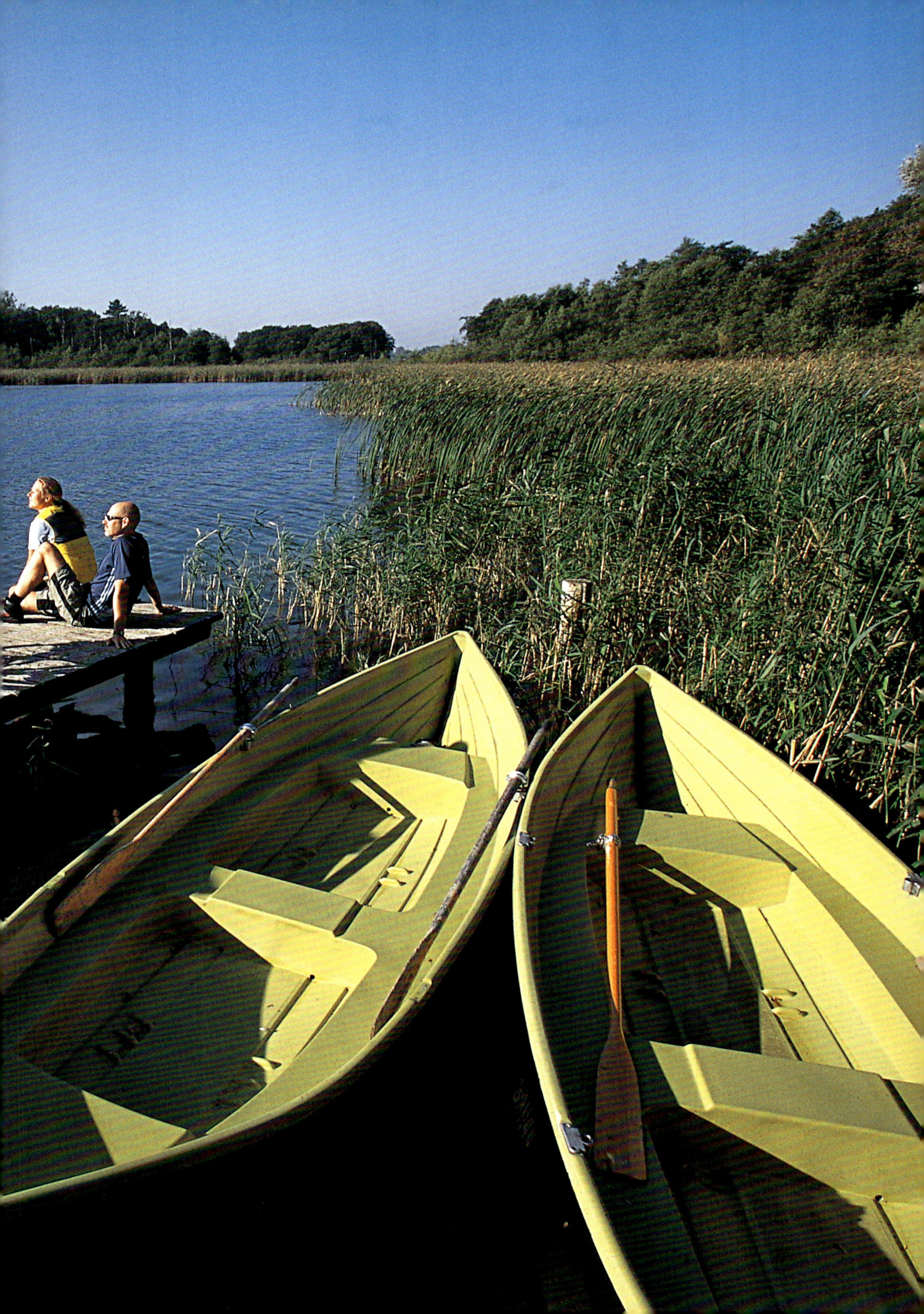

Schlösser und Seen

Norbert Eisele-Hein, Text und Fotos

Das nennt man gelungenen Aktivurlaub: Baden und Biken bis zum Abwinken. Und zur Regeneration logiert und diniert man in ehemaligen Herrschaftshäusern, restaurierten Burgen und romantischen Schlössern – eine unschlagbare Kombination zu relativ moderaten Preisen. Auf der Burgen-und Schlösser-Runde durch das Labyrinth der Mecklenburgischen Seenplatte wird tagsüber die pralle Natur mit ihren unzähligen Seen erobert und abends das Erlebte mit einer gehörigen Portion Noblesse angereichert.

Etappe 1: Neustrelitz am Zierker See ist Startort zu unserer „Tour de Müritz". Los geht's an der Orangerie, einem weitläufigen Skulpturengarten, prächtig angelegt. Durch eine unberührte Sumpf- und Moorlandschaft radeln wir auf großzügig angelegten Radwegen nach Osten – direkt auf die Müritz zu. Wenn wir den Bodensee mal außer Acht lassen, ist die Müritz der größte Binnensee Deutschlands. Die Strecke durch den 318 km großen, gleichnamigen Nationalpark ist vorbildlich beschildert. Zudem bestehen kaum Berührungspunkte mit Straßenverkehr. In Boek werfen wir uns das erste Mal in die Fluten. Das andere Ufer lässt sich nur erahnen – so breit ist hier die Müritz. Wir folgen dem Uferlauf und strampeln dann in einer Schleife um den Adler-Informationspunkt bei Federow vorbei Richtung Waren. Im geschäftigen Hafen wird für allerlei Bootstouren geworben. Hobbyseeleute und Freizeitkapitäne können dort im Schnellverfahren ihre Binnenschifffahrtslizenz erwerben. Der Radweg folgt dem Ufer. Nur kleinere Landzungen werden mit Passagen durch den Wald abgekürzt. Bei der Feriensiedlung Klink leuchtet der Sandstrand schon im Abendlicht. Schnell noch mal ein Sprung ins Mecklenburgische Meer. Die Kristallgläser sind nun nicht mehr fern. Keine fünf Kilometer weiter erwartet uns das mondäne Schloss Klink.

Etappe 2: Ein opulentes Frühstücksbuffet kann die ersten Radkilometer ganz schön beschwerlich gestalten. Zunächst quälen wir uns am Westufer der Müritz bis nach Röbel. Dann geht es wieder Schlag auf Schlag von Gut zu Gut: Das Gutshaus Ludorf wurde 1698 im Stil der dänischen Klinkerrenaissance errichtet, Leizen 1898 im Gründerzeitstil. Es folgt der Gutshof Woldzegarten, ein behutsam restauriertes Herrenhaus am idyllischen Tangahnsee. Sie alle liegen wie Perlen einer Kette inmitten der herrlichen Kulturlandschaft. Felder, Wiesen und Auen rauschen nur so vorbei – blaue Weite, duftende grüne Stille. Die Malchower Brücke bringt uns über die Ausläufer des Fleesensees zum Etappenziel – dem Gutshof Sparow. Das Ensemble wurde stilvoll auf Vordermann gebracht. Im riesigen Areal warten sogar Tennishallen und ein Wellness-Bereich.

Etappe 3: Sie führt uns direkt durch den Naturpark Nossentiner und Schwinzer Heide. Auffällig – es fehlen die ansonsten so zahlreichen Seen.

Mehr als 1000 Seen können einen fast seensüchtig machen (vorhergehende Doppelseite).

Radeln auf romantischen Nebenstraßen wie auf den Alleen vor Stavenhagen.

Königliche Pause: Stopp am Steg beim Schlosshotel Groß Plasten.

Kunst aus DDR-Reliquien, wie das Trabbi-Storchennest bei Neustrelitz (rechts).

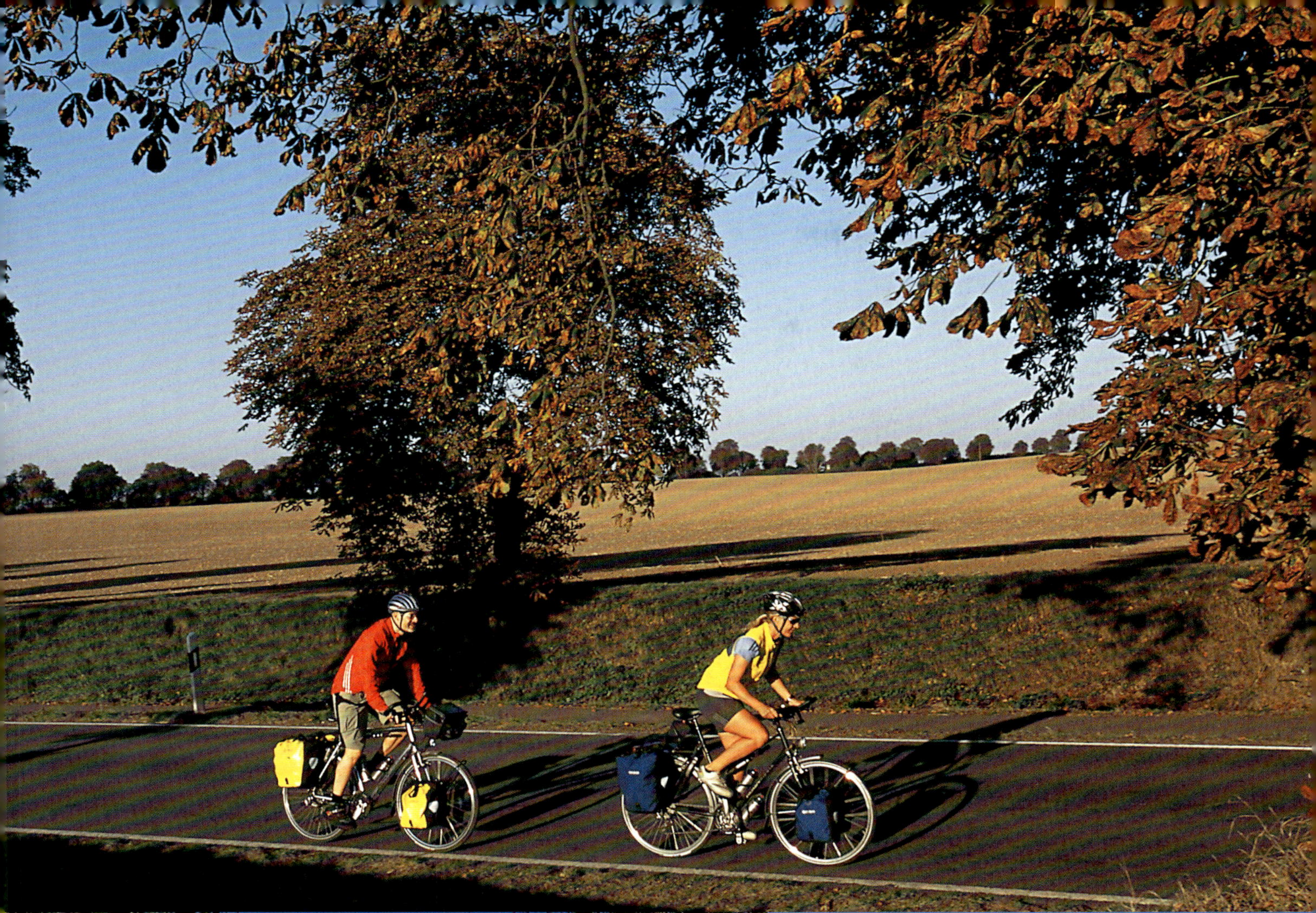

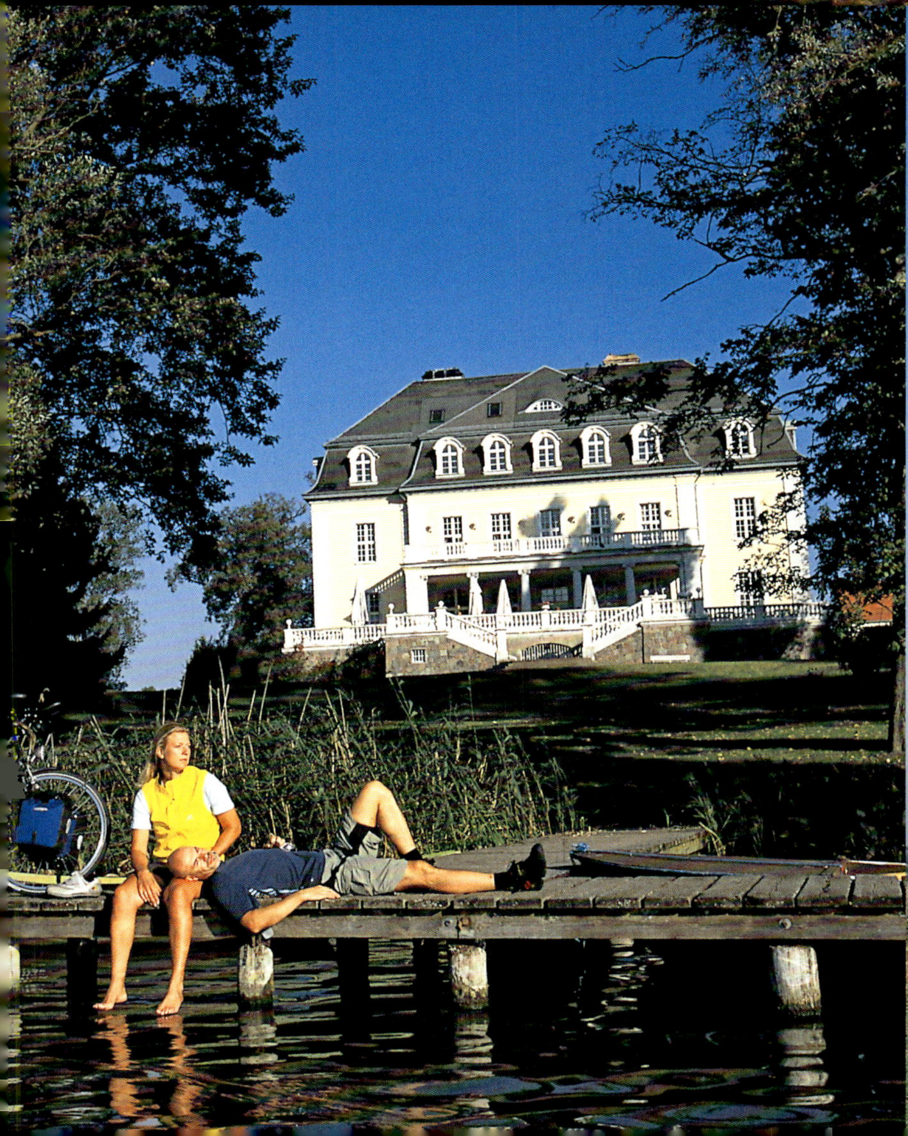

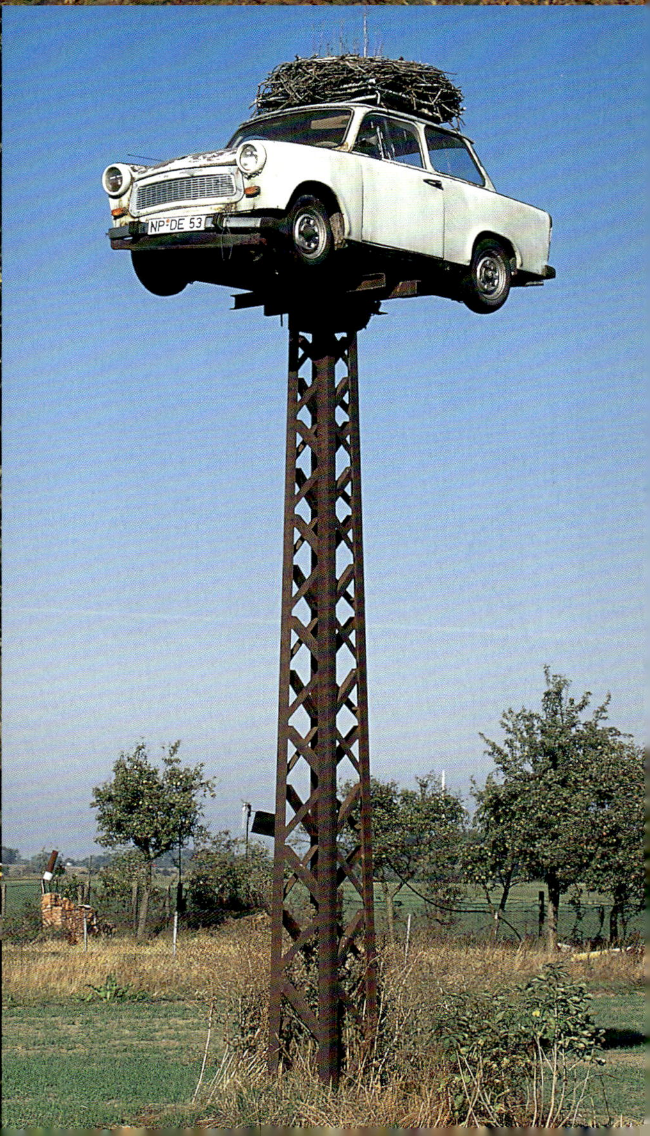
NP DE 53

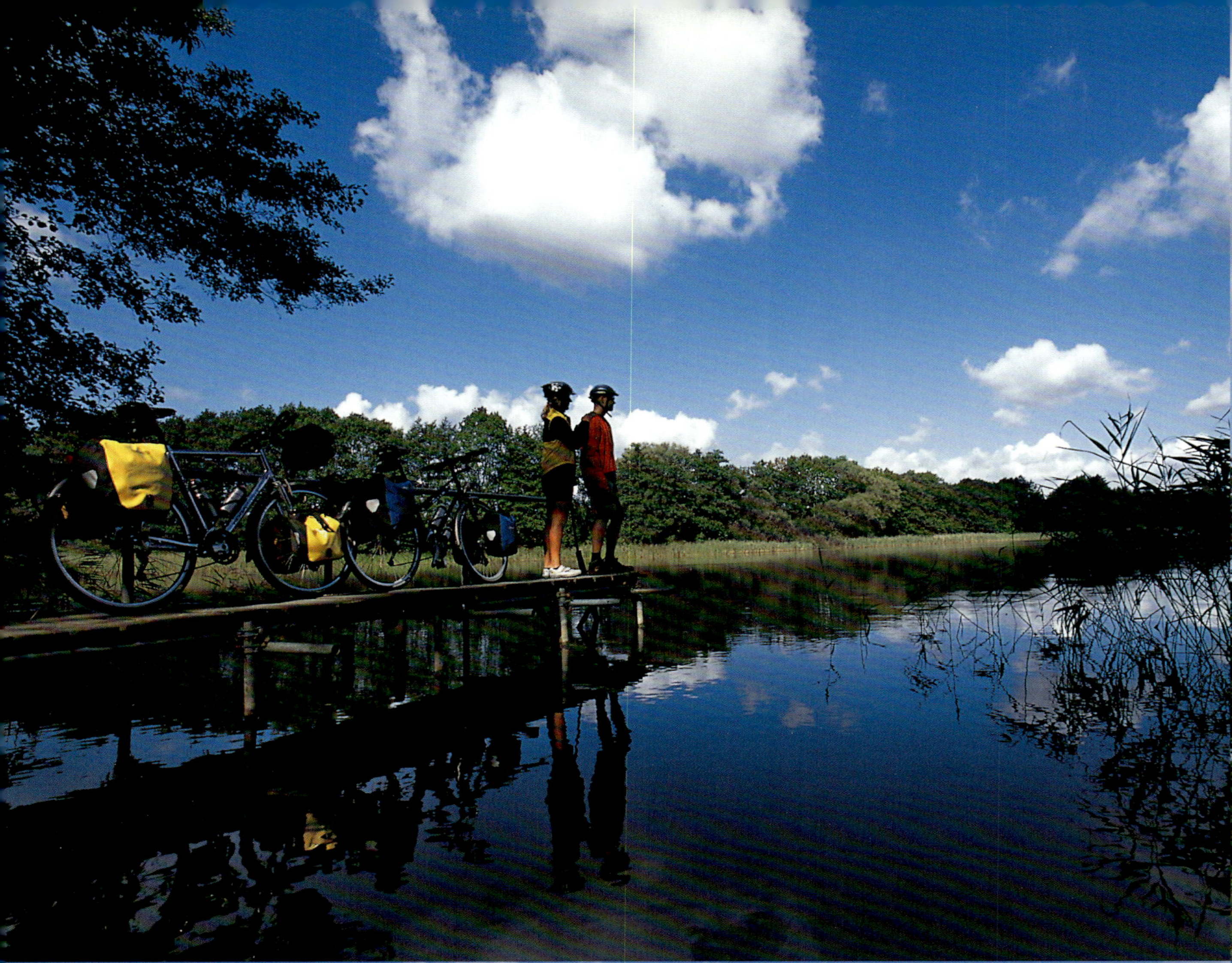

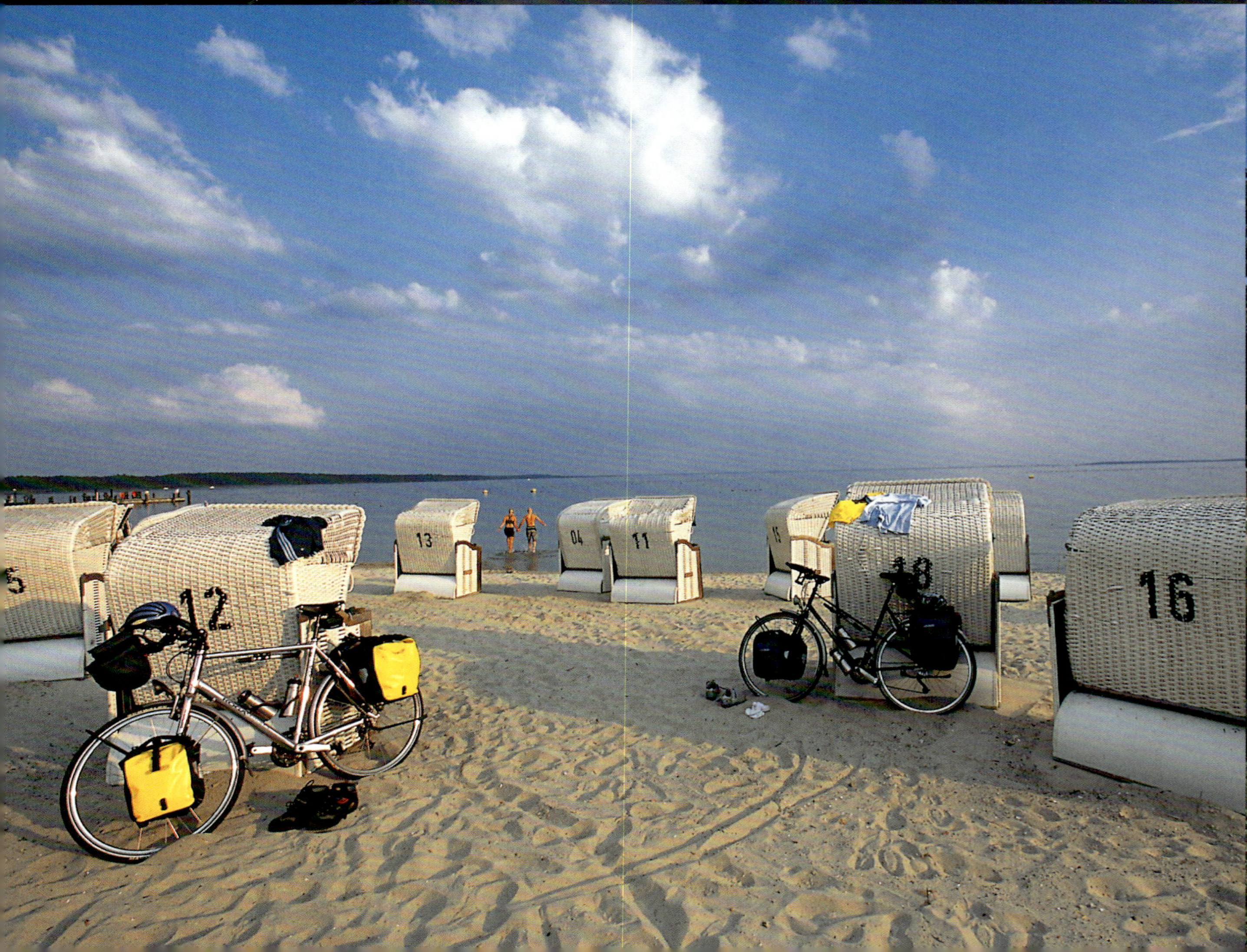
13
04
11
12
16

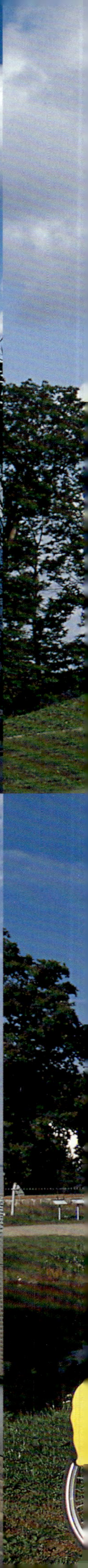

Erst biken, dann baden: erfrischende Pause am Drewitzer See (linke Seite oben).

Königliche Kulisse: per Rad durch den Park von Schloss Ulrichshusen.

Eleganter Zwischenstopp im Blücherhof bei Klocksin.

Ostsee-Feeling in der Strandkorbsiedlung an der Müritz (linke Seite unten).

57

Ein Hauch von weiter Welt: die Marina von Waren an der Müritz.

Dafür fühlen wir uns inmitten dieser unbelasteten Kiefernheide, als führen wir durch eine frisch geöffnete Packung Hustenbonbons. Im Blücherhof mit seinem dendrologischen Garten legen wir eine Pause ein. „Dendrologie ist die Baumkunde", klärt uns Norbert Schipke auf. Er betreibt das Café Dubenhus inmitten des Gutshofs. In diesem einstigen Taubenschlag serviert er selbst gebackene Kuchen und Sanddornsirup und gibt fundierte Tipps für Radreisende. Er hat rund zehn Tourenvorschläge in die nähere Umgebung ausgearbeitet.

Die „Wüste Kirche" kurz hinter Marxhagen auf der Schlösserrunde fällt etwas aus dem Rahmen. Von der romanischen Steinkirche stehen nur noch die Giebel und ein paar Fundamente, aber dieser Ort hat eine einzigartige Ausstrahlung. Danach nehmen die Schlösser wieder eine geradezu inflationäre Dichte an: Ulrichshusen – das Renaissance-Schloss der Adelsfamilie von Maltzahn, Schloss Schorssow – ein klassizistischer Dreiflügelbau, bewirtet Gäste auf Fünf-Sterne-Niveau, die Burg Schlitz – ein prächtig weißes, ebenso klassizistisches Meisterwerk ... Der Endspurt des Tages bringt uns vom Malchiner See durch die Mecklenburgische Schweiz zunächst nach Teterow, dem geografischen Mittelpunkt Mecklenburg-Vorpommerns. Unbedingt sehenswert ist dort die Peter-und-Pauls-Kirche, eine frühgotische Basilika. Nach hügeligen 80 Kilometern zeichnet sich schon beim Hochrollen zum Portal des Golf- und Wellnesshotels Schloss Teschow ein Grinsen auf unseren Gesichtern ab. Und es hält auch bis weit nach dem fulminanten Dinner an.

Etappe 4: Der Schlösserreigen geht weiter. Heute stehen die Burg Stavenhagen und das Schloss Kittendorf auf dem Programm. Stavenhagen ist die Geburtsstadt Fritz Reuters, des wohl berühmtesten Dichters der niederdeutschen Sprache. Er erblickte 1810 im heutigen Rathaus das Licht der Welt. Dieses fungiert mittlerweile auch als Museum, wo sein Leben und Schaffen nachgezeichnet wird. Vom Stadtzentrum führt ein schöner Abstecher nach Ivenack, mit einer geschotterten Piste durch einen wahren Zauberwald. Die Ivenacker Eichen sind bis zu 1200 Jahre alt. Ihr Stammumfang erreicht maximal elf Meter. Das ist europäischer Rekord!

Dank sportlichen Tempos dürfen wir das Romantikschloss Groß Plasten noch im Abendlicht erleben. Das neobarocke Schlösschen hat wie die meisten ehrwürdigen Gebäude der Region eine wechselhafte Geschichte hinter sich. Dank viel Geld und Herzblut erstrahlt das Schloss seit 1995 wieder im alten Glanz.

Etappe 5: Neubrandenburg wird von der besterhaltenen mittelalterlichen Stadtmauer Norddeutschlands umrahmt. Die prächtigen Stadttore sorgten für den Beinamen „Stadt der vier Tore". Die Räder laufen prima, die Sehenswürdigkeiten sind wieder einmal beeindruckend – wie die Tage zuvor. Zur besseren Rückgewöhnung ans profane Dasein kaufen wir uns zur Pause am Büdchen Currywurst und Fritten. Burg Stargard, Groß Nemerow, Schloss Hohenzieritz – ein letztes Mal schimmert das Blut in unseren Adern bläulich. Zum angemessenen Abschied setzen wir uns noch in die Neustrelitzer Orangerie.

Info **Mecklenburg-Vorpommern**

CHARAKTER Die Mecklenburgische Seenplatte bietet unzählige Varianten für Trekkingbiker. Zudem laden mehr als 1000 kleine und große Seen fast überall zum Baden ein. Das Netz an Radwegen mit Motto (Schlösser und Burgen, Eiszeitroute, Tollensetal-Rundweg usw.) ist überwältigend. Die Infrastruktur für Radfahrer ist vorbildlich, so können z. B. im Nationalpark Räder auch jederzeit in den Nationalparkbus (mit Radanhänger) geladen werden! Das Preisniveau ist nach wie vor relativ günstig. Selbst die Übernachtung in Burgen und Schlössern sprengt nicht die Urlaubskasse. Daneben gibt es auch zahlreiche bürgerliche Unterkünfte mit guter Küche. Die Streckenbeschaffenheit variiert von perfektem Asphalt bis zu Waldpassagen mit festem Untergrund oder Schotter. Selbst die Steigungen in der Mecklenburgischen Schweiz sind für jedermann gut machbar! Unsere Gesamtroute betrug rund 380 km.

BESTE REISEZEIT Mai bis September. Im goldenen Oktober werden die Bäume schön bunt!

ANREISE Neustrelitz und auch Waren sind direkt mit der Bahn (meist über Berlin) zu erreichen. Infos unter www.bahn.de

ÜBERNACHTUNGEN Radfahrerfreundliche Unterkünfte stehen unter www.auf-nach-mv.de. Wer gerne mal erschwinglich im Schloss nächtigen möchte, findet im Internet diese adeligen Herbergen: www.schlosshotel-klink.de
www.hotel-gutshof-sparow.m-vp.de
www.schloss-teschow.de
www.schlosshotel-grossplasten.de
www.hotel-schlossgarten.de

PAUSCHALANGEBOTE www.mecklenburgerradtour.de bietet eine große Auswahl an Touren u. a. auch eine ähnliche Schlösserrunde an. Auch www.rückenwind.de, www.velociped.de, www.velotours.de und www.fahrradreisen.de steuern die Müritz an. Einen Überblick über das Radreiseangebot mit Buchungsmöglichkeit gibt's unter www.auf-nach-mv.de

RAD-SHOPS UND REPARATUREN In sämtlichen größeren Ortschaften finden sich gut sortierte Radfachgeschäfte mit Werkstätten und an sämtlichen touristischen Knotenpunkten Radverleiher, die meist auch Service anbieten, z. B. Zweirad Karberg, Lange Straße 46, in Waren/Müritz.

LITERATUR/KARTEN Für Radler: Hildegard und Wolfgang Frey, Kompass Radwanderführer 1956 „Mecklenburg-Vorpommern", 215 Seiten; Bikeline Radtourenbuch und Karte 1 : 75 000 „Radatlas Mecklenburgische Seen", 160 Seiten, und Bikeline Radkarte 1 : 75 000 „Mecklenburgische Seen" aus dem Esterbauer Verlag.
ADFC Regionalkarte „Mecklenburgische Seenplatte" 1 : 75 000.
Ein informativer Bildband zur Einstimmung: Joachim Skerl (Autor), Thomas Grundner (Fotograf), „Schlösser und Gärten in Mecklenburg-Vorpommern", Hinstorff Verlag, 120 Seiten.

AUSKUNFT UND INTERNET-TIPPS Tourismusverband Mecklenburg-Vorpommern, Platz der Freundschaft 1, 18059 Rostock, Tel. 0381/4030500, Fax 0381/4030555. Auf der Website www.auf-nach-mv.de kann man geführte Reisen buchen, Reiserouten virtuell zusammenstellen und sogar GPS-Daten für Navigationsgeräte herunterladen, dazu gibt es ein großes Übernachtungsangebot. Weitere Internet-Tipps für touristische Informationen:
www.mecklenburgische-schweiz.com
www.mecklenburgische-seenplatte.de
www.nationalparkticket.de (für den Müritz-Nationalpark)

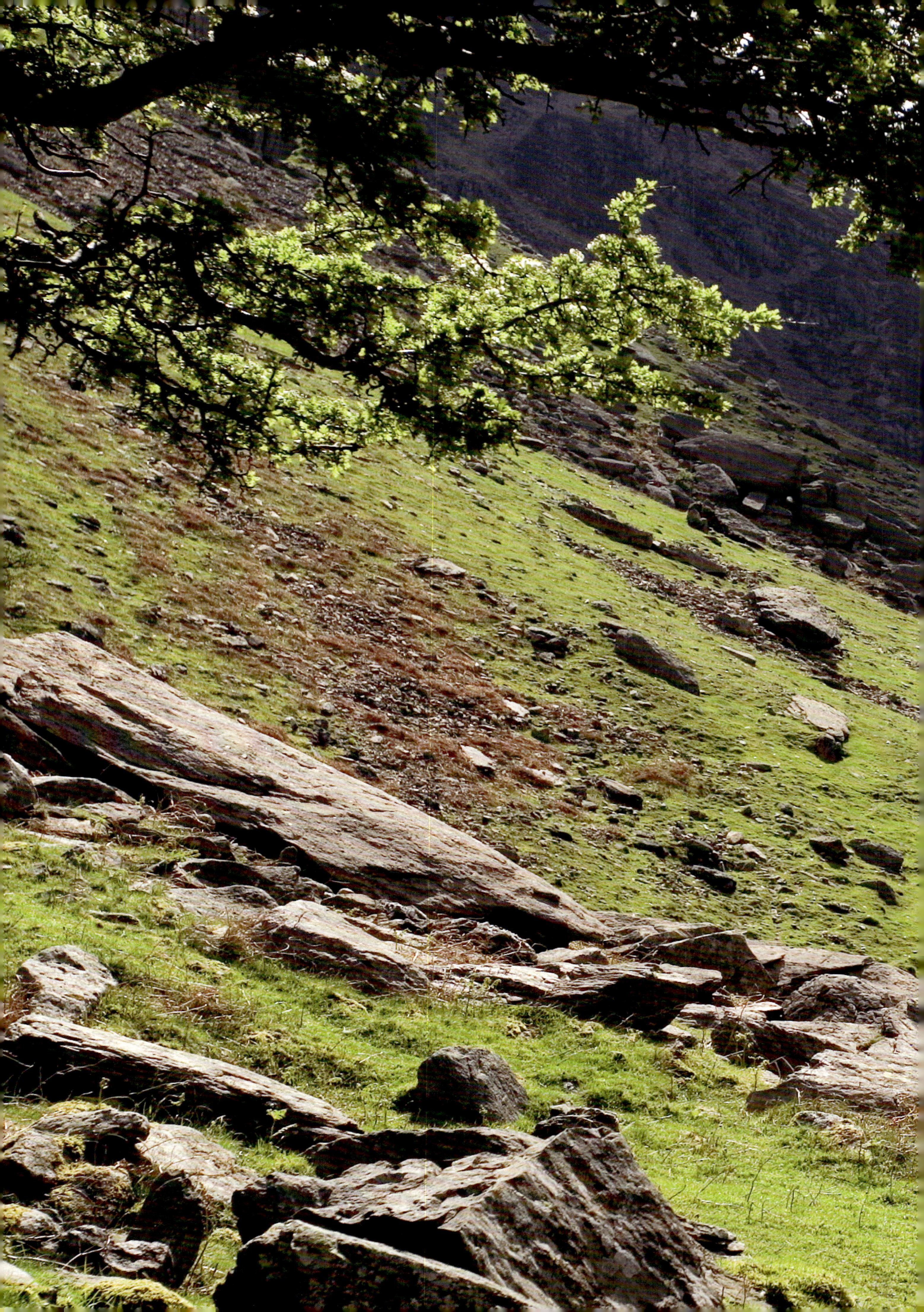

Wales

Mal sanft, mal steil. Das Hügelland im Westen lockt mit sprödem Charme.

Einsame Bergstraßen

Jörg Spaniol, Text und Fotos

Heißt es nicht, dass ein Urlaub einem wieder die Augen öffne für die kleinen Dinge des Lebens, für die poetischen Augenblicke? Für übersehene Farben, übergangene Gerüche, flüchtige Begegnungen? Na, dann hat es ja wunderbar geklappt. Wir sitzen in einem Hotel hoch über der kabbeligen See, die mit der Farbe von Betonschlämme gegen den Strand rollt, und diskutieren über Regentropfen. Über die kleinen, hundsgemeinen Dinge des Lebens also. Über die möglichen Ursachen ihres so unterschiedlichen Verhaltens: Während manche in den Pfützen auf der Dachpappe der Veranda spurlos aufgehen, tanzen andere für einen Wimpernschlag als Perle auf dem Wasser. Warum? Wir werden es herausfinden. Jedenfalls, wenn es noch lange so weiterregnet. Ein paar Dutzend Kilometer landeinwärts dürfte Mount Snowdon seinen Europarekord im Dauerduschen weiter verbessern: Mit angeblich 6000 Millimeter Jahresniederschlag führt sein Gipfel souverän die Statistik an. Dass Wales im Landesdurchschnitt kaum nasser dasteht als Deutschland, tröstet gerade wenig.

Süße Bohnen in einer dicken roten Soße erkalten neben fettiger Wurst auf dem Frühstücksteller, achtlos zur Seite geschoben von einem Klatschmagazin, das die Regenzeit vertreibt. Nur wenige Promibilder später wird es plötzlich zu grell zum Lesen. Sonne! Feines, klares, nordwesteuropäisches Licht! Auf geht's! Während der Atlantik noch die fliehende Wolkenbank spiegelt, klicken unsere Schuhplatten ein.

Kurz hinter der Küste winden sich schmale Straßen zwischen mannshohen Mauern aufwärts. Steinerne Bobbahnen in fluoreszierendem Grün. Doch welche nehmen? Die beste Radkarte der Gegend ist nicht nur wasserfest, sondern auch noch voller überzeugender Routen. Wir gehen in die Vollen und entscheiden uns für ein Teilstück des kernigen Fernradweges Lon las Cymru. Der reicht von Cardiff im Süden bis Holyhead am walisischen Nordzipfel, vermeidet auf seinen 450 Kilometern möglichst die Hauptstraßen – und leitet den Radler so auf Wege, die Autofahrern verborgen bleiben. Auf stille Wege. Auf steile Wege.

Nach einer gnädigen Einrollphase auf einer ehemaligen Bahntrasse weist der rote Pfeil mit dem Radsymbol unmissverständlich nach rechts oben. Nicht so steil, dass geübte Beine wirklich zu kämpfen haben, aber immerhin so, dass die Kette krachend nach links wandern muss. Es folgt: schweigendes Kurbeln. Die dunklen Schieferhäuser von Dolgellau bleiben zurück, ein Wald voller Flechten und Moos dämpft letzte Geräusche des kleinen Ortes. Weit oben wellt sich das satte Grün wieder baumlos Richtung Horizont. Schier endlose Schafweiden legen sich wie samtiger Kunstrasen über ruppige Buckel. In den Mulden leben Bauernhäuser symbiotisch mit den zähen Bäumen drum herum: Man schützt sich gegenseitig vor dem Wegfliegen im harschen Wind. Als die Autos im Tal

Der Llanberis-Pass umgeht den höchsten Berg von Wales (vorhergehende Doppelseite).

Am Ufer des Tal-y-Llyn verläuft der Radweg abseits der Autostraße.

Die Tierwelt am Wegesrand: einige von tausenden von Schafen in Wales.

Walisische Dorfromantik: zur Happy Hour in Barmouth (rechts).

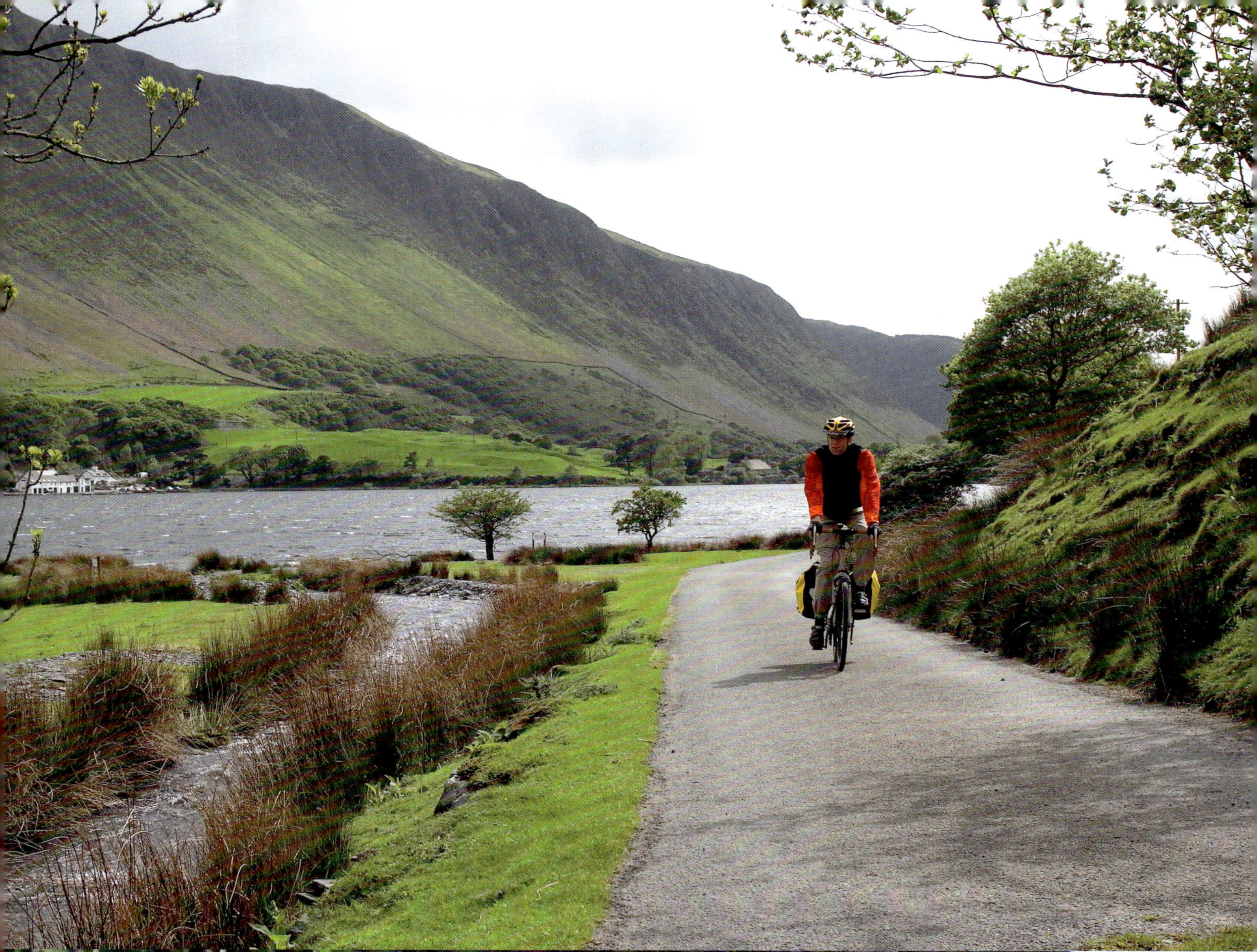

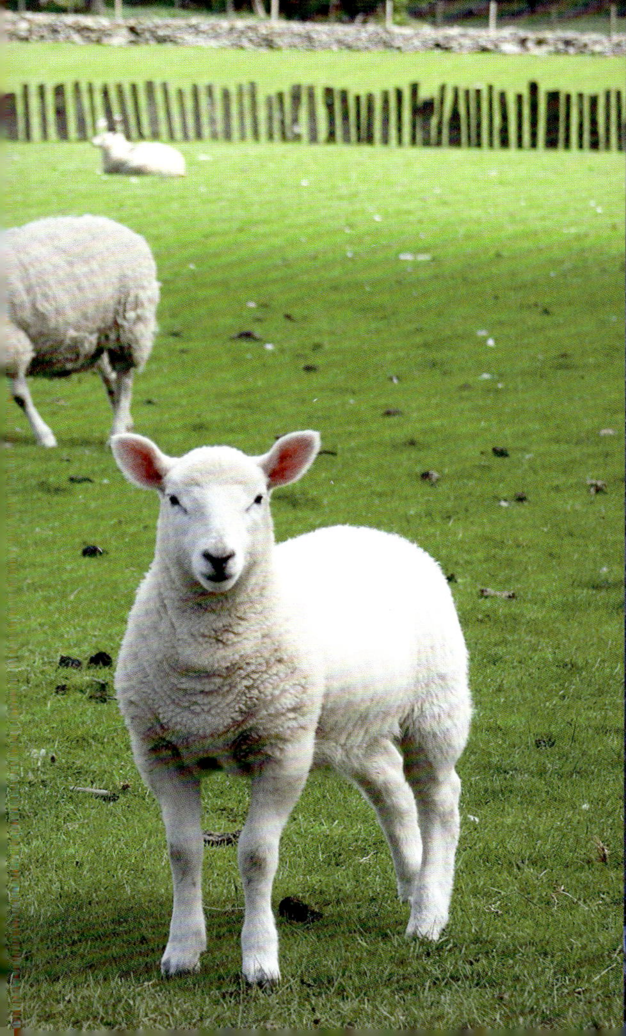

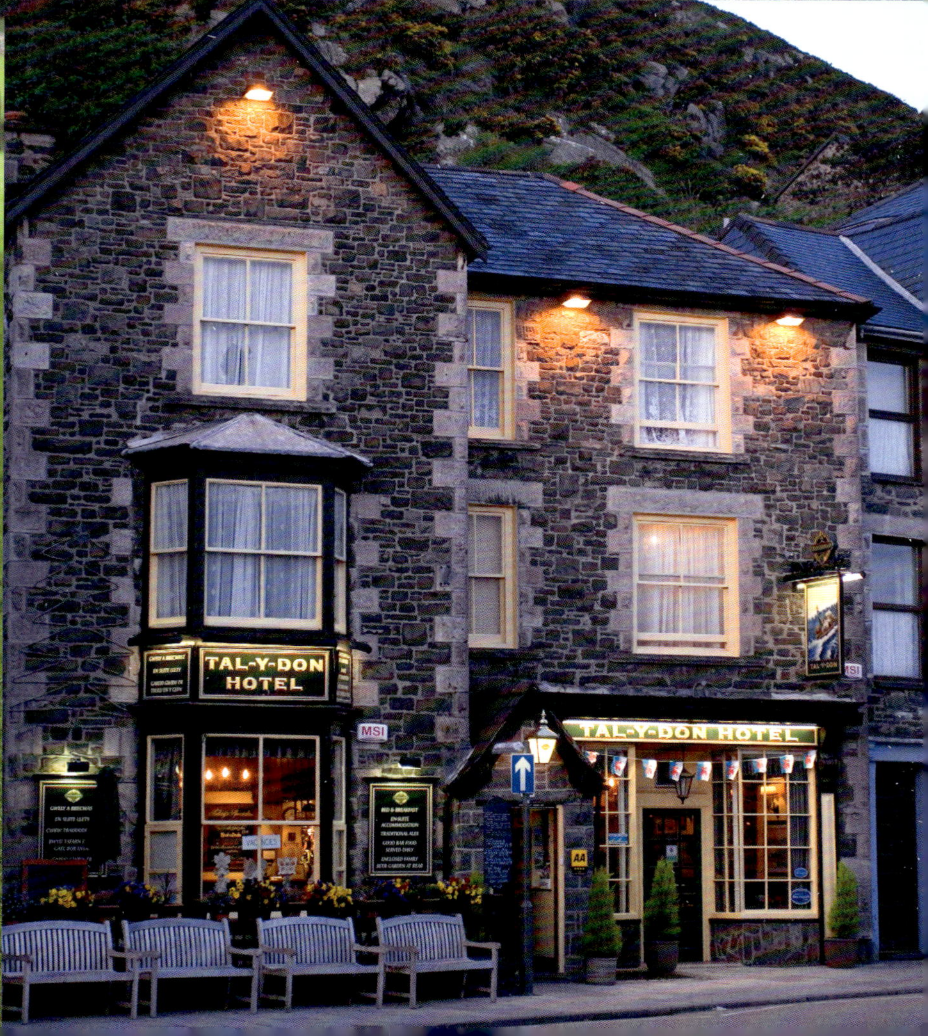
TAL-Y-DON
HOTEL
TAL-Y-DON HOTEL

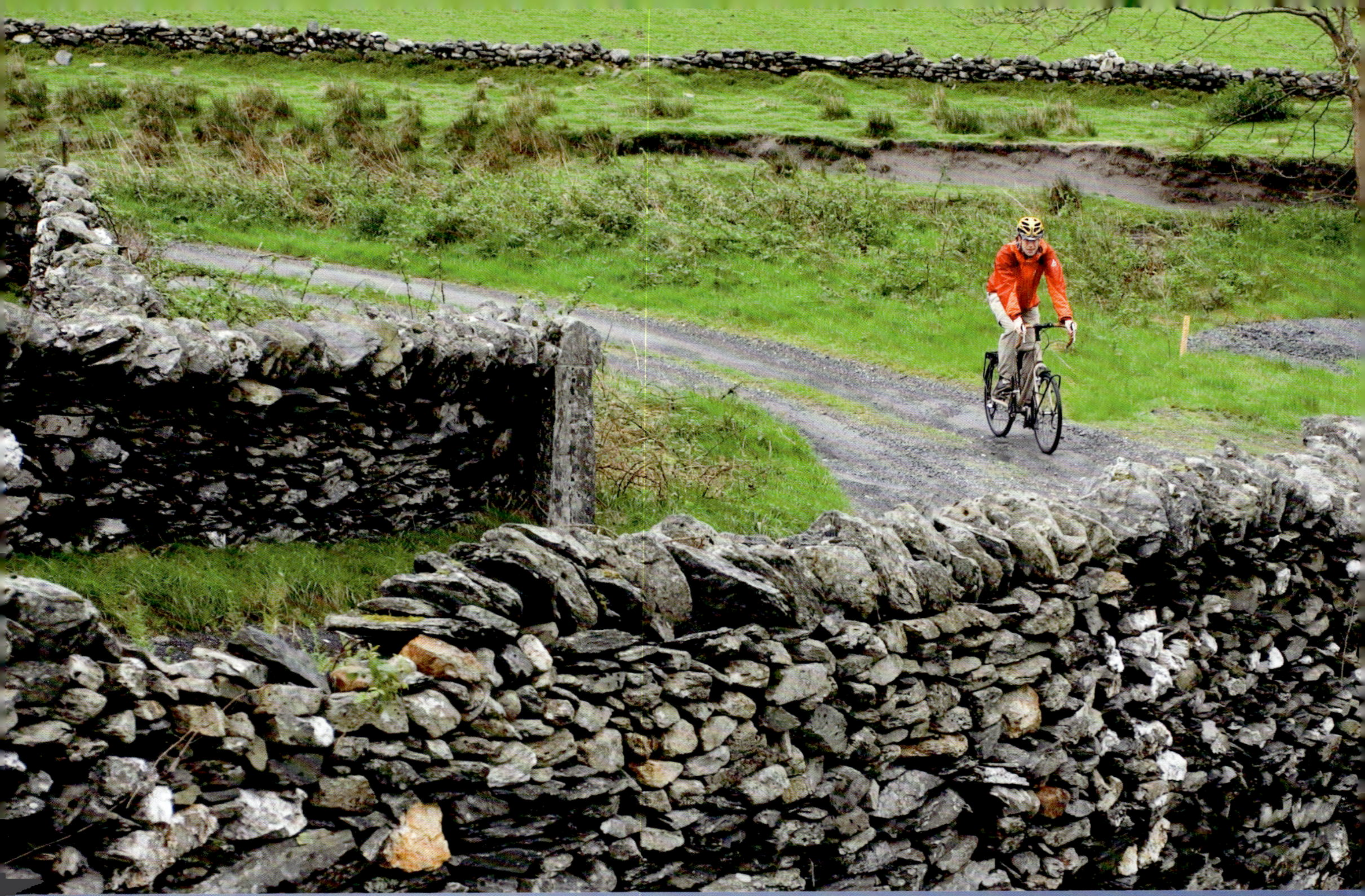

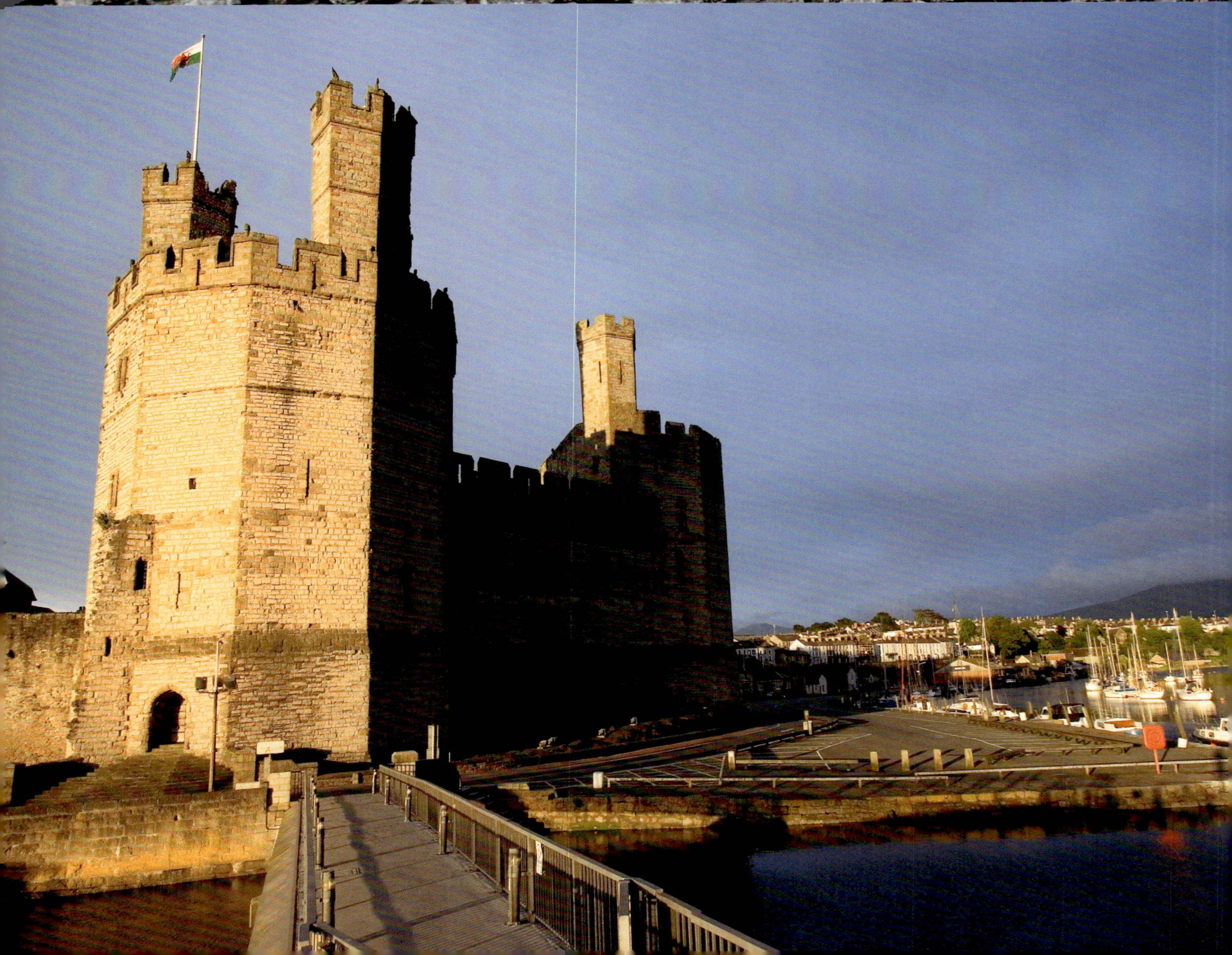

Wem die Straßen nicht einsam genug sind, der erforscht die Farmroads (linke Seite oben).

Gut und günstig: das britische Fast-Food-Nationalgericht Fish and Chips.

Das Meer ist zum Baden oft zu frisch: Sandstrand bei Caernarfon.

Auf der Burg von Caernarfon weht die walisische Flagge (linke Seite unten).

65

zu glänzenden Käfern geschrumpft sind, weist der Radwegpfeil wiederum nach rechts. Er hängt am Pfosten eines besonders massiven Viehgatters. Wir vertrauen dem vom Wetter gezeichneten Blechschild und schließen das erste von vielen Viehgattern hinter uns.

Ach ja, die Viehgatter! Ein allgegenwärtiges Problem – Schafe, die sich nicht darum kümmern, wem sie gehören – und viele, viele Lösungen. Am besten: schwere Tore mit Klinke, die von selbst ins Schloss fallen. Schlechter: klemmende Riegel, die zum Absteigen zwingen. Ganz schlecht: winklige Labyrinthe, die Kühe am Entweichen hindern sollen. Ein voll bepacktes Fahrrad ist etwa so geschmeidig wie eine dicke Kuh, und so entpuppt sich manche walisische Farmroad als anstrengender Hindernisparcours. Die Folge: Schmierfett an der Wade und ein sehr mäßiges Durchschnittstempo. Die immer wieder auf die Sträßchen gepinselte Ermahnung „araf" (langsam) ist an Radler eigentlich verschwendet. 70 oder gar 80 Kilometer am Tag sind auf diesen Nebenstraßen wirklich mehr als genug. Und diese Schleichwege sind es, die einen tief eintauchen lassen in die steilen, einsamen Wellen von Snowdonia.

Am Ende eines solchen Tauchganges steht immer wieder die Küste. Wales ist so klein, dass seine Berge direkt am Wasser anfangen müssen, um ins Land zu passen. Aber wenn es um „schöne" Landschaften geht, ist diese Kombination aus Bergen und Meer kaum zu übertreffen. Prinzipiell, und ganz bestimmt auch hier in dieser Region. Doch auf unserem Weg seewärts zieht ein schwerer, grauer Regenvorhang über die Landschaft. Wir ducken uns gegen den Wind. Nasse Schieferhäuser glänzen schwarz, ausfransende Fahnen aus Braunkohlerauch wehen von Kaminen. Sie werden von weichem Landregen durchlöchert. Vom noch fernen Atlantik jagt das salzige Aroma von Seetang landeinwärts, gefolgt von fleckigem Sonnenschein. Nicht gerade Idealklima für lange Radtouren.

Eine warme Dusche später – das Rad steht längst in der Hotelgarage – meldet sich der Hunger. In Barmouth ist Vorsaison, die Hälfte aller Restaurants und Läden noch verschlossen. Immer offen hat aber sicherlich irgendein Imbiss mit Variationen zum Thema „Fish and Chips". Wir nehmen den mit den meisten Gästen, bummeln mit unserer Beute Richtung Strandpromenade. Der Badeort Barmouth erwacht langsam aus der Winterstarre. Noch sind die Bingohallen verriegelt, der kleine Vergnügungspark verwaist. Doch in einem Laden für Strandbedarf brennt Licht, die verklebten Scheiben werden ruckweise vom Packpapier befreit. Drinnen stapelweise Sandschippen, Liegematten, Sonnenschirme. Und ein Ständer mit bizarrer Bademode: nicht Bikinis, sondern knielange Neoprenanzüge sind hier wohl der Standard.

Als neben der Strandmauer unsere fettigen Fisch-Papiere in den Papierkorb fallen, wächst am östlichen Horizont aus dem sprichwörtlichen Silberstreifen eine immer größere Fläche klaren, blauen Himmels heran. Gute Aussichten für einen weiteren Tag in der launischen Schönheit von Snowdonia. Und erfreulich schlechte Aussichten, endlich das Rätsel der Regenperlen zu lösen.

Einsame Bergstraße am Mount Snowdon zwischen Llanrug und Llanberis.

Typisch walisisch: eine ehemalige Arbeitersiedlung bei Corris (rechts).

Info Wales

CHARAKTER Die Touren verlaufen meist auf asphaltierten Straßen und Landwirtschaftswegen, zum Teil aber auch auf fein geschotterten Radwegen, die auf ehemaligen Bahntrassen angelegt wurden. Sie sind teilweise ausgeschildert. Wegen des sehr hügeligen Geländes eignen sie sich nicht für „Kilometerfresser". Obwohl selten mehr als 100 Höhenmeter am Stück zu überwinden sind, empfehlen sich Räder mit 27-Gang-Kettenschaltung.

TOURENTIPPS Tour 1: Um den Cadair Idris; ca. 70 km, 600 hm, mittelschwer. Steigungen bis 15 Prozent. Barmouth Eisenbahnbrücke – Mawddach-Radweg – Dolgellau – Radweg Nr. 8 – Überquerung A 487 – Radweg Nr. 8 – Corris – Tal-y-llyn-See – B 4405 – Llangelyninn – Barmouth
Tour 2: Um den Mount Snowdon; ca. 70 km, 800 hm, schwer. Steigungen bis 18 Prozent (auf Farmroad Llanrug–Llanberis. Leicht bis mittelschwer). Caernarfon – Llanrug – Farmroad parallel zu A 4086 – Llanberis – Pen-y-Pass (356 Meter) – A 498 – Beddgelert – Rhyd-Ddu – B 4418 – Penygroes – Radweg Lon Eifion (an A 487) – Caernarfon
Tour 3: Halbinsel Llyn; ca. 75 km, 600 hm, mittelschwer. Steigungen bis 13 Prozent. Caernarfon – entlang Menai Strait (Radweg 10) – Llandwrog – Radweg A 499 – Pontllyfni – Pont-y-Cim – Radweg Nr. 11 – Brychyni – Bryncir – Radweg Lon Eifion – Caernarfon

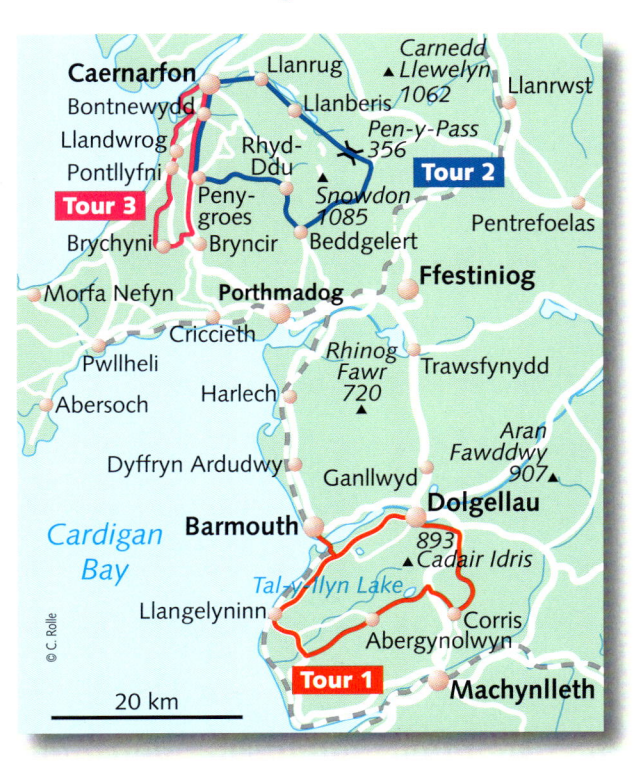

REISEZEIT Prinzipiell von Mai bis September. Mai und Juni sind relativ trocken. Im Juli und August ist es zwar wärmer, aber auch verkehrsreicher.

ANREISE Bahn: Vom Flughafen Birmingham nach Barmouth sind es ca. 4 Stunden. Weitere Verbindungen unter www.nationalrail.co.uk
Auto: Von Dover (Fähre/Tunnel) bis Caernarfon sind ca. 600 Kilometer. Schnellste Anreise über London, Birmingham, walisische Nordküste.
Flug: Nach Birmingham, Manchester oder Liverpool.

RAD-SERVICE/-VERLEIH Caernarfon: Menai Cycles, 1 Slate Quay, Tel. 0044-1286/676804; Dolgellau: Dolgellau Cycles, Smithfield Street, Dolgellau, Tel. 0044-1341/423332.

UNTERKUNFT Beide Standorte sind reichlich mit Unterkünften ausgestattet. Wer länger bleibt und sparen will, kann fest installierte Caravans auf Campingplätzen mieten.
Caernarfon: Totters, Backpacker Hostel, 2 High Street, Tel. 0044-1286/672963; Barmouth: Ty'r Graig Castle Hotel, Llanaber Road, Barmouth, Tel. 0044-1341/280470, www.tyr-graig-castle.co.uk; familiäres Hotel im Stil einer kleinen Burg, mit schöner Aussicht.

KARTEN/LITERATUR Für den touristischen Überblick: Reise Know-how „Wales", Landkarte: Goldeneye Maps „Snowdonia/Anglesey" Cycling country lanes & byways, Maßstab 1:126 720; Lon las Cymru North, Nordteil des Fern-Radweges Nr. 8; zu bestellen unter www.sustransshop.co.uk

AUSKUNFT Visit Britain, Hackescher Markt 1, 10178 Berlin, Tel. 01801/468642, www.visitbritain.com/de, www.cycling.visitwales.com, www.sustrans.org.uk (Informationen zum nationalen Fern-Radwegenetz).

Tal der Loire

Schlösser und mittelalterliche Städte – eine Tour an der Loire ist eine Zeitreise durch Frankreichs Hochkultur.

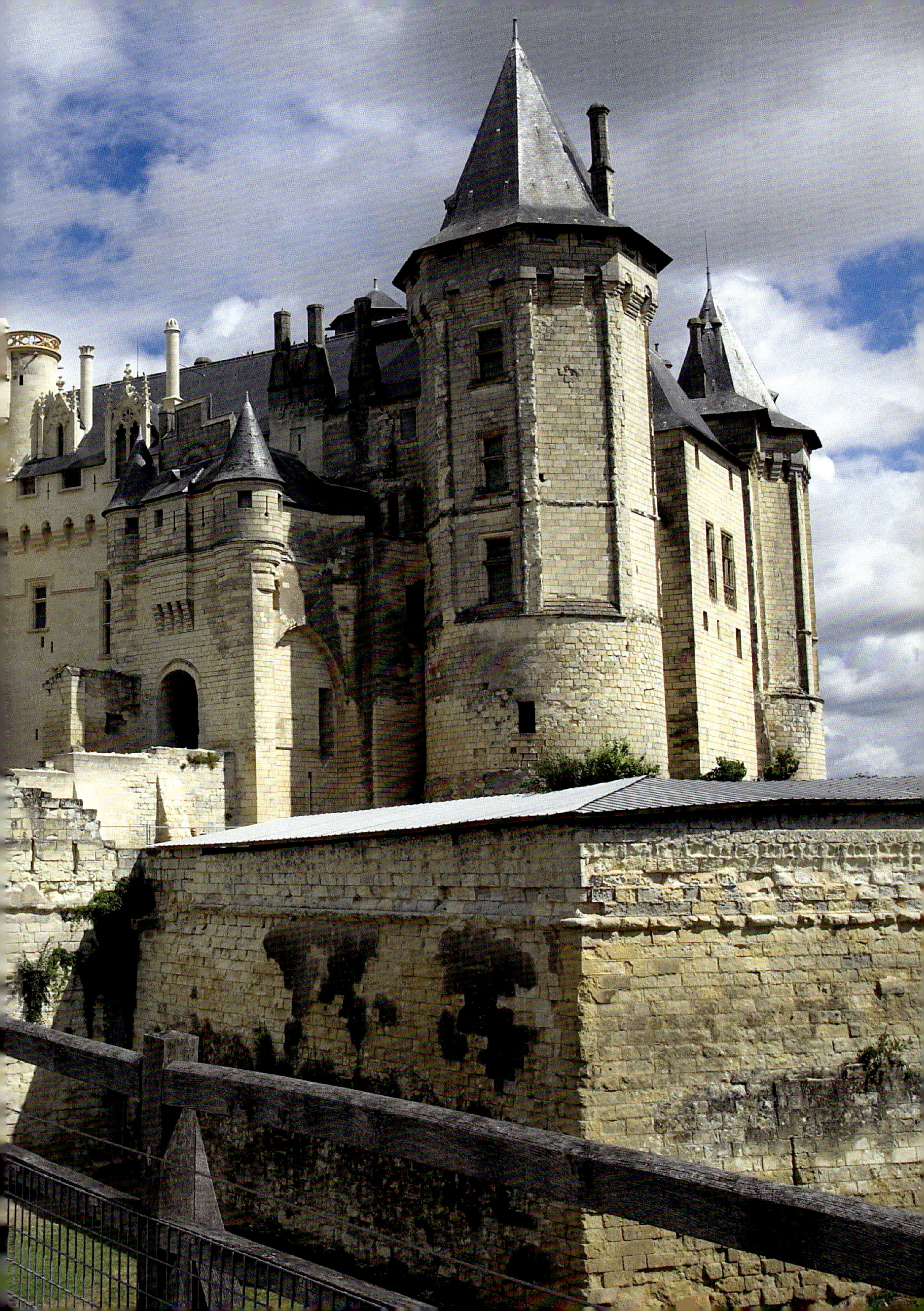

Die königliche Route

Daniel Simon, Text und Fotos

Welch ein Glück für Frankreich! Weit im Süden des Landes leitet eine Wasserscheide ein kleines Rinnsal, statt es ins nahe Mittelmeer fließen zu lassen, in einer weiten Kurve nach Norden. Mehr als tausend atemberaubende Kilometer später mündet die Loire als einer der größten Flüsse Europas in den Atlantik. Zu Beginn unserer Reise ahnen wir noch nichts von der landschaftlichen und kulturellen Pracht an ihren Ufern.

Wir starten im mittelalterlichen Städtchen Chinon mit seiner alles überragenden Burg. Laut Überlieferung bestärkte Jeanne d'Arc in diesem Gemäuer Karl VII., sich als rechtmäßigen König von Frankreich zu betrachten. Wir folgen von Chinon aus der Vienne flussabwärts. Mächtige Baumreihen versperren uns leider die Aussicht. Laut Fahrradkarte müsste die Vienne bald in die Loire münden. Unvermittelt öffnet sich der Blick. Der erste Eindruck von der Loire hebt einen fast aus dem Sattel – vor Erstaunen und Begeisterung. Riesige, naturbelassene Flussauen zur Rechten, links – wie aus dem Bilderbuch – die weißen Tuffstein-Häuser mit ihren schwarzen Schieferdächern von Candes-St.-Martin. Die schmucke Ansiedlung gilt als eines der schönsten Dörfer Frankreichs. Im Ort geht es steil bergauf. Uschi tritt plötzlich kräftig in die Pedale. Was ist denn mit ihr los? Schnell stellt sich heraus, dass sie kein Rennen fahren wollte, sondern das schöne kleine Château Montsoreau entdeckt hat. Wir hatten vereinbart, bei jedem Schloss einen Kaffee zu trinken. Eine hervorragende Idee. Das Savoir-vivre, das die Franzosen so vollendet beherrschen, lässt sich leicht erlernen. Früh genug reißen wir uns vom süßen Nichtstun los, um noch im warmen Abendlicht in Saumur einzurollen. Ein kurzer Abendspaziergang durch die verwinkelte Altstadt lockert die Muskeln. Der Hunger treibt uns aber schon bald in eine gemütliche Brasserie. Nach dem Essen lassen wir den ersten Tag mit einem Glas Crémant de Saumur ausklingen. Ein edler Schaumwein, der es mit Champagner in jeder Hinsicht aufnehmen kann.

Nach der Besichtigung des Château de Saumur – natürlich wieder mit Café-Stopp – geht es auf dem gestrigen Weg zurück bis Savigny-en-Véron. Auf der Ile-St.-Martin führt die Route nun immer direkt entlang der Loire. Kleine Seitenarme sind oft komplett von riesigen Blütenteppichen überwachsen. Eigentlich wollten wir auf direktem Wege nach Azay-le-Rideau fahren. Aber am Fluss gefällt es uns so gut, dass wir auf dem Deichweg bleiben. Wegen des Umwegs verschiebt sich allerdings die Ankunft in Azay-le-Rideau. Leider verpassen wir deshalb das Lichtspektakel, das in den Sommermonaten jeden Abend am Château stattfindet.

Das kleine Wasserschloss entzückt aber auch am Morgen seine Besucher. Es scheint geradezu in seinem Seerosenteich zu schwimmen. Eine ausgiebige

Eines von dutzenden schönen Schlössern: Château de Saumur (vorhergehende Doppelseite).

Farbtupfer: In den Auen der Loire blüht tausendfach die Sonnenblume.

Candes-St.-Martin gilt als eines der schönsten Dörfer der Grande Nation.

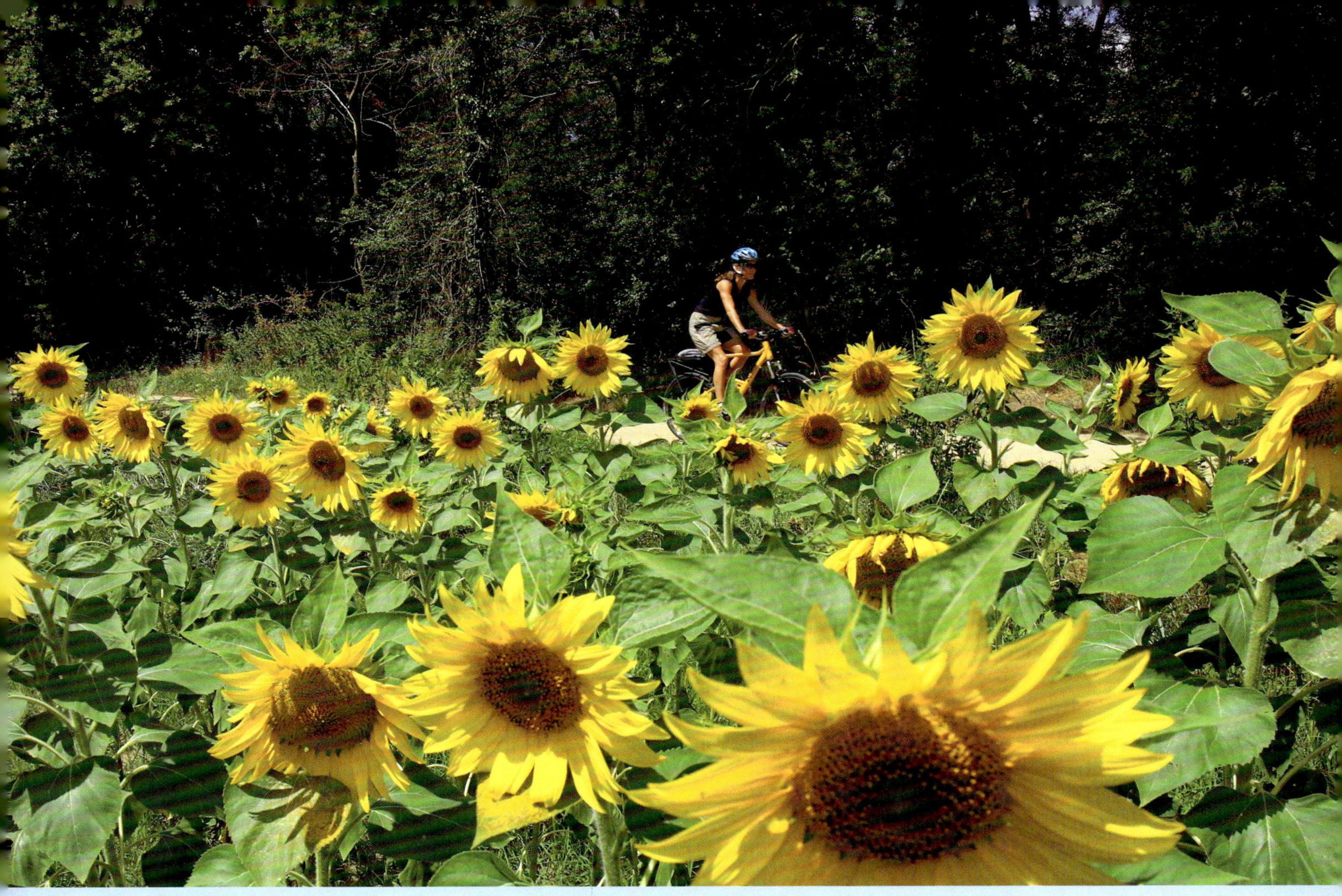

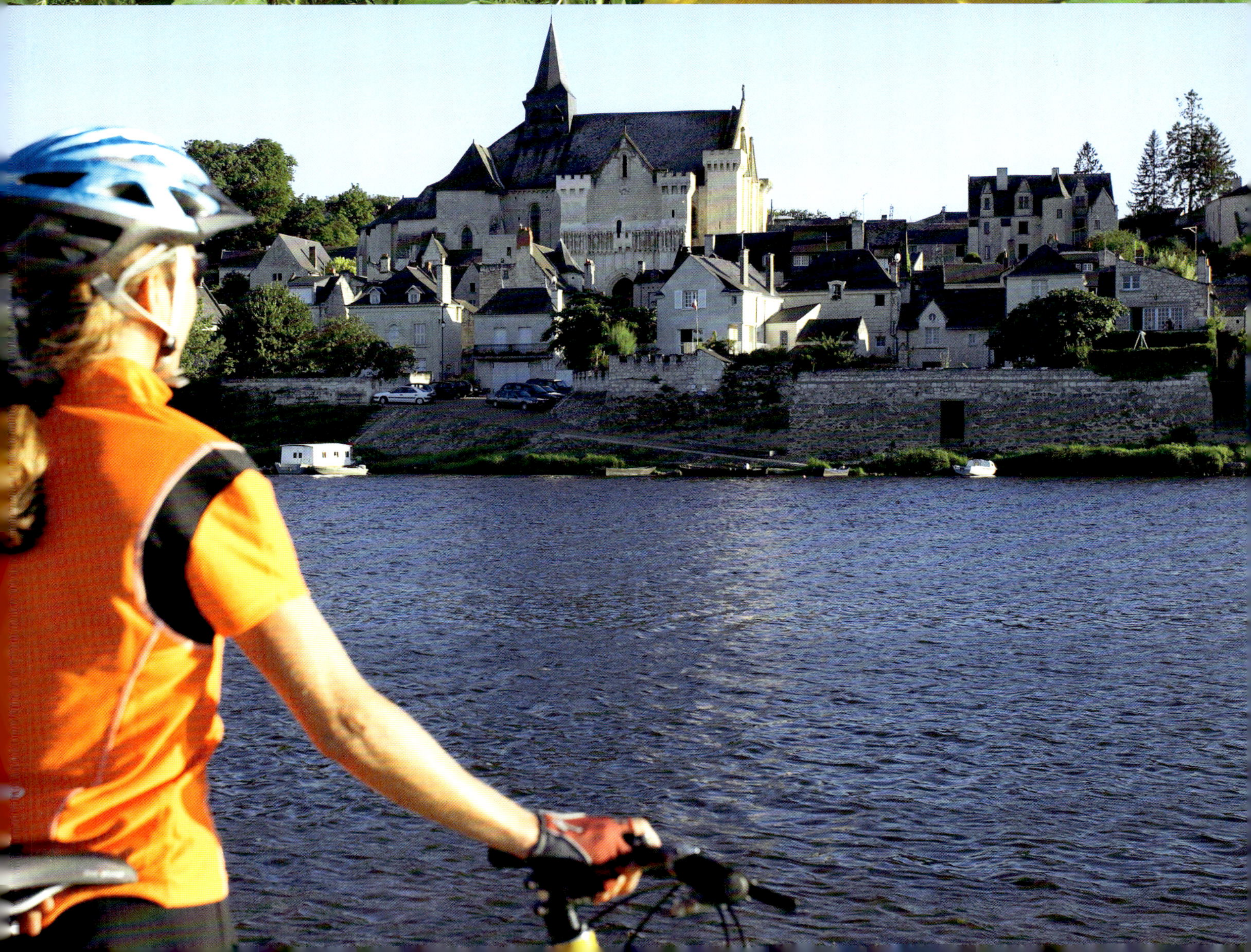

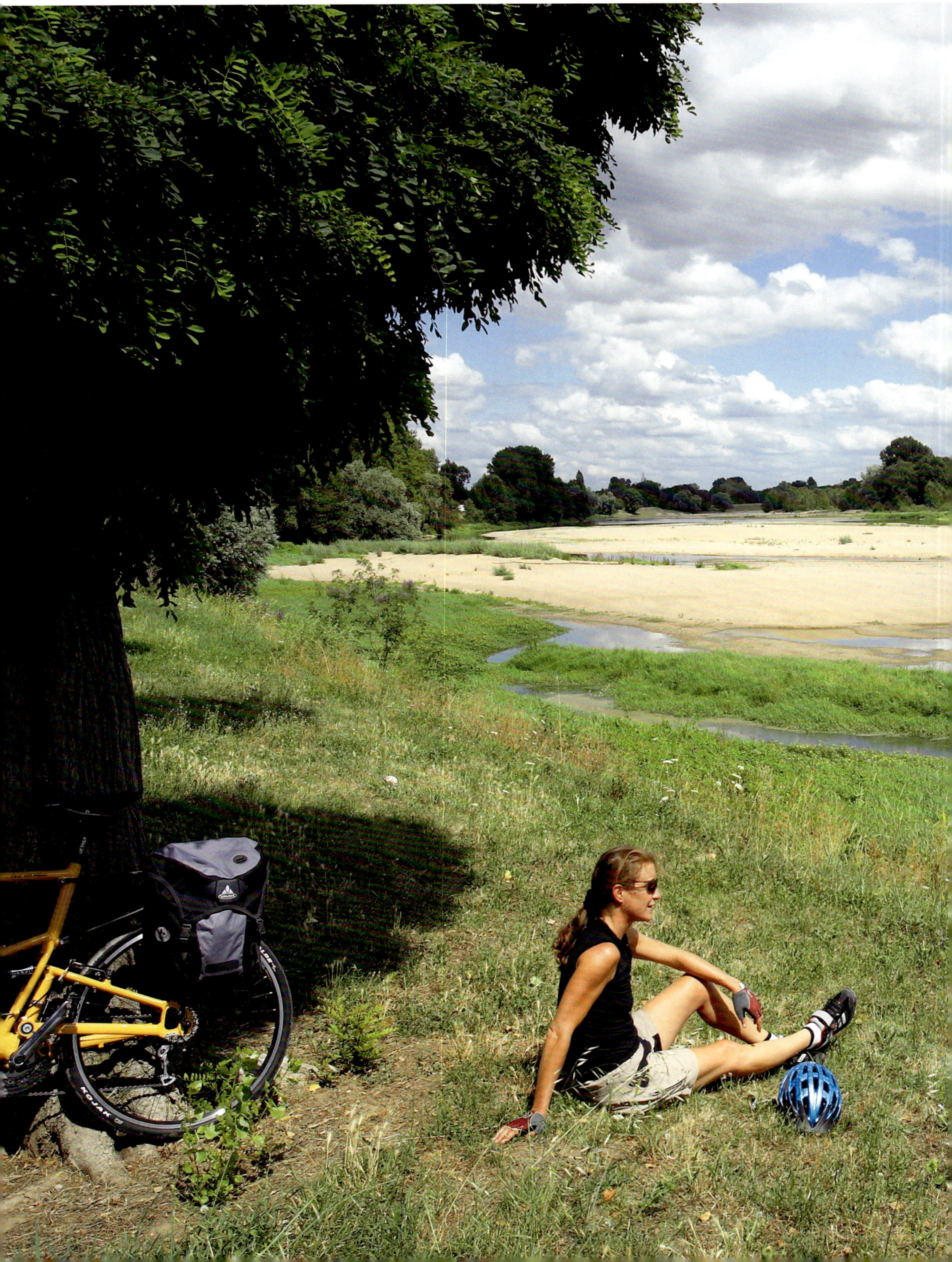

Ungezähmte Natur: Die Loire fließt ohne Staustufen und Begradigungen.

Alles im Fluss: Wasserschloss Château Chenonceau (oben).

Kunst mit der Gartenschere: der Park von Château de Villandry.

Altes Fachwerk contra modernes Mosaik: im Zentrum von Blois.

Renaissance-Baukunst in höchster Vollendung: Château de Chambord.

Romantische Flussauen: Stillleben an der Mündung der Vienne in die Loire (rechts).

Schlossbesichtigung gönnen wir uns allerdings erst später im Château de Villandry. Dessen berühmte Gärten sind in drei Ebenen angelegt. Besonders faszinierend ist der Gemüsegarten. Auf sage und schreibe 12 500 Quadratmetern werden zweimal im Jahr Gemüse und Salate in perfekt geometrisch angeordneten Beeten neu angepflanzt. Man fragt sich, in welchen Töpfen wohl die vielen Kohlköpfe landen werden. In der sengenden Nachmittagshitze fahren wir mit vielen Pausen entlang des kleinen Flüsschens Cher nach Tours. Eine schweißtreibende Angelegenheit! Aber die Tortur hindert uns nicht daran, abends noch durch die belebten Gassen rund um die Place Plumereau zu schlendern. An den Schaufenstern der Feinkostläden drücken wir uns die Nasen platt. Wahrlich leckere Auslagen, alles voller Delikatessen! Schade, dass es am kommenden Tag schon wieder weitergeht.

Bei der Abfahrt genießen wir noch die klare kühle Luft des frühen Morgens. Bereits bei der Ankunft in Amboise am Vormittag ist die Temperatur längst wieder über die 30-Grad-Marke geklettert. Statt des mächtig über der Stadt thronenden Château Amboise besuchen wir Clos-Lucé, den letzten Wohnsitz von Leonardo da Vinci. Der 22-jährige König Franz I. holte einst den greisen Leonardo aus Italien an seinen Hof und schenkte ihm den „bescheidenen" Herrensitz. Im Reisegepäck des Genies befand sich damals auch das Porträt einer jungen Dame. Heute hängt deshalb das Bild der Mona Lisa im Pariser Louvre anstatt in Museen in Florenz oder Mailand. Der Ausflug zum Château de Chenonceau wird in der prallen Sonne leider fast zur Qual. Dass wir später auf gleichem Weg zurückmüssen, macht den Exkurs noch beschwerlicher. Am weltberühmten Château weht ein leichter Wind. Angenehm für die Hitzegeplagten, doch leider spiegeln sich die Rundbögen des Wasserschlosses nicht so schön im Wasser wie in so vielen Reiseführern abgebildet.

Château Chambord, das größte und prunkvollste aller Loire-Schlösser, liegt mitten in Europas größtem Forst. Schnurgerade führt eine ausladend breite Prachtstraße mit rotem (!) Asphalt durch den Wald. Hinter den uralten Eichen tummeln sich sicherlich Obelix' Wildschweine?! Busladungen von Touristen werden hier Tag für Tag durch eine Ansammlung von Cafés und Souvenirläden geschleust. Im riesigen Park und direkt am Schloss verläuft sich die Masse zum Glück recht schnell. Im Gegensatz zu den anderen Loire-Schlössern – alles Umbauten aus mittelalterlichen Trutzburgen – handelt es sich bei Chambord um einen kompletten Neubau – Renaissance in Vollendung. Natürlich begehen wir die berühmte doppelläufige Wendeltreppe, auf der sich zwei Personen auf- und abschreitend nicht begegnen sollen. Wir brauchen zwanzig Minuten, um uns zufällig auf der gewaltigen Dachterrasse wiederzutreffen.

Bis spät in die laue Sommernacht sitzen wir dann in Beaugency unter Platanen am Quai. Mit einer guten Flasche Rotwein begießen wir den Abschluss unserer Radreise und genießen noch etwas den Blick auf die ruhig dahinfließende Loire. Sie wird uns auch auf unserer letzten Etappe nach Orléans noch viele schöne Ausblicke gewähren.

Info **Loire**

CHARAKTER Leicht zu bewältigende Radreise in herrlicher Landschaft mit viel Kultur am Wegesrand. Gesamtlänge 306 km mit sieben Tagesetappen von 35 bis 58 km. Es gibt fast keine Steigungen. Man radelt meist auf asphaltierten, breiten Radwegen oder kleinen, wenig befahrenen Straßen. Die Loire-Route ist auch für Familien mit Kindern geeignet und problemlos mit Kinderanhänger befahrbar.

UNSERE ROUTE Von Chinon über Savigny-en-Veron und Candes-St.-Martin nach Saumur. Zurück nach Savigny. Über Avoine auf die Ile-St.-Martin. Immer direkt an der Loire durch Brehémont bis zur Mündung des Cher. Abstecher nach Azay-le-Rideau. Dem Cher entlang vorbei an Villandry, Savonnières nach Tours. Über Rochecorbon nach Amboise. Abstecher zum Château de Chenonceau. Nach Rückkehr in Amboise über Limeray und Chaumont-sur-Loire nach Blois. Über Vineuil zum Château de Chambord. Wieder an die Loire und über St.-Dyé-sur-Loire nach Muides-sur-Loire, dort am Fluss entlang über Avarey nach Beaugency. Über Meung-sur-Loire, Cléry-St.-André und St.-Hilaire nach Orléans.

SEHENSWERTES Chinon mit seiner mächtigen Burg, das Städtchen Candes-St.-Martin, Château de Saumur mit herrlichem Blick auf die Stadt, Château Ussé, Château Azay-le-Rideau, die Gärten des Château Villandry, Altstadt von Tours, Château d'Amboise und Château du Clos Lucé, Château Chenonceau, Stadt und Château Blois, Château Chambord, Stadt Beaugency mit Château Dunois, die Altstadt von Orléans.

INTERNET-TIPP www.loire-a-velo.fr (nützliche Informationen über den Loire-Radweg in deutscher Sprache).

ANREISE Per Flug oder Zug nach Paris, weiter mit dem TGV nach Tours. Rückreise von Orléans nach Paris mit Schnellzug.

BESTE REISEZEIT Mai bis Oktober. Im August kann es recht voll werden.

ÜBERNACHTUNGSTIPPS Hotel Agnes Sorel, 4 Quai Pasteur, F-37500 Chinon, Tel. 0033-2/47930437, Fax 0033-2/47930637, www.agnes-sorel.com. Kleines, familiäres Hotel am Ufer der Vienne. Hotel Le Relais des Templiers, 68 rue du Pont, F-45190 Beaugency, Tel. 0033-2/38445378, Fax 0033-2/38464255, www.hotelrelaistempliers.com. Eine Broschüre mit weiteren fahrradfreundlichen Hotels steht unter www.visaloire.com

LITERATUR/KARTEN Bikeline „Loire-Radweg – Von Orleans zum Atlantik" Radtourenbuch und Karte 1:75 000, Verlag Esterbauer, 140 Seiten.

AUSKUNFT CRT – Comité Régional du Tourisme du Centre, 37 avenue de Paris, F-45000 Orléans, www.visaloire.com, www.schlosser-der-loire.com. Atout France – Französisches Fremdenverkehrsamt, Zeppelinallee 37, 60325 Frankfurt/Main, Tel. 0900/1570025, Fax 0900/1599062, www.franceguide.com

Burgund

Jahrhundertealte Kultur, liebliche Natur und jede Menge kulinarische Köstlichkeiten – die Bourgogne bietet viel genussvolle Ablenkung.

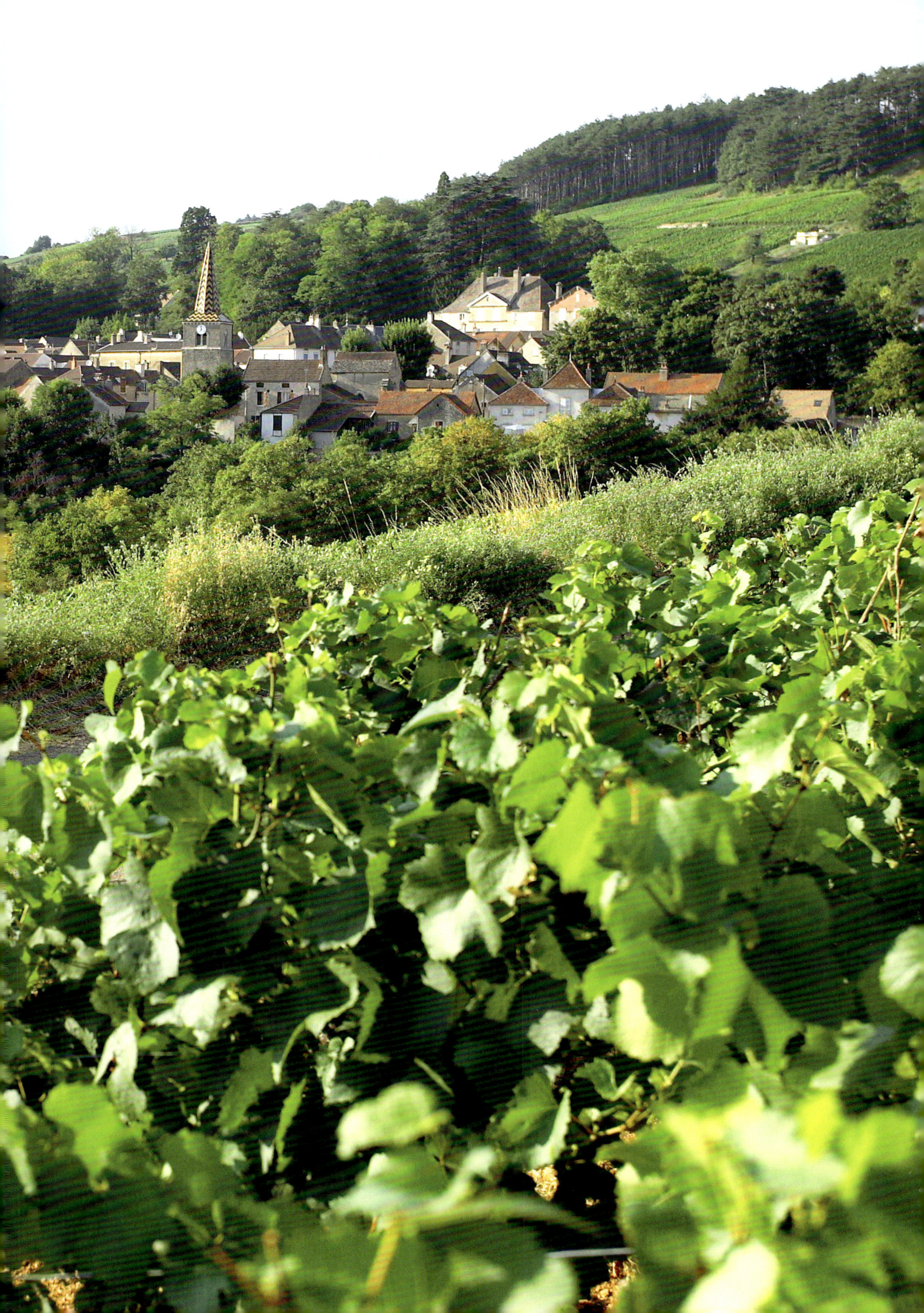

Für alle Sinne

Daniel Simon, Text und Fotos

Das große Problem einer Radreise durch Burgund stellt sich noch vor der ersten Pedalumdrehung. Wohin mit den kulinarischen Souvenirs? Am Abend vor unserem Tourstart schlendern wir durch die Altstadt von Dijon. Ein Feinkostgeschäft reiht sich ans andere. Dijon-Senf in allen Variationen, Crème de Cassis, edelste Weine und viele andere Köstlichkeiten. Am liebsten würden wir körbeweise Burgunder Spezialitäten einkaufen. Der Transport auf dem Fahrrad fällt verständlicherweise aus. In die Heimat schicken lassen – würde prompt erledigt – ist aber relativ teuer. Alles am Zielort in Lyon kaufen – geht auch nicht. Lyon liegt bereits in der Region Rhône-Alpes, da warten wieder andere Spezialitäten. Also begnügen wir uns mit einem kleinen Glas Senf und beschließen, uns den kulinarischen Genüssen vor Ort hinzugeben. In einer schmalen Gasse entdecken wir das von jungen Leuten geführte Restaurant „La Ruelle". Mit einem hervorragenden Tartar starten wir unsere Genusstour.

Kaum haben wir am nächsten Morgen das Stadtgebiet hinter uns gelassen, tauchen wir ein in die vielbeschriebene Côte d'Or. Der Name ist auch wörtlich zu verstehen. Von Zeit zu Zeit ragen die typischen, goldfarben glasierten Ziegeldächer von Kirchen und Châteaux aus dem schier endlosen Meer aus Weinreben heraus. Auf diesem schmalen Band zwischen Dijon und Chagny werden die meisten Grands Crus des Burgunds angebaut, mithin einige der besten Weine Frankreichs. In Beaune besichtigen wir die Hospices de Beaune. Der berühmte Bau wirkt von außen so unscheinbar, dass wir ihn lange suchen müssen. Erst im Innenhof zeigt sich das Hôtel Dieu, wie es auch genannt wird, in seiner ganzen Pracht. Gegründet wurde das heutige Museum 1443 vom burgundischen Kanzler Nicolas Rolin als Armenhospiz. Einmal im Jahr findet in Beaune die weltgrößte Weinversteigerung statt. Sie finanziert auch heute noch die Behandlung von Bedürftigen. Wir bezweifeln allerdings, dass die acht Euro, die wir für ein kleines Gläschen Burgunder zum Abendessen berappen müssen, einem anderen als dem Wirt zugute kommen.

Bei Café au lait und leckeren Croissants begrüßen uns die ersten Sonnenstrahlen in der gerade erwachenden Altstadt. Bald radeln wir wieder einsam über kleine Landstraßen. Unvermittelt taucht eine Burg wie im Märchen vor uns auf. Es ist das Château La Rochepot über dem gleichnamigen Ort. Immer wenn ich als Kind eine Burg sah, bettelte ich: „Papa, erzähl mir eine Geschichte von Rittern!" Hier würde mein Vater sicher Fantastisches erzählen. Vorbei an schmucken Weinorten stoßen wir bei Chagny auf den Canal du Centre, dem wir auf einem alten Treidelpfad bis nach Chalon-sur-Saône folgen. Wir stärken uns in einer Brasserie auf der Place Saint-Vincent. Die wunderschönen alten Fachwerkhäuser stehen in jedem Winkel, nur nicht im rechten. Das fotografische Museum ist unser nächster Stopp. Mit mehr

In den Weingärten von Pernand-Vergelesses bei Beaune (vorhergehende Doppelseite).

Genussradeln durch ein Meer aus Weinreben vorbei am Château Aloxe-Corton.

Faszinierende Kulisse wie im Film: das mittelalterliche Städtchen Pérouges.

Trés chic: historisches Hutgeschäft in Dijon für die Dame von Welt (rechts).

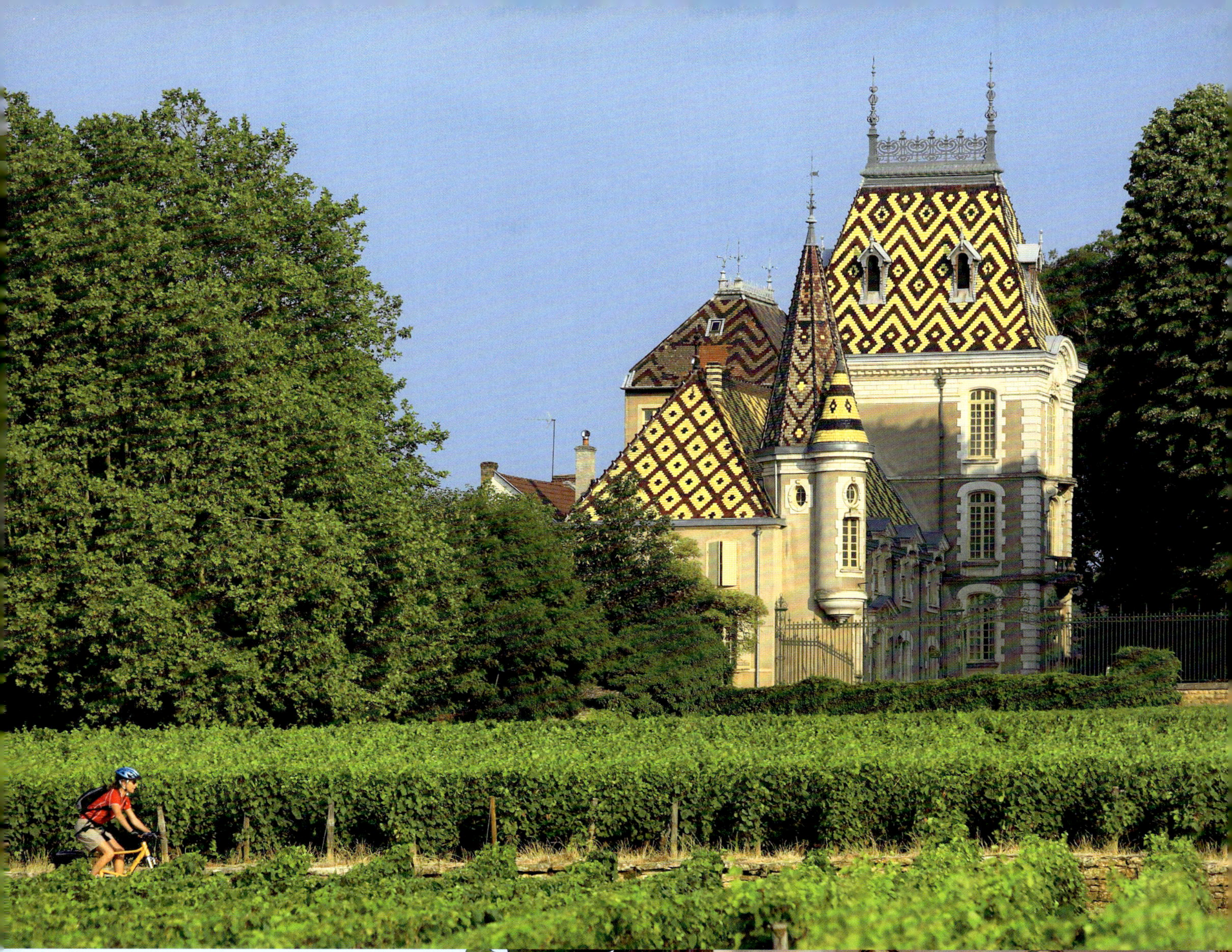
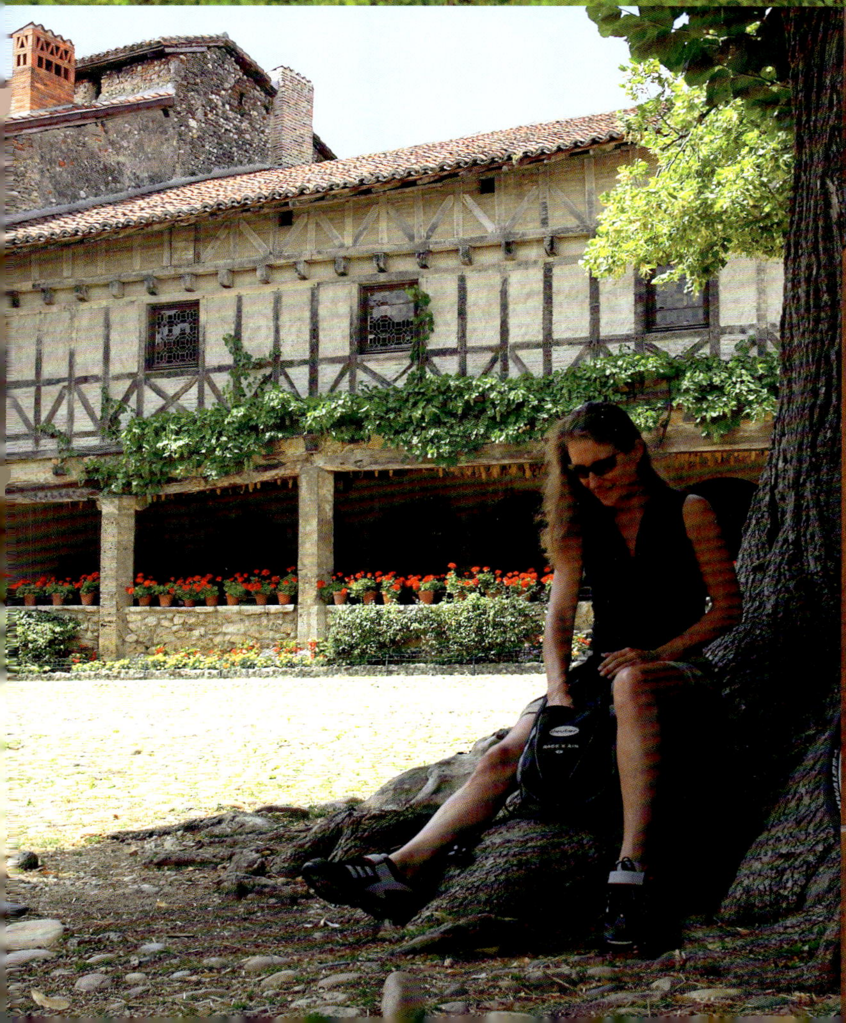
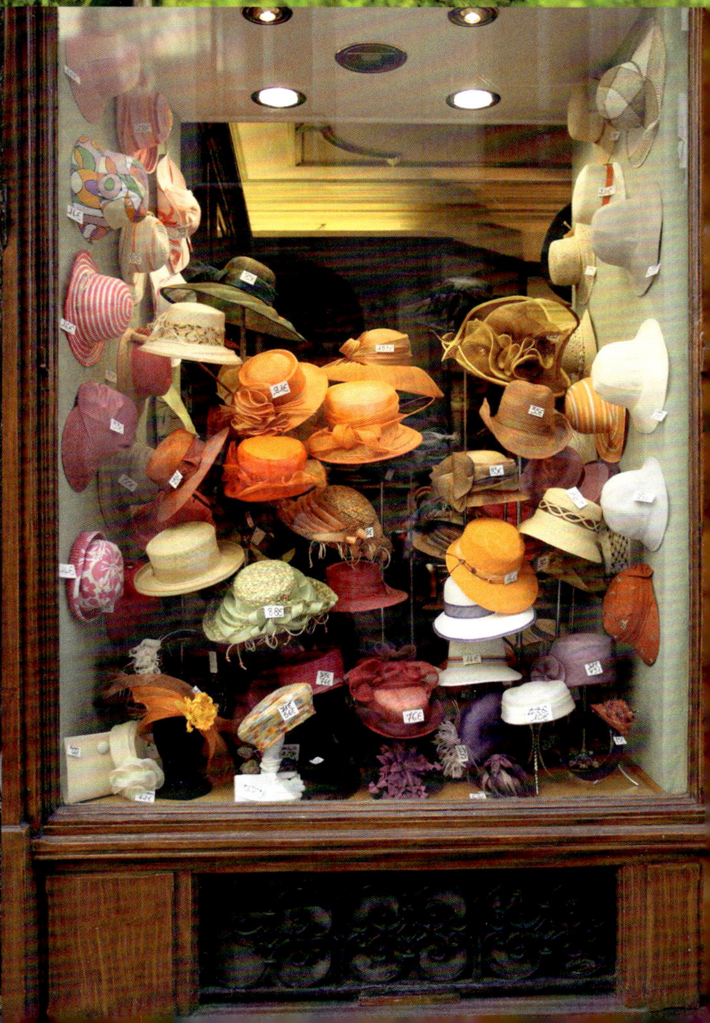

Square Boutique
BAR
E BOUTIQUE
Square Boutique
Res
Res
Galette de Pérouges 5,00

Trutzburg: Berzé-le-Châtel bei der Ausfahrt des Tunnel du Bois Clair (linke Seite oben).

Glückliche Viecher: Charolais-Rinder und Schafe in den Monts du Mâconnais.

Gaumenfreuden: Galettes und Baguettes im Straßenverkauf.

Savoir-vivre: Sommerliche Abendstimmung im Zentrum von Beaune (linke Seite unten).

Steinerne Zeitzeugen: Pause auf einer alten Brücke im Örtchen Melin.

Église de Fixey – die älteste Kirche der Region aus dem 10. Jahrhundert (rechts).

als zwei Millionen Fotografien und vielen Exponaten aus der Geschichte der Fotografie eines der bedeutendsten Museen zu diesem Thema. Der berühmteste Sohn der Stadt heißt Joseph Nicéphore Nièpce, der Erfinder der Fotografie. Etwas südlich von Chalon, im kleinen Saint-Loup-de-Varennes, steht das Wohnhaus von Nièpce. Da wir die einzigen Besucher sind, bekommen wir von einer netten Studentin eine besonders ausführliche und dennoch kurzweilige Führung. Für mich als Fotograf ist es ein erhebendes Gefühl, an dem Fenster zu stehen, von dem aus Nièpce das erste erhaltene Lichtbild der Welt aufgenommen hat. An weiten Mais- und Sonnenblumenfeldern entlang geben wir mächtig Gas, damit wir nach den ausgiebigen Besichtigungen noch bei Tageslicht in Tournus ankommen. Die romanische Abteikirche Saint-Philibert muss bis zum nächsten Tag warten. Jetzt lassen wir uns erst einmal ein herzhaftes Bœuf Bourguignon schmecken.

In Cormatin stoßen wir auf die sogenannte Voie Verte. Auf einer aufgelassenen Bahntrasse entstand ein mehr als 60 Kilometer langer Radweg abseits jeglichen Autoverkehrs. Doch Verkehr herrscht auch hier genug, Rennradfahrer und pfeilschnelle Inline-Skater rasen an uns vorbei. Aber einmal in den Zug eingereiht, sausen wir mit. Vorbei am alten Bahnhof von Cluny. Auch dort springen weitere Rad- und Rollsportler, die sich an der Verleihstation ausgerüstet haben, auf unseren „durchbrausenden Zug" auf. Plötzlich wird es dunkel. Wir sind in den Tunnel du Bois Clair gerauscht. Ein kleiner weißer Punkt in der Ferne zeigt die Ausfahrt. Einmal an die Dunkelheit gewöhnt, nehmen wir wieder Fahrt auf. Schnurgerade und leicht abschüssig zieht sich die feucht-kalte, fast zwei Kilometer lange Röhre durch den Berg. Ein Heidenspaß. Der ehemalige Eisenbahntunnel ist nur im Sommerhalbjahr geöffnet, damit sich die hier heimischen seltenen Fledermausarten im Winterhalbjahr ungestört fortpflanzen können. Aber an die putzigen Tierchen über mir möchte ich jetzt nicht denken. Beim Abendessen in Mâcon sind wir noch immer ganz begeistert von unseren Eindrücken auf der Voie Verte.

Dann verlassen wir Burgund in Richtung Region Rhône-Alpes. Dort ändert sich auch allmählich die Landschaft. Die ersten Seen des Départements Ain tauchen auf. Bald werden es mehr und mehr. Einige sind fast völlig von Seerosen bedeckt. Ein Paradies für viele Vogelarten. Nach der langen Etappe kommen wir spät und müde in unserem Hotel bei Pérouges an.

Morgens besichtigen wir das auf einem Hügel liegende Städtchen. Pérouges ist so perfekt restauriert, dass man glaubt, die Einwohner schlössen abends zu und verließen ihre Museumsstadt. Zum Glück sind noch keine Touristenbusse da. So können wir uns das mittelalterliche Kleinod in Ruhe ansehen. Auch die begehrten Galettes de Pérouges sind noch ganz frisch. Bereits im Dunstkreis von Lyon stoßen wir in Miribel auf die Notre Dame du Sacre Cœur. Mit über dreißig Meter Höhe ist sie die größte und wohl hässlichste religiöse Statue Frankreichs. Aber zu ihren Füßen reicht der Blick über die Stadt bis weit in die Savoyer Alpen.

Info **Burgund**

UNSERE ROUTE Start in Dijon. Über Nuits-St.-Georges nach Beaune. Auf kleinen Straßen über Mersault nach Chagny. Auf der „Voie Verte" am Canal du Centre entlang nach Chalon-sur-Saône. Wieder auf ruhigen Straßen durch St.-Loup-de-Varennes und St.-Cyr nach Tournus. In stetigem Auf und Ab auf kurvenreichen Landstraßen über Brancion und Chissey-lès-Mâcon nach Cormatin. Nun fährt man bis Mâcon wieder auf der „Voie Verte". Hier verläuft der Radweg über Cluny auf einer alten Eisenbahntrasse. Auch der 1,6 km lange ehemalige Eisenbahntunnel „Tunnel du Bois Clair" wird durchfahren. In Mâcon Überquerung der Saône. Vorbei an St.-Cyr-sur-Menthon und Vonnas nach Saint-André. Weiter nach Lent, St.-Nizier-le-Désert und zum Kloster Notre-Dame-des-Dombes. Durch eine faszinierende Seenlandschaft über Joyeux und Faramans ins historische Städtchen Pérouges. Von dort durch die Ortschaften Balan, Niévroz und Thil nach Miribel. Bereits im Dunstkreis von Lyon durch den Parc de Loisirs de Miribel-Jonage und entlang der Rhône in die Innenstadt von Lyon (insgesamt 320 Kilometer).

CHARAKTER Die Radroute zu den Schlössern der Loire verläuft auf gut ausgebauten, meist wenig befahrenen Straßen oder Radwegen. Nur in oder um die Städte herrscht viel Autoverkehr. Die Landschaft ist zum Teil recht hügelig, jedoch sind die Steigungen fast immer moderat.

BESTE REISEZEIT Mai bis Oktober. Im August kann es voll werden an den touristisch interessanten Plätzen.

ANREISE Dijon und Lyon sind per Bahn gut mit dem Fernzug via Straßburg oder Paris zu erreichen.

SEHENSWERT Altstadt von Dijon; Hôtel Dieu in Beaune; viele Weingüter der Côte d'Or bieten Weinverkostungen an; Innenstadt und Fotografie-Museum in Chalon-sur-Saône; Wohnhaus von Nicéphore Nièpce in Saint-Loup-de-Varennes (Erfinder der Fotografie); Abteikirche in Tournus; Tunnel du Bois Clair bei Cluny; Mâcon; historisches Städtchen Pérouges; Altstadt von Lyon.

REISEVERANSTALTER Mehrere Radreise-Veranstalter bieten Touren durch das Burgund an. Mehr oder weniger genau auf der beschriebenen Route von Dijon nach Lyon bietet Rückenwind Reisen eine geführte oder auch individuelle Radreise an.

LITERATUR/KARTEN Cyklos Radreiseführer „Nordost-Frankreich per Rad, Burgund – Elsass – Lothringen mit etwa 100 Etappen-Vorschlägen", von Ernest Mitschke, Kettler Verlag, 352 Seiten. Landkarten im Maßstab 1 : 25 000, 1 : 50 000 und 1 : 100 000 beim Institut Géographique National, zu bestellen unter www.ign.fr

AUSKUNFT Atout France – Französisches Fremdenverkehrsamt, Zeppelinallee 37, 60325 Frankfurt/M., Tel. 0900/1570025, Fax 0900/1599061, www.franceguide.com
Bourgogne Tourisme, www.burgund-tourismus.com (deutschsprachige Website), www.burgund-fur-radfahrer.com mit deutschsprachiger Rad-Broschüre „Tour de Bourgogne à vélo" zum Download.

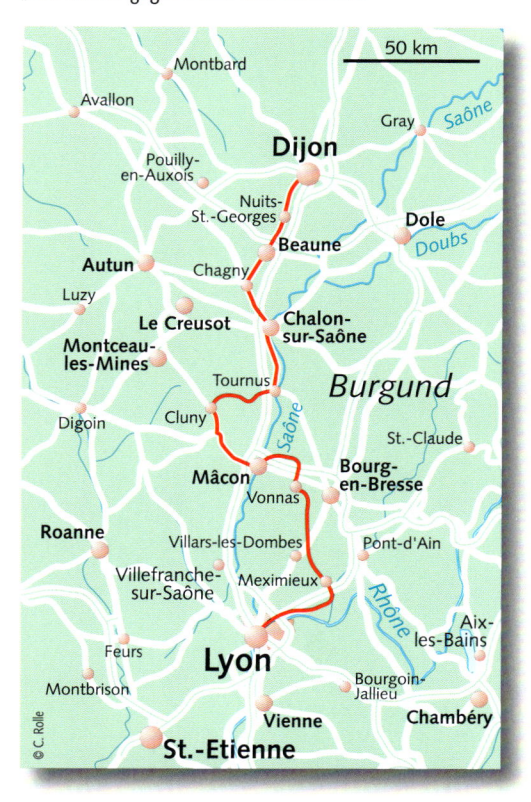

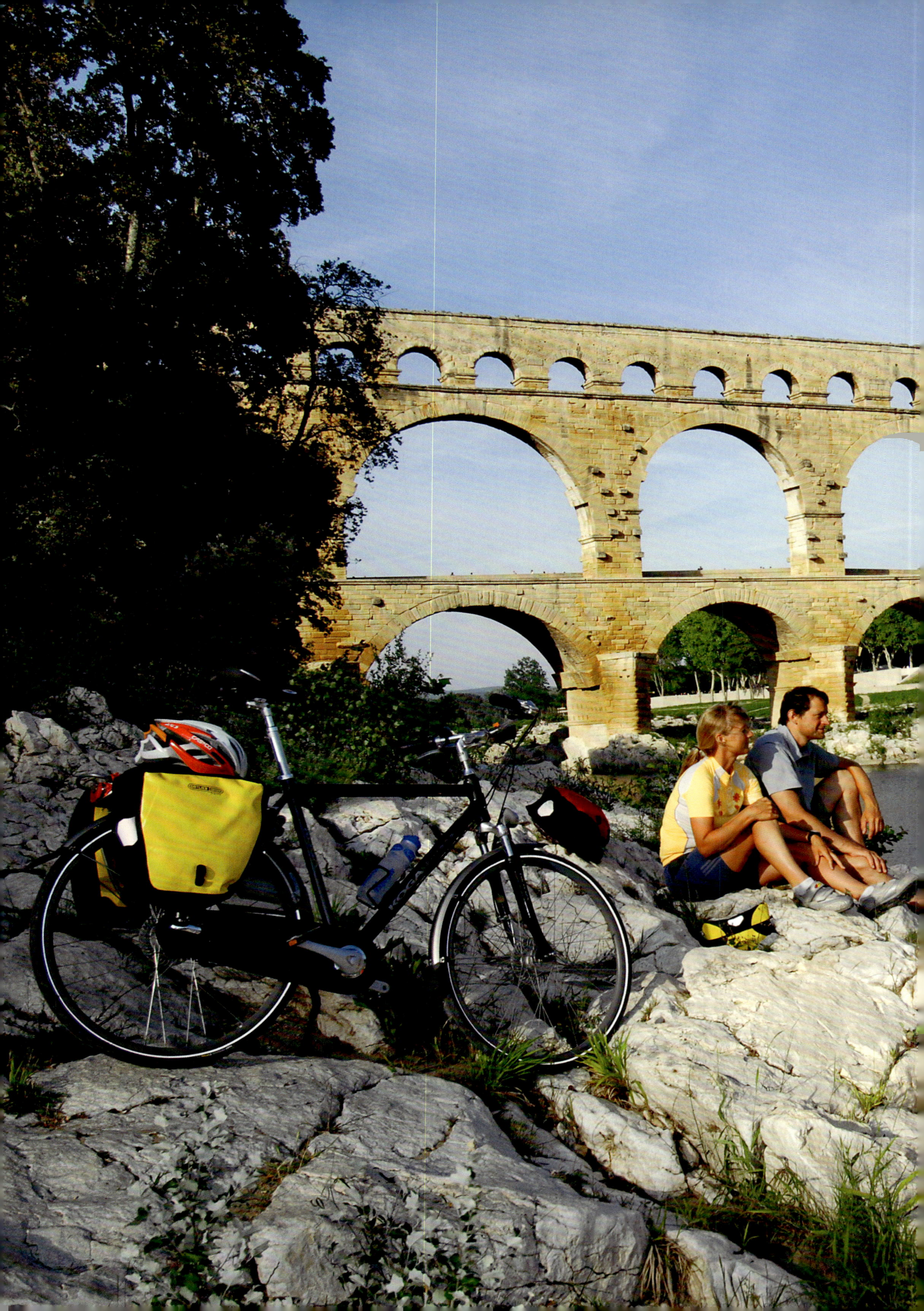

Provence

Mit dem Fahrrad lassen sich Stimmung und Ambiente in Frankreichs illustrem Süden besonders gut erfahren.

Die Farben des Südens

Norbert Eisele-Hein, Text und Fotos

Der verbeulte Renault legt eine Vollbremsung hin – die Kiesel fliegen nur so durch die Luft. Ein bärtiger Typ im Blaumann springt raus, stemmt die Fäuste in die Hüfte und brüllt: „Ja, seid ihr denn alle noch bei Trost? Das ist doch ein Kornfeld und kein Spielplatz! Wie soll ich denn hier noch ernten, wenn ihr alle drin rumtrampelt?" Die Touristen erwachen wie aus einem Traum, wackeln wie in Trance langsam aus dem roten Meer aus Mohnblumen. An das reife Korn haben sie natürlich keinen Gedanken verschwendet. Doch schon biegen neue Autos in die Seitenstraße ein. Und wieder marschiert Jung und Alt wie ferngesteuert zur betörenden Farbenpracht. Der Bauer reckt die Hände zum Himmel und schüttelt den Kopf. Als er davonbraust, huscht ihm fast schon ein Lächeln über sein markantes Gesicht.

Ein symptomatisches Erlebnis in der Provence, die im Frühsommer förmlich überquillt an faszinierender Schönheit. Auch wir haben die Qual der Wahl und entscheiden uns gleich für eine weitere Dosis Farbtherapie: „Schwarze Stiere, weiße Pferde, rosa Flamingos" – so lautet der Werbeslogan der Camargue.

So strampeln wir weit in den provenzalischen Süden bis nach Saintes-Maries-de-la-Mer. In der Stierkampfarena gehen wir der Werbeparole gleich auf den Grund. Stierkampf ist hier ein wahrhaft sportliches Spektakel – vor allem unblutig! Dabei versuchen junge unbewaffnete Männer dem Stier seine an den Hörnern befestigten Blüten zu entreißen. Das bedeutet sprinten wie ein Olympionike und notfalls in die rettenden Ränge springen. Riskant ist das Ganze nur für die Toreros.

Einen umfassenden Blick über die gesamte Bucht bietet sich vom Dach der wuchtigen Wehrkirche. Diese beherbergt auch eine Statue der heiligen Sara, der schwarzen Schutzpatronin der Sinti und Roma. Jedes Jahr am 24. Mai kommen sie hier aus aller Welt zusammen, um sie gebührend mit Gesang und Tanz zu ehren. Dann steht die Stadt Kopf, und die Campingplätze sind garantiert alle belegt. Auf der Landstraße D 85a starten wir zu einer Umrundung des Naturparks Camargue. Unterwegs bieten sich immer wieder Matsch- und Hoppelpisten zum Abkürzen an. In den sumpfähnlichen Gebieten der riesigen Flachwasserbucht leuchten pinkfarbene Flamingos wie rosa Glühlampen. Reitergruppen preschen auf den weißen Camargue-Pferden über die Wasserläufe. Bei Méjanes sehen wir auch etliche Fohlen auf der Koppel. Kurios – sie sind kastanienbraun und erhalten das schimmernd weiße Fell erst im Heranwachsen. Am Ostrand des Étang de Vaccarès, eines riesigen Salzwasserbeckens, staunen wir zum einen über den hier gedeihenden vorzüglichen Reis, zum anderen über die hohen Salzberge der Salinen. Wer einen kultig-schrägen Campingplatz direkt am Meer sucht und FKK betreibt, ist am Gemeindestellplatz unweit von St. Bertrand genau richtig. Arles verleiht der Guide

Pont du Gard: das größte noch erhaltene Aquädukt der Antike (vorhergehende Doppelseite).

Das etwas andere Landschaftsbild der Provence bei Les Baux.

Es gibt sie noch, die berühmten Pferde der Camargue – bei St.-Maries-de-la-Mer.

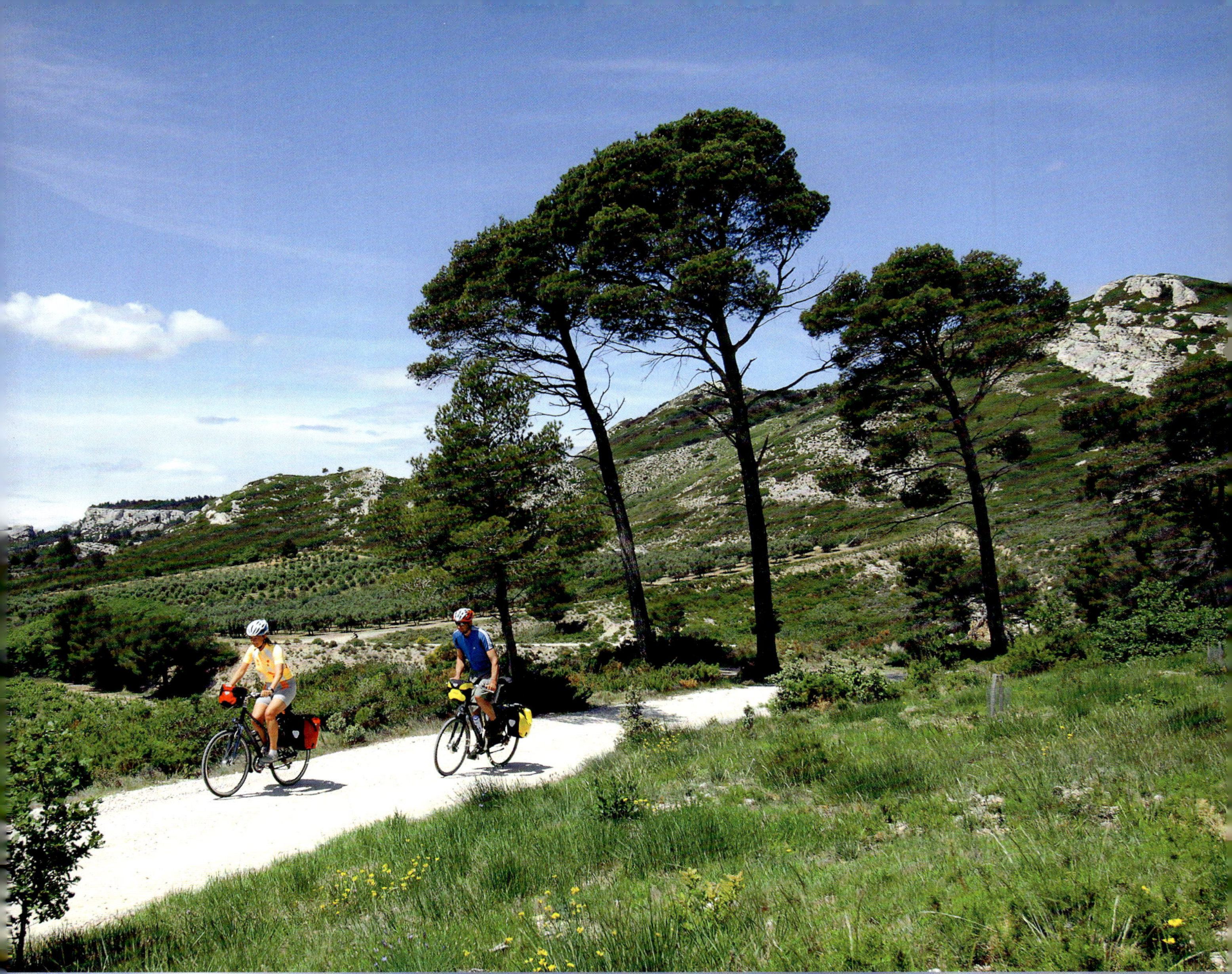

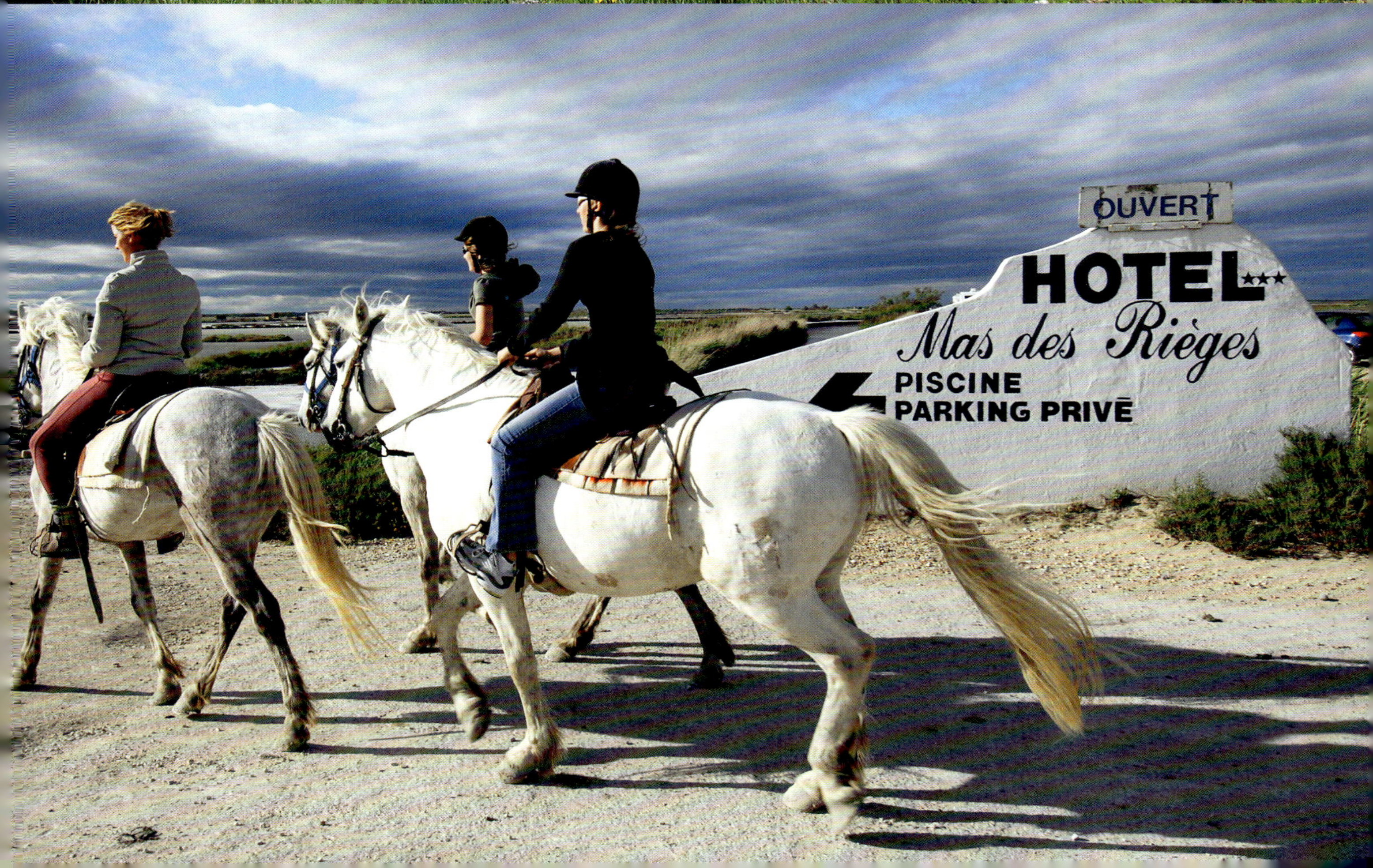
OUVERT
HOTEL***
Mas des Rièges
PISCINE
PARKING PRIVÉ

Michelin volle drei Sterne. Völlig zu Recht! Allein im historischen Zentrum der einstigen Römerstadt könnten wir Tage umherstreunen. Mittelpunkt ist das prächtige Amphitheater, wo sich heute zwar keine Gladiatoren mehr bekämpfen, aber der Stierkampf immer noch scharenweise Besucher anlockt. Viele schöne Ansichten von Arles hat Vincent van Gogh, der hier eine äußerst kreative Zeit verlebte, in seinem Werk verewigt. Ein traumhafter Westschwenk über Saint-Gilles bringt uns nach Nîmes. Die Stadt hat 150 000 Einwohner und ein entsprechend großes antikes Theater. Auf dem Vorplatz wurde dem bedeutendsten Sohn der Stadt, Christian Montconquiol, auch genannt El Nîmeño II, ein lebensgroßes Bronzedenkmal gesetzt. Er gilt als der beste Stierkämpfer Frankreichs – dies nur zum Stellenwert des Spektakels. Nîmes hat aber auch moderne Architektur zu bieten. Unbedingt sehenswert: das Carré d'Art, entworfen von Sir Norman Foster. Der Stilmix ist in jeder Hinsicht gelungen! Wir holen uns frische Oliven, Schafskäse und Baguette auf dem Wochenmarkt. Gleich nebenan im Jardin des Fontaines kühlen die Wasserspeier die Mittagshitze etwas runter und bescheren uns eine angenehm klimatisierte Pause.

Auf der D 979 radeln wir nordwärts nach Uzès. Der asymmetrische Place aux Herbes bietet mit seinen Laubengängen Unterschlupf für dutzende Restaurants und Boutiquen. Auf dem Platz selbst spenden alte Platanen Schatten. Dieser Marktplatz ist eine Augenweide! Wahrzeichen der Stadt ist jedoch der Fenestrelle, ein romanischer Glockenturm, der nicht nur wegen seiner leichten Schlagseite an den schiefen Turm von Pisa erinnert. Auf dem Weg zur Pont du Gard weichen wir der stark befahrenen D 981 über eine kleine Südschleife auf der winzigen D 212 aus. Die wohl bekannteste Wasserleitung der Welt ließ dort der römische Kaiser Claudius um 50 n. Chr. erbauen. Sie gilt als eines der Wunderwerke der Antike und ist eine der Sehenswürdigkeiten Frankreichs schlechthin. Die enormen Ausmaße des Aquädukts – 300 Meter Länge und 50 Meter Höhe – wirken bei einer Kanutour auf dem Gardon am monumentalsten.

Auch Beaucaire, unsere nächste Station, glänzt mit gewaltigen Bauwerken. Schon von weitem erblicken wir die Zitadelle des Grafen von Toulouse. Im prächtigen Burghof gibt es mehrmals täglich spannende Falknervorführungen in mittelalterlichen Kostümen. Wir rollen zum x-ten Male über die mächtige Rhône zum Schwesterort Tarascon. Keine zwei Kilometer Luftlinie entfernt bildet das

Die gemütliche Kaffeepause gehört einfach dazu: hier im Zentrum von Nîmes.

Vor allem für den Torero gefährlich: Stierkampf in St.-Maries-de-la-Mer.

Antike Ruine: die spärlichen Reste eines römischen Tempels in Glanum.

Scharfe Kurven führen durch die Kalksteinfelsen der Alpilles (rechte Seite).

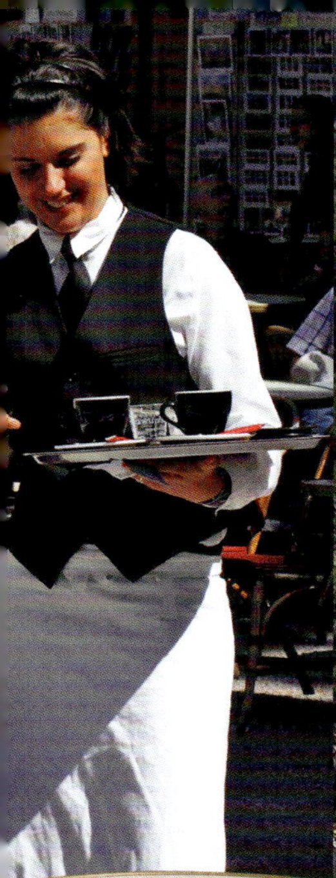

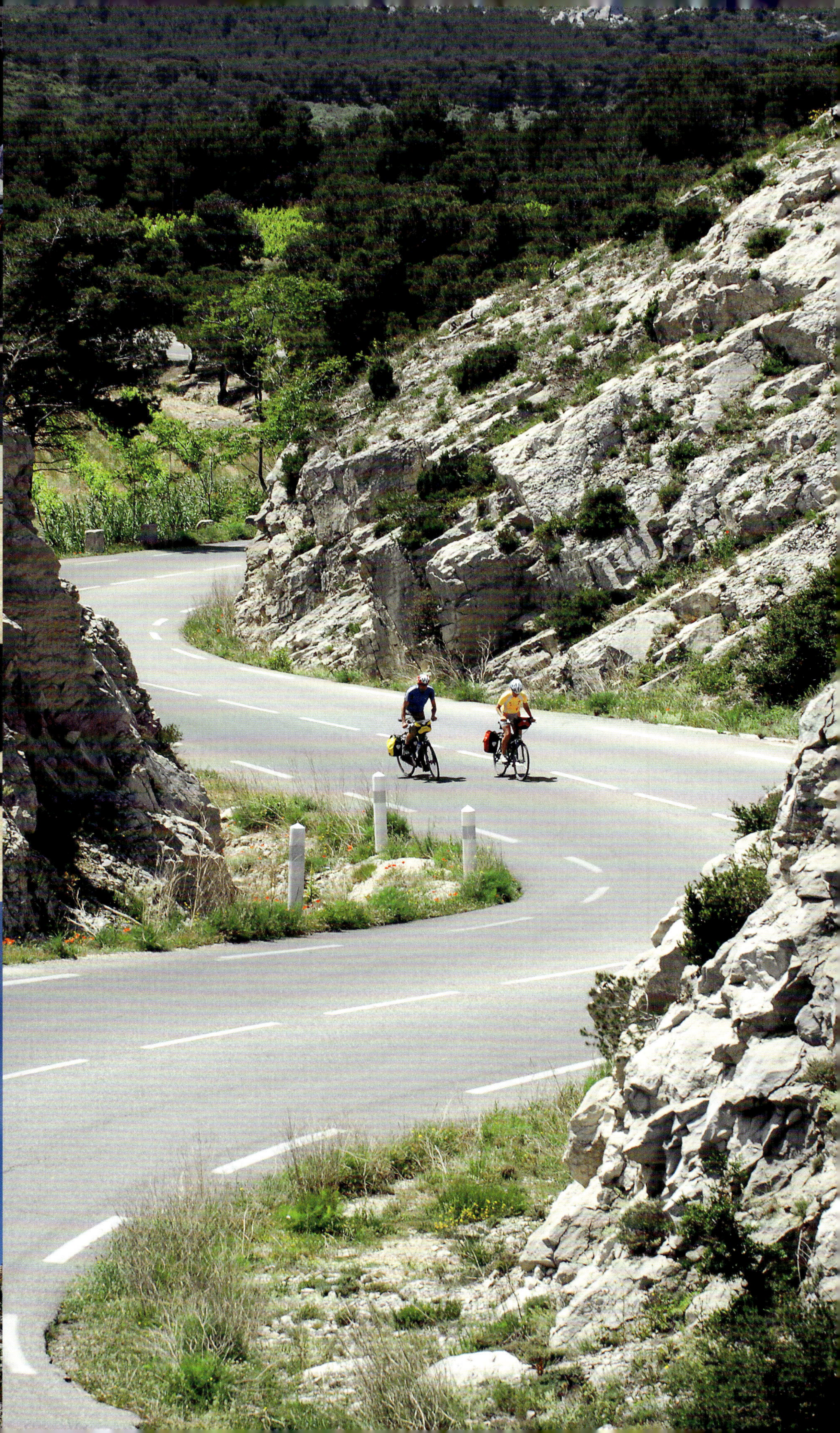

Schloss von König René ein mehr als ebenbürtiges Pendant. Der Komplex aus dem 13. Jahrhundert gilt als eines der schönsten Schlösser Frankreichs. Auch innerhalb seiner 50 Meter hohen Mauern befindet sich noch vieles im Originalzustand.

Wir kombinieren ein paar winzige Nebenrouten und schrauben uns Kraft raubend über das ginstergesäumte Val d'Enfer hinauf nach Les Baux. Die fast einen Kilometer breite Festung thront auf einem nackten Felsrücken der Alpilles – der kleinen Alpen. In der Burg nimmt der Touristenkitsch leider ein wenig überhand. Nur wenige Kilometer nördlich erwarten uns in Glanum ein Leckerbissen antiker Baukunst und ein etwas sachlicheres Museumsambiente. In der umfassend restaurierten, hauptsächlich römischen Ruinenstadt fühlen wir uns im Nu wie in einem Sandalenepos.

Sur le Pont d'Avignon, on y danse, on y danse …, diesen Ohrwurm durfte wohl fast jeder schon mal in der Schule trällern. Die viel besungene Rhônebrücke Saint-Bénézet umfasste früher 22 Bögen auf einer Länge von 900 Metern. Heute sind nur noch vier Bögen übrig – die Hochwasser der Rhône haben den Rest längst weggespült. Dennoch gilt sie als das Wahrzeichen Avignons. Ansonsten wird die provenzalische Großstadt auch gerne die Papststadt genannt. Der Erzbischof von Bordeaux, Bertrand de Got, bestieg 1305 als Klemens V. den Papstthron und verließ Rom alsbald in Richtung Frankreich. Sein Nachfolger Papst Johannes XXII. erkor Avignon definitiv zum neuen Papstsitz, und somit residierten in der Folge sieben Päpste in Avignon. Der Papstpalast ist heute bestens restauriert. Der Campingplatz Pont d'Avignon macht seinem Namen alle Ehre. Direkt vom Zeltplatz aus können wir die Brücke und den Papstpalast im Abendlicht herrlich beim Erröten beobachten. Auf der D 980 ziehen wir weiter nordwärts. In Châteauneuf-du-Pape widmen wir uns eher profanen Dingen. Wobei man offen zugeben muss, dass wir den körperreichsten Paradewein Frankreichs auch den Päpsten zu verdanken haben. Sie ließen einst die Weinberge anlegen. Das kleine Dorf ist ein einziger Weinkeller, überall verführen Weinproben zum längeren Verweilen. Aber Vorsicht: Die Flaschen mit der Tiara und den Schlüsseln des heiligen Petrus – den Symbolen der Päpste – können das Reise-Budget empfindlich strapazieren. In den edleren Weinkellern beginnt die Preisliste bei rund 40 Euro pro Flasche. Aber auch für zwölf Euro lassen sich schon edle Tropfen erstehen. Die recht schmale, wellige D 68 führt uns dann direkt durch die schönsten Hanglagen des Wein-Mekkas.

In Orange bleiben uns nur noch wenige Stunden, bis wir die Heimreise antreten müssen. Erneut ist der Besuch des Theaters ein Muss. Kein Geringerer als der Schöngeist Ludwig XIV. höchstpersönlich befand die Außenmauer als „die schönste Mauer des Königreichs". Ein letztes Mal kratzen wir im Café „Le Yaca" mit Blick auf das antike Rund den Milchschaum aus der Kaffeeschale. Zum großen Finale rollen wir langsam durch den antiken Triumphbogen von Orange. Dann verschwinden die Räder endgültig im Zug, und wir rattern wieder auf der Route du Soleil, der Sonnenstraße – diesmal leider gen Norden.

Erfrischung fürs Auge: Immer wieder leuchten Mohnfelder am Wegesrand.

Hier wachsen die Trauben für den berühmten Châteauneuf-du-Pape (rechts).

Info **Provence**

CHARAKTER Bis auf das Hügelland der Alpilles gibt es kaum nennenswerte Anstiege. Die Routen verlaufen überwiegend auf kleinen, verkehrsarmen Sträßchen und asphaltierten Wirtschaftswegen.

BESTE REISEZEIT Am besten von Mitte Mai bis Ende Juni und von Mitte September bis Mitte Oktober. Im Hochsommer (vor allem im August) ist es meist zu voll und zu heiß.

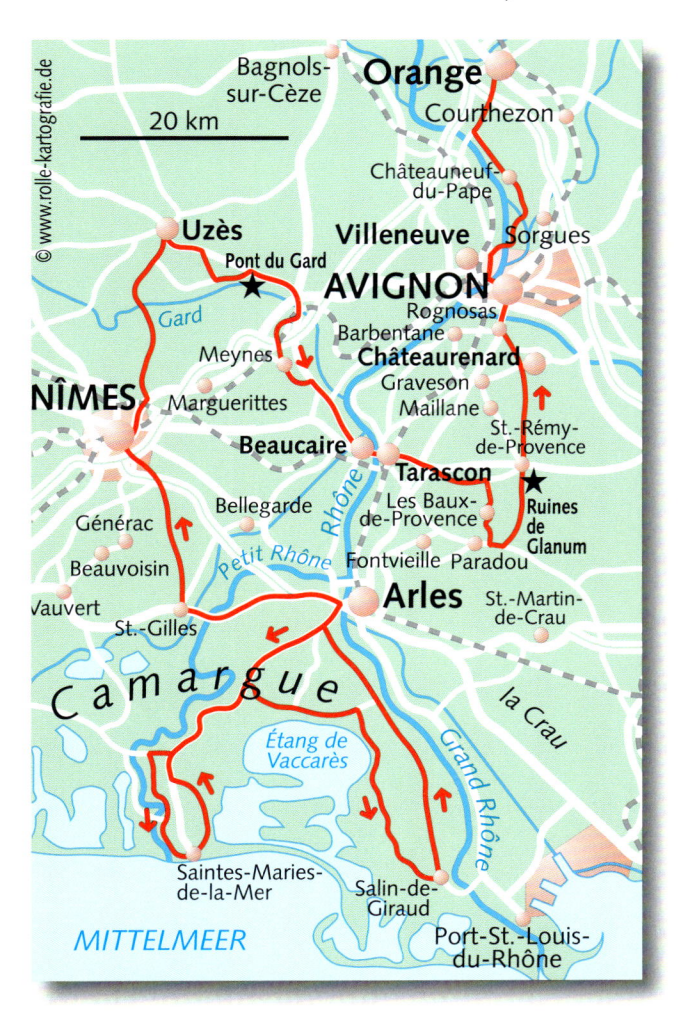

ANREISE Mit der Bahn geht es via Paris oder etwas umständlich über Zürich, Genf und Lyon nach Orange oder Arles (ca. 15 Stunden). Internationale Fahrradkarte nicht vergessen (gilt für D und CH, in Frankreich ist das Rad gratis mit dabei!). Radfahrer-Hotline der DB: 0180/5996633. Eine interessante Alternative bietet www.bike-and-bus.de, die von mehreren deutschen Städten bis nach Orange und Avignon durchfahren.

ÜBERNACHTUNGSTIPPS Saintes-Maries-de-la-Mer: Hotel Mas des Barres, RD 570 – Route d'Arles, Pioch Badet, F-13460 Saintes-Maries-de-la-Mer, Tel. 0033-4/90975071, Fax 0033-4/90975020, www.mas-des-barres.com
Arles: Hôtel Le Calendal, 5 rue Porte de Laure, F-13200 Arles, Tel. 0033-4/90961189, Fax 0033-4/90960584, www.lecalendal.com
Nîmes: Hotel Kyriad Nîmes Centre (im Stadtzentrum), 10 Rue Roussy F-30000 Nîmes, Tel. 0033-4/66761620, contact@hotel-kyriad-nimes.com, www.hotel-kyriad-nimes.com

REISEVERANSTALTER Organisierte Gruppen- und Individualtouren durch die Provence haben mehrere Radreiseveranstalter in ihrem Programm, z. B. Rückenwind (www.rueckenwind.de), Pedalo (www.pedalo.com), Wikinger (www.wikinger-reisen.de), France-Bike (www.france-bike.com), STB Reisen (www.stb-reisen.com).

LITERATUR/KARTEN Die wichtigsten Routen im Überblick: Bikeline „Radatlas Provence" Radtourenbuch und Karte 1 : 75 000, 90 Seiten. Gewichtige Information zu Kultur und Natur: Michelin – Der Grüne Reiseführer „Provence", 390 Seiten.
Nicht nur für Individualreisende ein angenehm lesbares Infopaket: Reisehandbuch „Südfrankreich", Michael Müller Verlag, 776 Seiten.
Michelin-Karte Nr. 113 „Provence – Camargue", Maßstab 1 : 160 000.

AUSKUNFT Atout France, Zeppelinallee 37, 60325 Frankfurt/M., Tel. 0900/1570025, Fax 0900/1599062, www.franceguide.com; www.discover-southoffrance.com, www.visitprovence.com; www.provence-web.fr

Tschechien

Im stillen Winkel des Böhmerwaldes zwischen Österreich und Tschechien wartet wenig Trubel, aber viel Genuss.

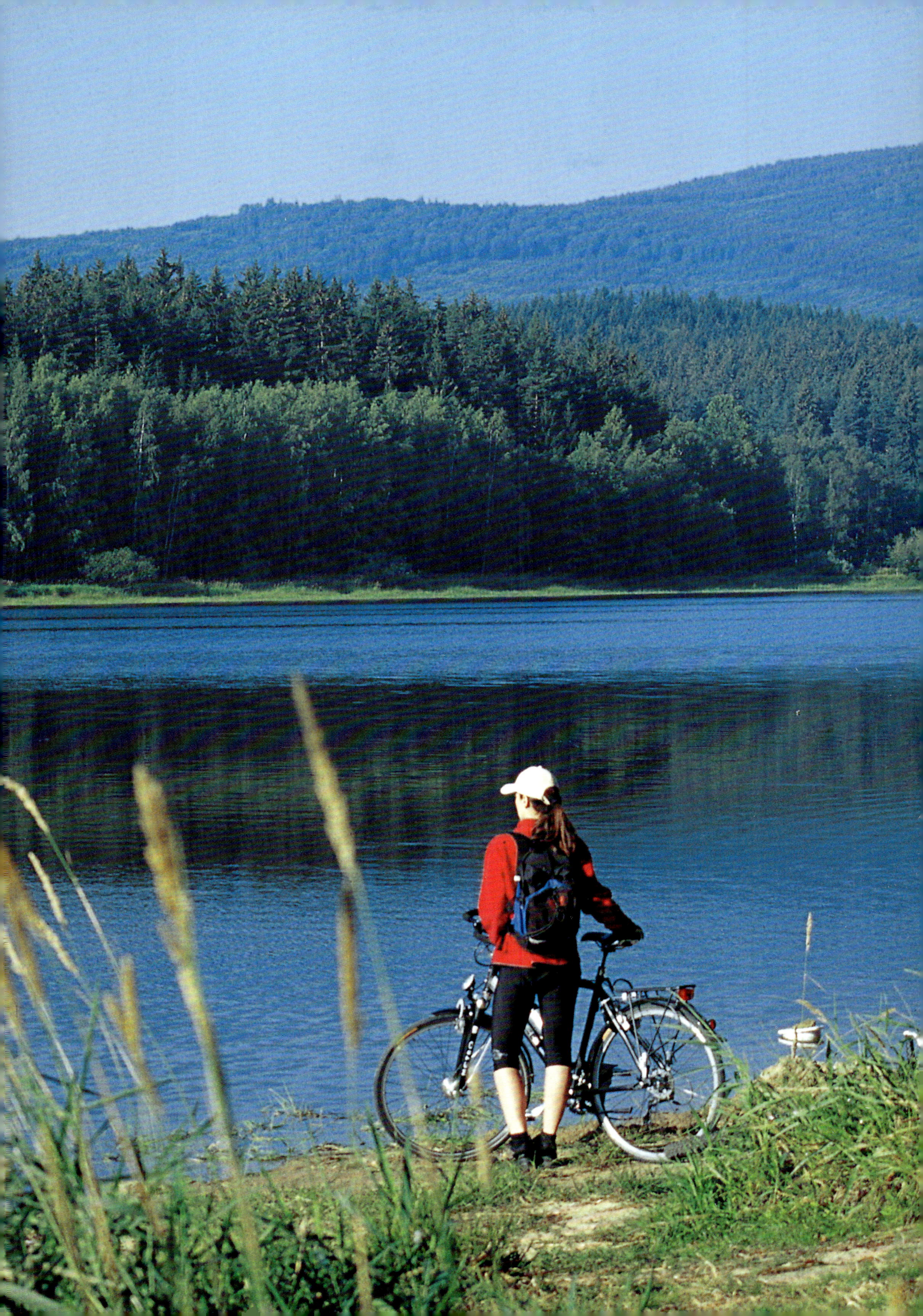

Stiller Winkel

Sylvia Lischer, Text   **Gerhard Eisenschink, Fotos**

Über dem Gebirgskamm des Böhmerwaldes drohen rabenschwarze Wolken, Blitze zucken, Donner grollt, die ersten Regentropfen trommeln auf meinen Helm. Erschöpft von der langen, bergigen Anfahrt über den Grenzland-Radweg, sehne ich mir ein Komforthotel mit Sekt, Sauna und Spa herbei. Aber das gibt das Reise-Budget nicht her. Außerdem wollte ich einen preiswerten Urlaub machen – nicht nur, weil „Geiz geil ist". In Schwarzenberg wurden die Zeichen der Zeit erkannt. Die Touristeninformation präsentiert mir auf Anhieb eine ausführliche Liste mit Schnäppchen-Quartieren: Bauernhöfe, Privatvermieter – darunter mein Objekt der Begierde. Das Haus liegt gleich um die Ecke, ausgestattet mit Garten, großen Zimmern, Geranienbalkon und sogar separater Wohnküche für die Gäste. Ich entscheide mich für diese nette Privatpension.

Zu Zeiten des Eisernen Vorhangs war rund um Schwarzenberg wenig los. Erst die Grenzöffnung 1989 und die EU-Osterweiterung haben das nördliche Mühlviertel von seiner Randlage in die Mitte Europas katapultiert.

Am nächsten Morgen bringt der Bäcker aus Ulrichsberg frische Brötchen vorbei, und in meiner Wohnküche füllt sich der Frühstückstisch: Kürbiskern-Käse-Brötchen, Brot, Eier, Butter, Marmelade, fünf Sorten Käse, zwei Sorten Wurst, Hüttenkäse mit Schnittlauch, Nusskuchen, Pfirsiche, Orangensaft, Kaffee. Was für ein Tagesbeginn: Ich schlemme, genieße den Böhmerwaldblick vom Geranienbalkon und bespreche mit dem Hausherrn die Radrouten im Dreiländereck Österreich-Tschechien-Deutschland – Urlaub mit Komfort und super Service. Zu Zeiten des Eisernen Vorhanges, erinnert sich mein Herbergsvater, sei seine Mutter über die heutigen Wander- und Radwege zwischen Plöckenstein und Hochficht zur Kirchweih und zum Markt nach Böhmen gegangen. Was mitnichten ein gemütlicher Sonntagsspaziergang war. Auf diesen alten Spuren radle ich dem Böhmerwald-Hauptkamm entgegen – keuchend, schwitzend bei mitunter 15 Prozent Steigung im ersten Gang. Am Jugendheim Holzschlag biege ich auf den Nordwaldkammweg ab und strample an Fichten, Buchen und Farnen vorbei zum österreichisch-tschechischen Grenzübergang. Rund 250 Höhenmeter liegen hinter mir, als die heute quasi unsichtbare Grenze naht. Ohne anzuhalten, radle ich am Willkommen-in-der-Tschechischen-Republik-Schild vorbei nach Böhmen.

Von nun an geht's bergab – zum Teil mit fast 20 Prozent Gefälle. Ohne in die Pedale zu treten, rausche ich an moosbewachsenen Baumstämmen, Wildblumen und Granitblöcken vorbei. Hier und da zwitschert ein Vogel, ein Bach gluckert, ansonsten ist es still. Weil so viel herrliche Natur heutzutage selten ist, hat man fast 70 000 Hektar Böhmerwald in Tschechien zum Nationalpark erklärt. Linker Hand taucht ein Waldkiosk auf, der Weg wird ebener

Die Lipno-Talsperre ist der größte See in Tschechien (vorhergehende Doppelseite).

Wald und Wiesen: üppige Natur zwischen Mühlviertel und Böhmerwald.

Die Wächter der Vorgärten: Und ewig grüßt der Gartenzwerg.

Die Grenze nach Tschechien wird heute im Vorbeifahren passiert (rechts).

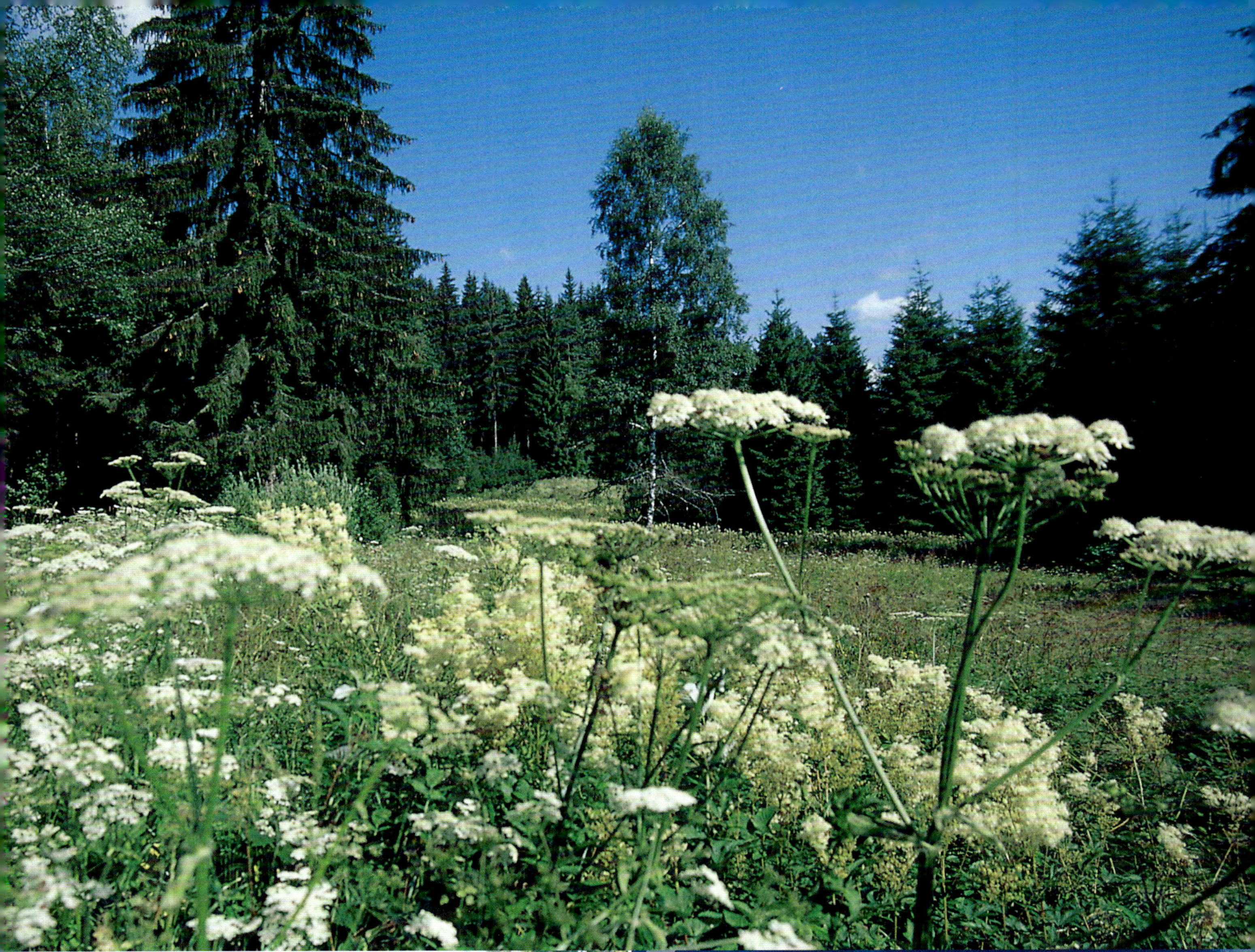

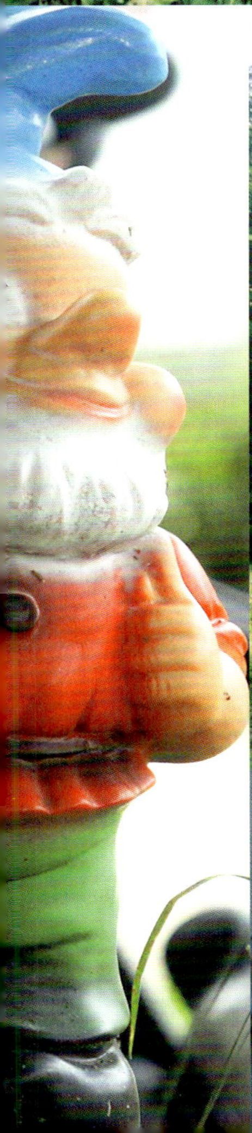

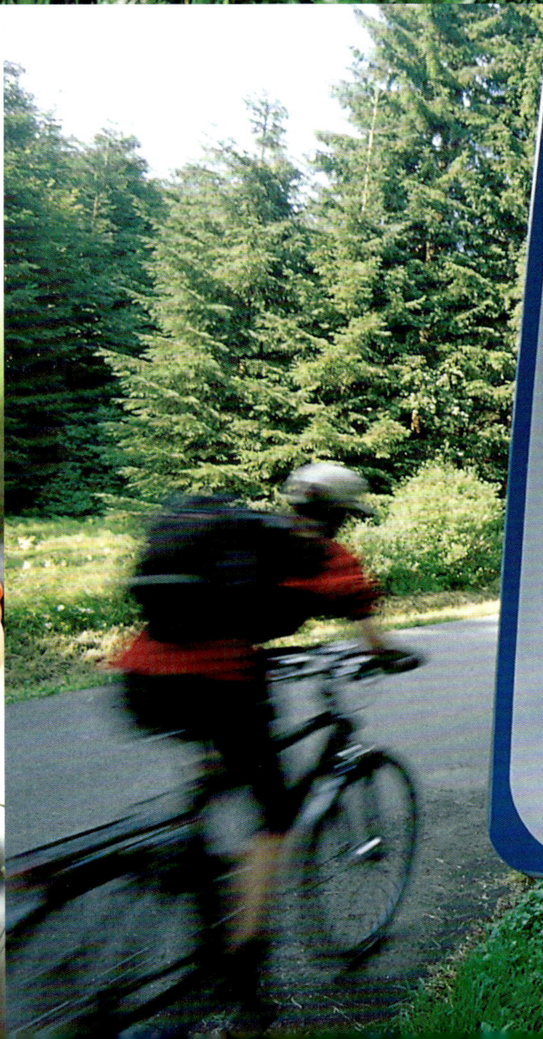

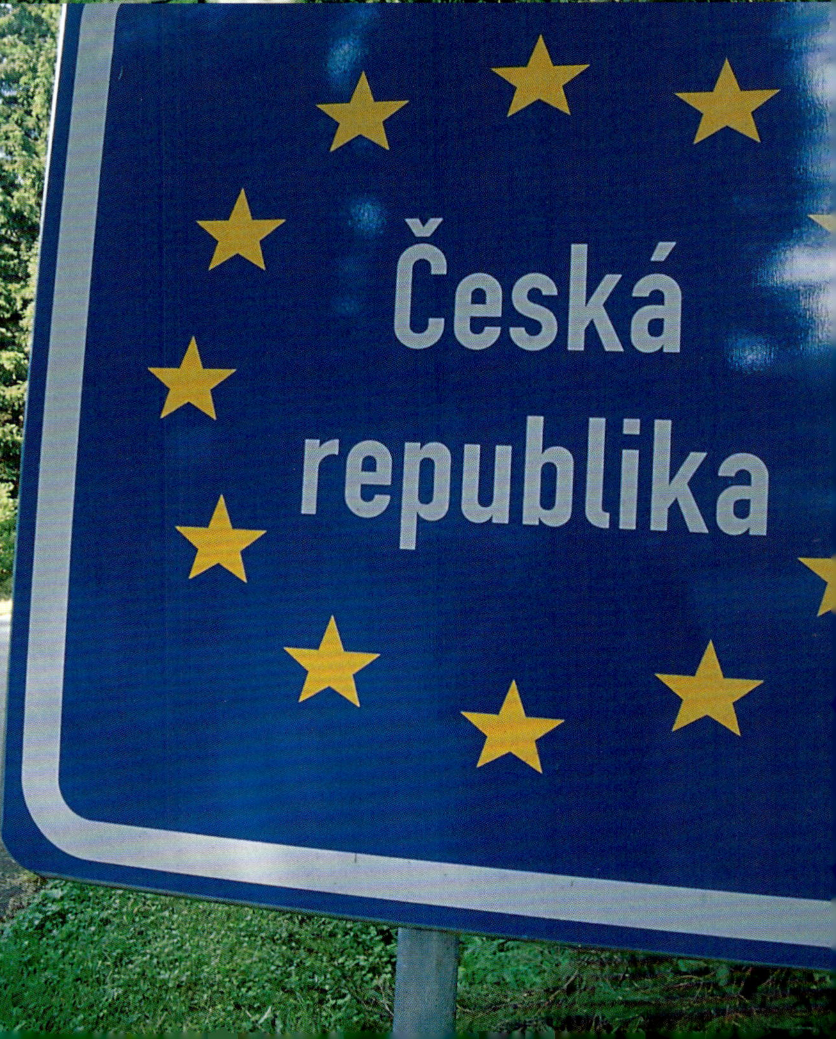
Česká
republika

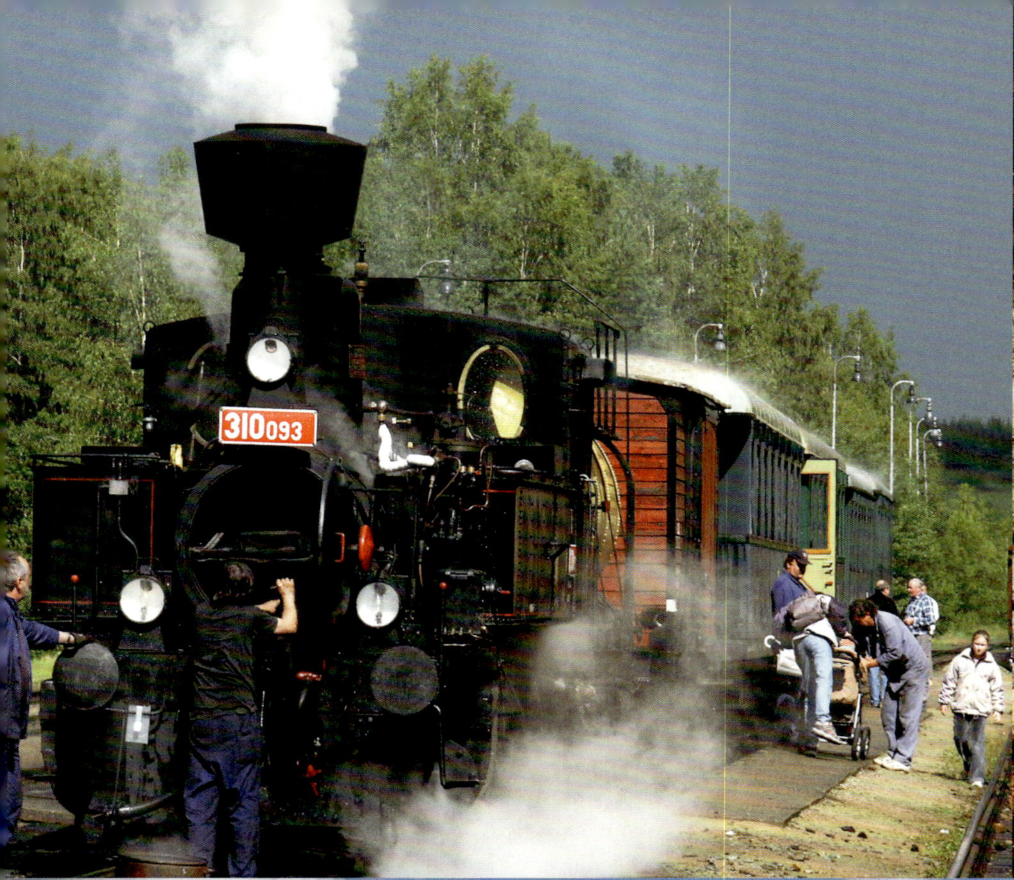
310093
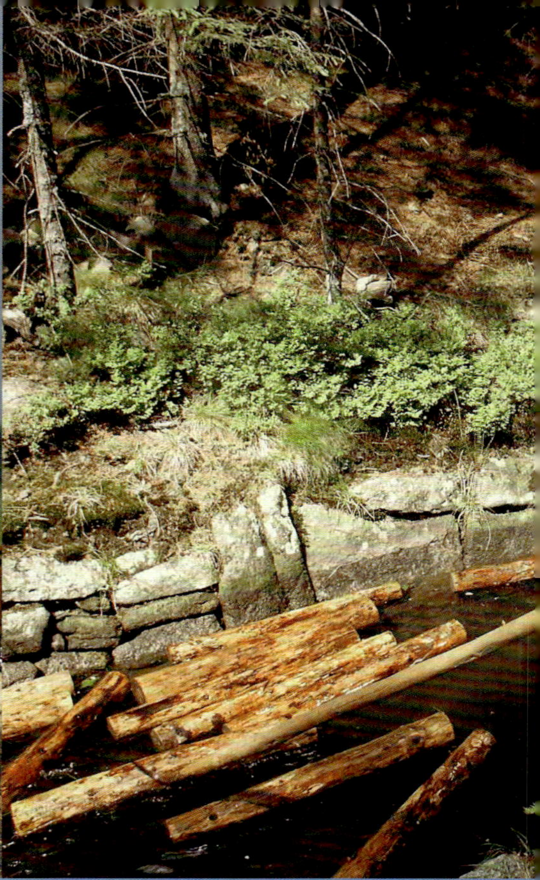
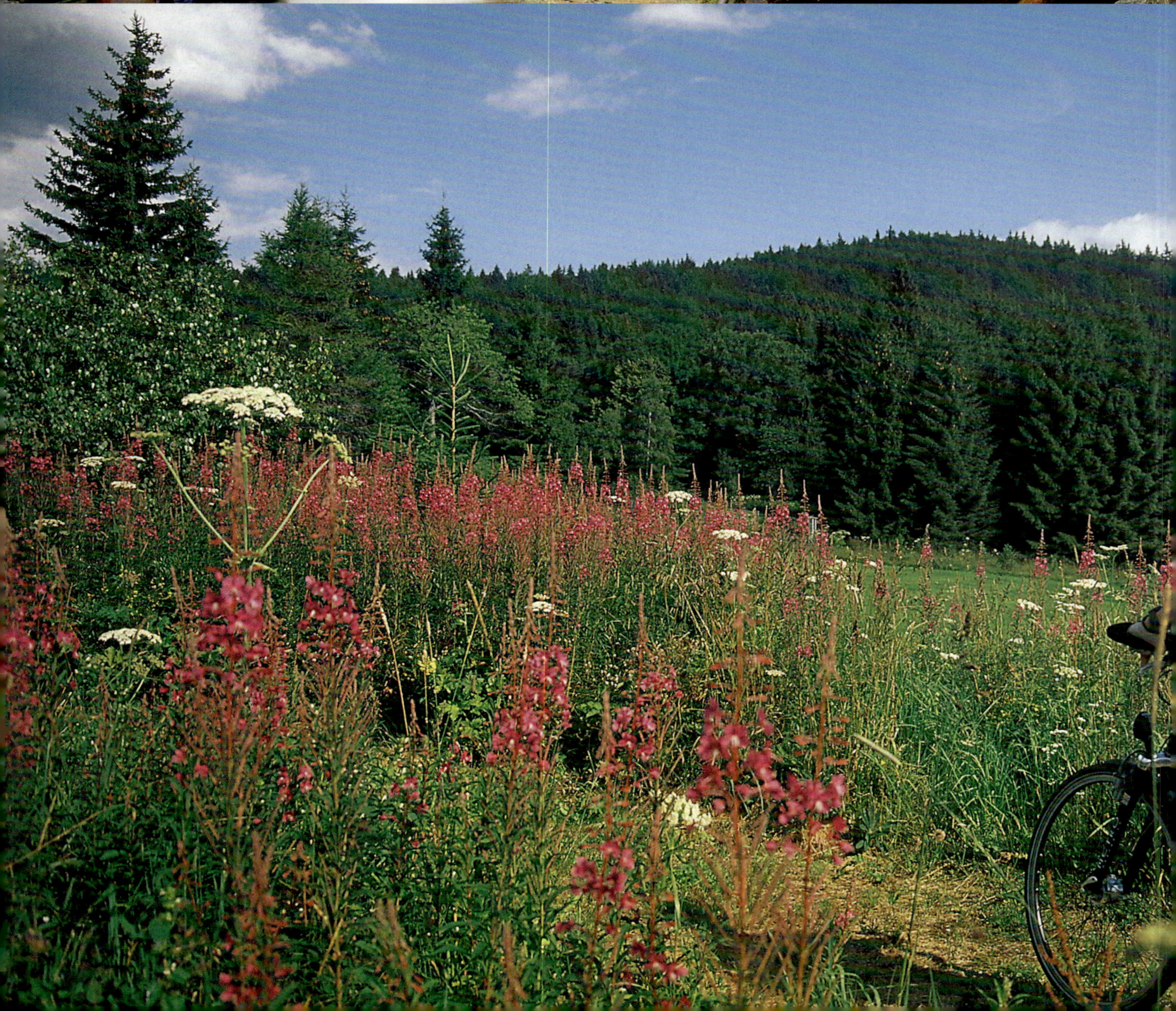

Nostalgie in Tschechien: unterwegs mit der Museumsbahn (links).

Wie damals: Holztrift auf dem Schwarzenberger Schwemmkanal.

Der Wald blüht und duftet: Frühsommer zwischen Mühlviertel und Böhmerwald.

und mündet schließlich in die Radroute entlang des Schwarzenberger Schwemmkanals. 1789 im Auftrag des Fürsten von Schwarzenberg angelegt, diente der Kanal dem Abtransport von Brennholz aus den bis dahin unbewirtschafteten Urwaldgebieten um Plöckenstein und Hochficht. Innerhalb von nur 90 Jahren gelangten auf diese Weise rund 14 Millionen Kubikmeter Holz von Böhmen zur Großen Mühl im Mühlviertel und von dort über die Donau weiter bis Wien. Der ausgeklügelte Kanal überwand erstmals die kontinentale Wasserscheide zwischen Moldau und Donau, beschäftigte zu Zeiten der Holzschwemme rund tausend Arbeiter und galt als technische Sensation. Heute ist der Holzeinschlag in den Kernzonen des Nationalparks strengstens verboten, und so führt mein Weg kilometerweit durch urwüchsige Wälder. Immer am Schwemmkanal entlang, der bei einer Gesamtlänge von 52 Kilometern ein durchschnittliches Gefälle von nur 0,2 Prozent aufweist – mitten im Gebirge auch zum Radeln eine Sensation.

Bei Jelení Vrchy schwenke ich auf den Radweg nach Nová Pec. Ein Abstecher zur Moldau – Tschechiens längstem und meistbesungenem Fluss – muss sein. Außerdem knurrt mein Magen und fordert Schweinebraten mit böhmischen Knödeln ein. Kurze Zeit später sitze ich auf der Terrasse eines Restaurants in Nová Pec und durchforste die Speisekarte. Eine internationale Radler-Truppe begrüßt mich: „Dobrý den", „Servus", „Hallo"! Mein Augenmerk gilt dem Speisenangebot: Fleisch aller Art, Böhmische Knödel, Semmelknödel, Obstknödel, Palatschinken. Und alles wieder zu sensationell niedrigen Preisen.

Nur wenige Euro ärmer, dafür wohl ein Kilo schwerer, ziehe ich schließlich über den Moldauradweg gen Norden. Kilometer um Kilometer geht es durch Wiesen und Wälder. Hin und wieder trifft der Blick auf den Fluss, der von Auwäldern eingerahmt in großen Schleifen durch den Nationalpark mäandriert. Ein Graureiher fliegt kreischend durch die Luft, Kanufahrer gleiten durchs Wasser, heben gut gelaunt die Hand zum Gruß. Ich werfe einen Blick auf die Karte, schwenke an der nächsten Weggabelung zum Schwarzenberger Schwemmkanal ab und lege auf dem Rückweg ins Mühlviertel – die Kalorien müssen wieder verbrannt werden – noch einen Abstecher zum Plöckensteinsee ein.

Knapp drei Kilometer kämpfe ich mich über einen steil ansteigenden Waldweg. Die Mühe lohnt sich: Der auf 1080 Meter gelegene Bergsee ist – von einem Nationalparkwärter bewacht – völlig

Still und romantisch: sommerliche Abendstimmung an der gestauten Moldau.

Wer günstig und familiär übernachten möchte, wählt eine Pension (rechts).

unberührt und bietet grandiose Ausblicke nach Norden. Ich ziehe den Jackenkragen enger, in den Höhenlagen des Böhmerwaldes weht nämlich ein frisches Lüftchen. Dann rausche ich wieder hinab zum Schwarzenberger Schwemmkanal und strample über Bayern zurück nach Österreich.

In Schwarzenberg verleitet die Speisekarte des Adalbert-Stifter-Hofs zu einer zünftigen Jause. „Mühlviertler Knödel-Roas", dolmetscht der Kellner, bedeute Mühlviertler Knödelreise. Konkret bedeutet das: delikate Fleisch-, Blutwurst- und Speckknödel. Zum Dessert gönne ich mir noch „Rum-Kokos-Knöderl mit Schokoladeneis und Kirschenragout", kreativ präsentiert auf einem mit Schoko-Graffiti verzierten Teller. Danach überfällt mich eine bleierne Müdigkeit. Ich schaffe gerade noch die 500 Meter bis zum Übernachtungsquartier. Die geplante Mühltal-Runde muss bis zum nächsten Tag warten.

Mit dem Mühlviertler Unterkunftsverzeichnis „Wo schlof' ma guat" mache ich mich – meine aktuelle Privatpension ist für die folgenden Tage leider ausgebucht – im Tal der Großen Mühl auf die Suche nach dem nächsten Quartier. Erstes Ziel: ein Biohof in ruhiger Lage am Waldrand mit schöner Aussicht über das Mühltal, Übernachtung mit Frühstück zu Nostalgiepreisen. Also über Ulrichsberg nach Stollnberg, dann links ab zum ersten Bauernhof. Denkste. Falsch gefahren. „Zum Biobauernhof", ruft mir die Bäuerin aus dem Kirschbaum entgegen, „da müssens do fieri, dort aufi und dann ummi durch'n Wald." Ich kurble weiter den Berg hinauf, die Knödel vom Abend zuvor verwandeln sich in pure Energie. Nach 220 Höhenmetern schließlich ein von Obstbäumen umgebener Bauernhof in traumhafter Aussichtslage, mit Kühen, Hühnern und geräumigen Gästezimmern – leider alle ausgebucht.

Scheint wirklich Vergangenheit zu sein, dass das Mühlviertel ein schwarzer Fleck auf der Ferienlandkarte war. Der Biobauer klopft mir bedauernd auf die Schulter und kredenzt mir ein Glas Biomilch als Kraftnahrung fürs nächste Etappenziel: ein gemütliches Privatzimmer mit schönem Ausblick übers Mühltal. Ein Anruf und 40 Minuten später empfängt mich ein Gartenzwerg-Empfangskomitee im Vorgarten meines neuen Schnäppchenquartiers in Ulrichsberg-Hintenberg. Ich genieße die Aussicht aufs Mühltal und schmökere in der kleinen Hausbibliothek. Am Nachmittag lasse ich mich vom Mühlviertler Shuttle-Service samt Fahrrad bequem in die Höhen des Böhmerwaldmittelgebirges transportieren. Der schweißtreibenden Anfahrt entledigt, genussradle ich am Schwarzenberger Schwemmkanal entlang, schaue vom Aussichtsturm Moldaublick in die Landschaft, unternehme einen Abstecher zum Moldau-Stausee und rolle dann über Grünwald und Aigen zum Stift Schlägl mit seiner riesigen Bibliothek. Im Stiftskeller gibt es süffiges, kühles Bier aus der Stiftsbrauerei. Und für den Radlerhunger „Kalbsrahmbeuschl in Leichtbier-Obersauce". Alles auch wieder mehr oder weniger zu Nostalgiepreisen. Eine Region für schmale Budgets. Wahrlich ein kulinarischer Radelurlaub mit angenehmer Atmosphäre und viel Komfort für wenig Geld.

Info **Böhmerwald**

RUNDTOUR 1 (77 KM) Von Schwarzenberg am Böhmerwald über Holzschlag und den österreichisch-tschechischen Grenzübergang 1/10 zum Schwarzenberger Schwemmkanal. Über Jelení Vrchy nach Nová Pec, auf dem Moldau-Radweg bis Dern Kři, von dort zurück zum Schwarzenberger Schwemmkanal. Auf dem Weg zum Rosenauer Denkmal Abstecher zum Plöckensteinsee. Über den tschechisch-deutschen Grenzübergang nach Haidmühle und Frauenberg. Nördlich von Lackenhäuser über den Gegenbach nach Österreich und über Oberschwarzenberg zum Ausgangspunkt.

RUNDTOUR 2 (70 KM) Vom Wanderparkplatz in Schöneben über Holzschlag und den österreichisch-tschechischen Grenzübergang 1/10 zum Radweg entlang des Schwarzenberger Schwemmkanals. Über Zadní Zvonková und den tschechisch-österreichischen Grenzübergang Schöneben zurück zum Wanderparkplatz. Abstecher zum Moldaublick und über den Grenzlandweg nach Grünwald und Aigen. Über Wurmbrand und den österreichisch-tschechischen Grenzübergang St. Oswald nach Koranda, von dort über den Grenzübergang Iglbach und am Schwarzenberger Schwemmkanal entlang über Sonnenwald zur Landstraße nach Schöneben.

ANREISE Wer auf dem Donau-Radweg unterwegs ist, kann den Böhmerwald über den ausgeschilderten Grenzlandweg (Ranna, Neustift, Kollerschlag, Klaffer, Schwarzenberg am Böhmerwald) erreichen. Aufgrund der starken Anstiege empfiehlt sich der Abstecher jedoch nur für Radler mit Top-Kondition. Mit dem Auto von Westen kommend über die A 3 (Regensburg–Passau), ab Aicha vorm Wald über Hutthurm, Jandelsbrunn und Klafferstraß nach Schwarzenberg am Böhmerwald. Wer mit der Bahn anreisen möchte, informiert sich im Internet unter www.bahn.de und www.oebb.at

RADVERLEIH Mieträder (auch E-Bikes) gibt es u. a. in Aigen, Ulrichsberg, Schöneben und in Schwarzenberg.

UNTERKUNFT Hübsche, günstige Privatzimmer, Ferienappartements, Ferien auf dem Bauernhof etc. in der Region vermittelt das Tourismusbüro Böhmerwald (siehe unten).

KARTEN/LITERATUR/GPS Kompass Wander- und Radtourenkarte Nr. 2024 „Böhmerwald – Stausee Lipno", Maßstab 1 : 50 000. Zehn zum Teil grenzüberschreitende Tourenvorschläge (mit Höhenprofil und Karten im Maßstab 1 : 50 000) enthält der „Radbegleiter Böhmerwald", erhältlich beim Büro der Ferienregion Böhmerwald.
GPS-Daten für mehrere Touren stehen zum kostenlosen Download im Internet unter www.boehmerwald.at

AUSKUNFT Unterkunftsverzeichnis, grenzüberschreitende Radtouren-Tipps u. v. m. gibt's bei der Ferienregion Böhmerwald, Hauptstr. 2, A-4160 Aigen-Schlägl, Tel. 0043-7281/20065, Fax 0043-7281/80516, www.boehmerwald.at. Beim Tourismusbüro werden neben Trekkingbikes auch moderne Elektrobikes vermietet.

Masuren

Die Masurische Seenplatte ist in Polen das begehrte Ziel deutscher Radler.

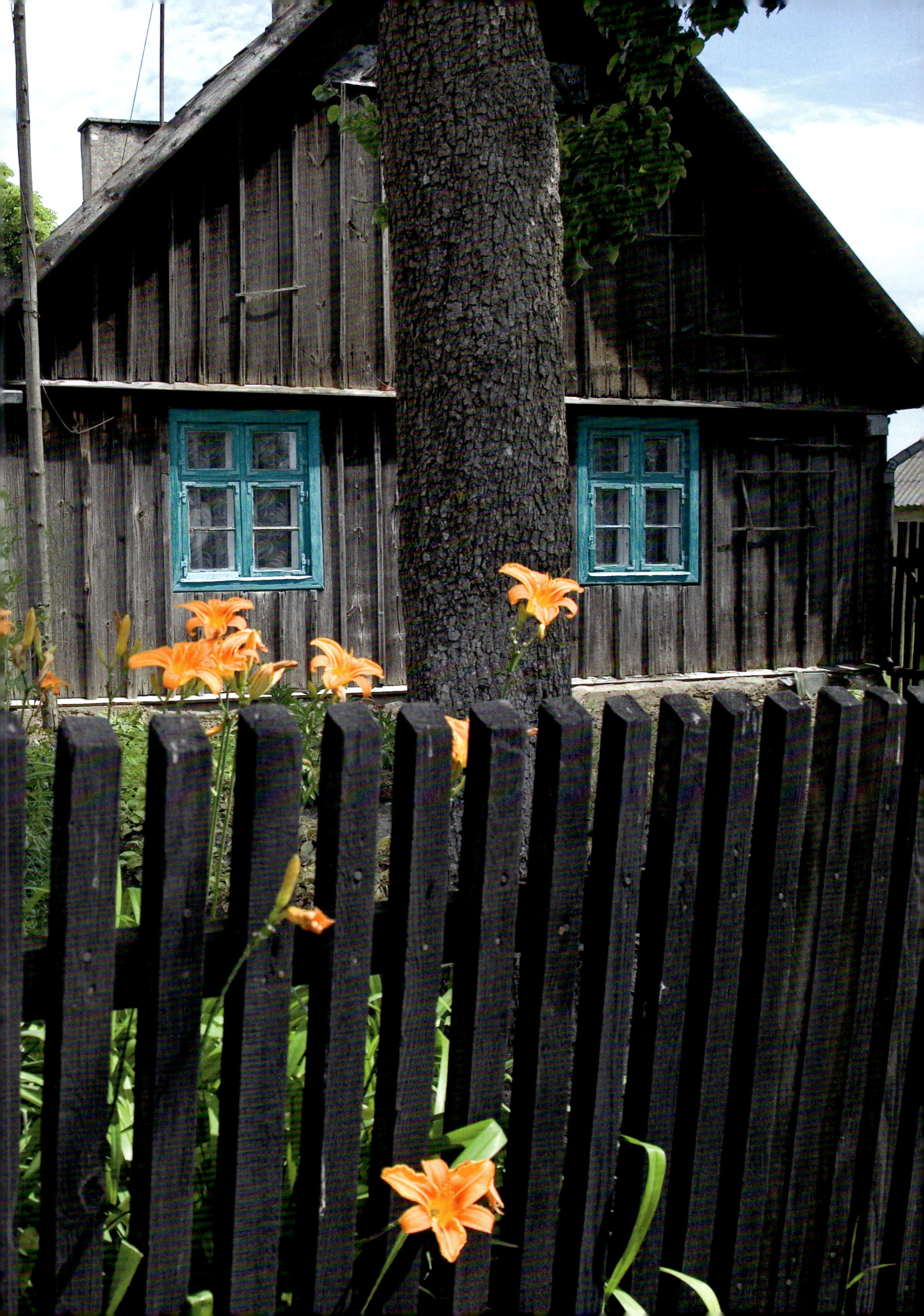

Spuren im Sand

Jörg Spaniol, Text und Fotos

Klingt es wie ein Specht? Wie ein altes Moped im Leerlauf? Nein, beides nicht. Wie also klappert ein Klapperstorch? Egal. Jedenfalls sitzt auf dem Dach der Backsteinkirche in Wejsuny ein Storchenpaar, und einer davon klappert mit dem Schnabel, was das Zeug hält. Den wenigen Einwohnern des Ortes dürfte es schon längst nicht mehr auffallen, doch für deutsche Städter ist das Geräusch der stakkatoartig aufeinanderschlagenden Schnabelhälften ein exotischer Klang.

„Jeder vierte Storch ist ein Pole", behauptet ein Reisehandbuch, und es scheint, als könne man genauso gut sagen: ein Masure. Hier oben, wo Polen an Litauen und die russische Exklave Königsberg stößt, muss für die schwarz-weißen Riesenvögel das Paradies liegen: hunderte Seen mit breiten Schilfgürteln, in denen die Frösche quaken, dazwischen Felder und Gebüsche, die noch nicht im EU-Einheitslook daherkommen. Und dann sind da noch die hilfreichen Einwohner: Sie bauen wagenradgroße Plattformen auf Kamine, Dachfirste oder hohe Stangen, die sie mitten in den Acker rammen – für die Störche. Diese wiederum bauen genau dorthin gerne ihre Nester und bekleckern die Umgebung mit reichlich weißem Vogelkot. Beliebt sind sie trotzdem, wie Rad-Reiseführer Wlodek Kasperski erklärt: „Die Menschen wollen die Störche in ihrer Nähe haben, weil sie glauben, dass das Glück bringt. Na ja – außerdem fangen sie Mäuse." So kommt es, dass fast jeder Landkarten-Stopp in einem Dorf aus etlichen Metern Höhe von bis zu fünf Augenpaaren beobachtet wird. Erst wenn die Radler wieder in sicherer Entfernung sind, geht die Storchenbalz weiter.

Doch eigentlich müssten die Störche längst an Radler-Rudel gewöhnt sein. Seit Polens Grenzen Richtung Westen offen stehen, zieht es ausländische Radler in diese Gegend. Während im restlichen Polen halb Europa zu Gast ist, sind es in Masuren überwiegend Deutsche. Eine Tatsache, in der die Geschichte der Gegend noch nachklingen dürfte. Denn bis zum Zweiten Weltkrieg hieß die Gegend etliche Jahrzehnte sehr deutsch „Ostpreußen". Man sprach und fühlte mehrheitlich deutsch – bis die Rote Armee am Ende des Zweiten Weltkrieges alles Deutsche aus dem Land jagte. Deutsche Ortsnamen und die deutsche Sprache wurden verboten. „Bis vor etwa zehn Jahren waren die meisten Deutschen hier noch ‚Heimwehtouristen'", sagt Kasperski, „ältere Leute, die hier ihre Wurzeln suchten. In den letzten Jahren kommen aber immer mehr jüngere Leute, die einfach unsere schöne Natur genießen wollen." Das deutsch-polnische Verhältnis – in dieser Tourismusregion erscheint es eher unaufgeregt.

Die Masurische Seenplatte ist zugleich eines der beliebtesten Urlaubsgebiete der Polen. Doch die Polen zieht es eher aufs Wasser. Die Zahl großer Leih-

Ländlich idyllisch: Alte Holzhäuschen prägen das Dorfbild (vorhergehende Doppelseite).

Endlose Alleen: je kleiner die Straße, desto größer das Radvergnügen.

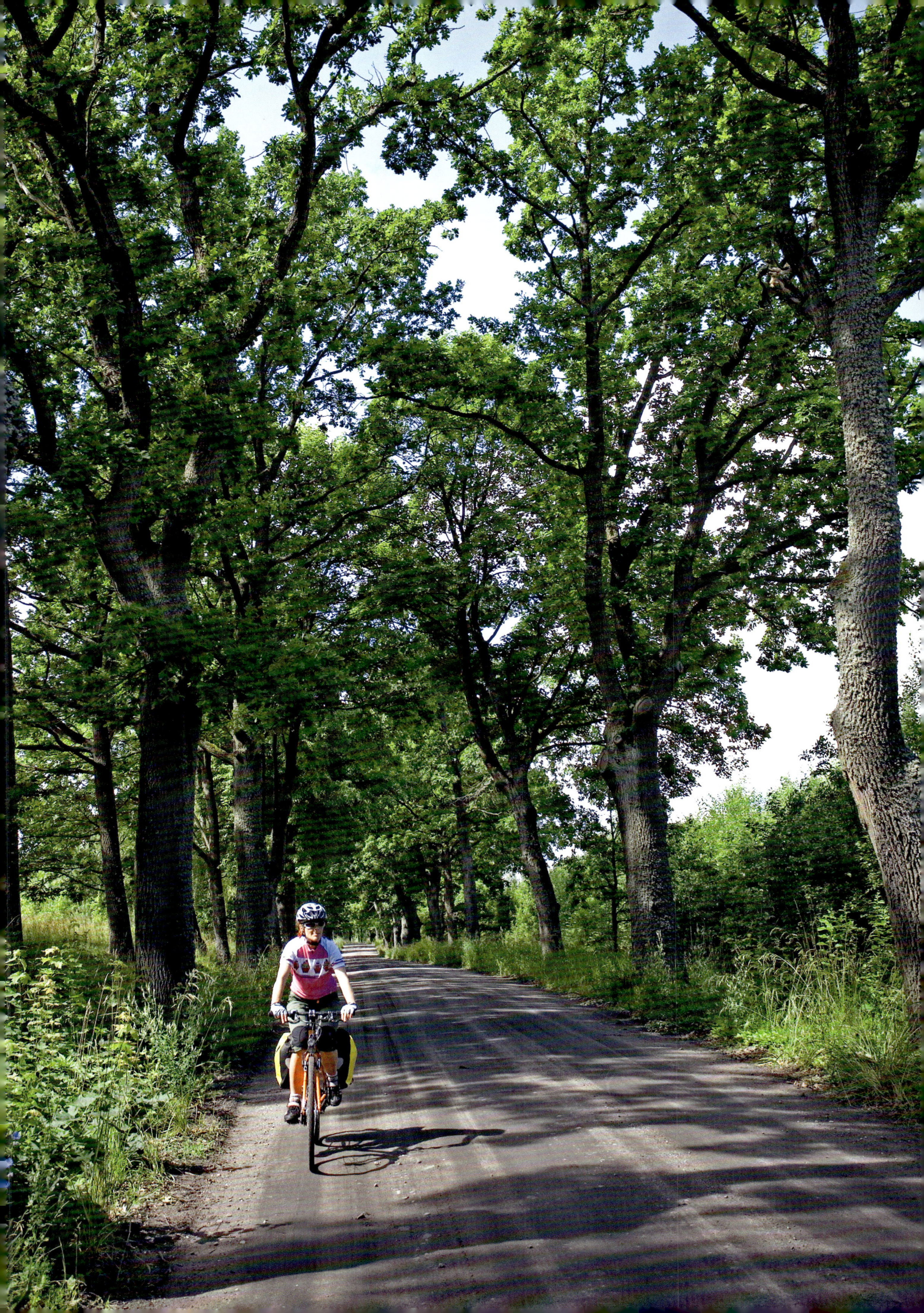

ZAKAZ PŁYWANIA POZA KĄPIELISKIEM 2,9 m

MKS KŁOBUK

Das Städtchen Mikołajki ist das touristische Zentrum Masurens (linke Seite oben).

Polen ist auch im Nordosten unübersehbar streng katholisch.

Die Anglerfrage des Abends: keine, kleine oder gar große Fische.

Masuren kann auch recht nüchtern und funktionell sein (linke Seite unten).

Hort des russisch-orthodoxen Glaubens: das kleine Kloster Wojnowo.

Weitblick: Der Spirding-See misst gut zehn Kilometer in der Breite (rechts).

Segelboote mit Kajüten, auf denen sich Familien und Gruppen über die weiten Seen bewegen, dürfte in die Tausende gehen. Schleusen, Häfen und Stege sind voller weißer Jachten. Andere schippern in einem Strom bunter Plastikboote die Krutynia abwärts. Der Fluss ist ein über 100 Kilometer langes Paddelparadies, knietief, klar und mit straffer Infrastruktur. Tourenräder dagegen kennzeichnen den Urlauber als Deutschen.

Westlich von Mikołajki erobert Polens neuer Geldadel die Seeufer. Jenseits der Campingplätze und der familiären Bootshäfen etabliert er sich mit protzigen Wochenendvillen. Außerhalb des 4000-Einwohner-Örtchens Mikołajki steht ein neues Hotel mit 3000 Betten. Mit Hubschrauber-Landeplatz und Reitstall. Wir spulen uns auf einer welligen Erdstraße am Zaun entlang, als ein wuchtiger Geländewagen mit getönten Scheiben zuerst einen jungen Bauern mit Schubkarren und dann uns von der Piste zwingt. Der Bauer schaut dem Auto nach, dann uns entgegen. Zuckt die Schultern, grinst verächtlich, und sagt dann zu uns, auf Deutsch und deutlich: „Scheiße!" So kurz und treffend können Texte zur Völkerverständigung sein. Doch automobile Rüpeleien bleiben die Ausnahme. So beängstigend der Verkehr auf den Fernstraßen sein kann, so harmlos ist er auf den abseitigen Radler-Pisten. Zwischen den lauten Lastzügen auf Fernstraßen und den weltenfernen Waldpisten wechselt die Atmosphäre schlagartig. Die Seen selbst haben daran einen großen Anteil. Mit völlig unregelmäßigen Formen legen sie sich dem Fernverkehr in den Weg. Strecken, die auf dem Wasser nur wenige Kilometer betragen, werden auf dem Rad zur Tagesetappe. Wohl dem, der voller Muße in ihr schwelgen kann.

Wir wollen von einem unaussprechlichen Dorf zu einem anderen unaussprechlichen Dorf, denn dort müsste es laut Karte einen Badeplatz geben. Eine Straße oder einer der markierten Radwege sind nicht eingezeichnet, aber eine Menge dicker Linien. Die bisherige Erfahrung sagt: Wenn es diese Wege wirklich gibt, kann man sie fahren. Mit ein paar Schiebestellen in tiefem Sand vielleicht, eher langsam manchmal – aber immer machbar. Und so gondeln wir im Joggertempo durch stangengerade Wälder aus Birken und Kiefern, enden in den Einfahrten ärmlicher Bauernhöfe oder queren einen halbwilden Campingplatz im Wald. Ein Wasserhahn für alle, ein paar Chemieklos, ein Holzsteg durch den breiten Schilfgürtel. Der Platzwart schuppt selbst geangelten Fisch und verkauft ihn seinen Gästen. Zwischen Bäumen schleicht der Mast eines Segelbootes vorüber, ein Rentnerpaar spielt wortlos Karten. Niemand stört sich an den Fremden, die mittendurch ihren Weg suchen. Der vermeintliche Weg wird immer schmaler und morastiger, Bremsen schwirren blutgierig um die Beine. Und dann endet er als Pfadspur auf einer Landzunge. Laut Karte hätte er auch bis ans andere Ufer reichen können. Tut er aber nicht. Wir könnten fluchen. Tun wir aber nicht. Wir drehen um. Irgendein Weg wird sich schon finden. Die Tage sind lang und langsam an einem masurischen Sonntagnachmittag – weniger Effizienz geht kaum. Wie schön.

Info **Masuren**

CHARAKTER Leicht welliges Gelände, das man bei der Tourenplanung jedoch nicht unterschätzen sollte: Zur Vermeidung der teils stark befahrenen Hauptstraßen empfiehlt sich die Benutzung von Nebenstraßen und Forstwegen. Diese sind oft nicht asphaltiert und gerade nach Regenfällen anstrengend zu befahren. Breite Reifen sind für die sandigen Wegabschnitte angenehm.

TOURENTIPPS Tour 1: „Zur Krutynia", 40 km. Start/Ziel: Ruciane-Nida
In Ruciane-Nida der Straße 610 Richtung Mragowo folgen. An der Kreuzung mit der Straße 611 geradeaus in den Wald nach Wólka und Wojnowo (Bademöglichkeit am Dúz-See). Südwärts zurück auf die stark befahrene Straße 611, nach 2 km rechts nach Rasocha und weiter nach Krutyn. Von Krutyn auf Sandstraßen nordostwärts zur Straße 610, dort rechts und nach etwa 1 km links zum Wildpark Kadzidlowo. Weiter geradeaus, über die Straße 591 hinweg auf Sandstraße Richtung Iznota am Beldany-See. Durch den Wald südwärts nach Wygryny und zurück nach Ruciane-Nida.
Tour 2: „Nach Ketrzyn und zur Wolfsschanze", 65 km. Start/Ziel: Giżycko
Giżycko nach Südwesten verlassen, dann südwärts durch Wilkasy und weiter 13 km am Seeufer südwärts. An der Brücke über einen Schleusenkanal rechts auf kleiner Straße nach Rhyn und in Ortsmitte rechts über Nakomiady nach Ketrzyn. Ab Ortszentrum 3 km der Straße 592 nach Osten folgen, bei Karolewo links in die Nebenstraße zur Wolfsschanze (Hitlers Kriegsquartier). Hinter Parcz dem etwas schwer zu findenden Radweg ostwärts folgen, nach 2 km Einmündung auf kleines Sträßchen, das über Kamionki zurück nach Giżycko führt.
Tour 3: „Um den Beldany-See", 45 km. Start/Ziel: Mikołajki
Am südwestlichen Ortsausgang von Mikołajki einer Sandstraße 6 km zur Fähre nach Wierzba folgen (Badeplatz). Übersetzen und weiter zur Wildtier-Aufzucht Popielno mit Restaurant, Campingplatz und Strand. Durch Kiefernwald südwärts bis Wesjuny. Weiter Richtung Ruciane-Nida, aber vor dem Ort bei der Guzianka-Schleuse rechts ab und über Wygryny und den Campingplatz von Jaskolka zur Fähranlegestelle nach Wierzba. Ab dort zurück wie auf dem Hinweg.

BESTE REISEZEIT Ende Mai bis September. Badewetter herrscht an den Seen ab etwa Mitte Juni.

ANREISE Mit dem Auto: Zwischen Berlin und Mikołajki liegen 850 km, d. h. rund 12 Stunden auf meist schmalen Straßen. Mit dem Flugzeug: Von den Flughäfen Warschau oder Danzig dauert der Bustransfer je etwa 4 Stunden. Mit der Bahn: Von Berlin nach Ruciane-Nida oder Giżycko ab ca. 11,5 Stunden.

UNTERKUNFT Radler-Resort Masurische Seen, Piaski bei Ruciane-Nida, buchbar über www.dnv-tours.de

LITERATUR/KARTEN Bikeline „Radatlas Masuren", Verlag Esterbauer, 120 Seiten, Detailkarten im Maßstab 1 : 75 000

AUSKUNFT Polnisches Fremdenverkehrsamt, Kurfürstendamm 71, 10709 Berlin, Tel. 030/210092-0, Fax 030/210092-14, info.de@polen.travel; www.polen-info.de

Dolomiten

Auf der spektakulären Trasse der Dolomitenbahn rollen heute Radler von Südtirol bis nach Belluno.

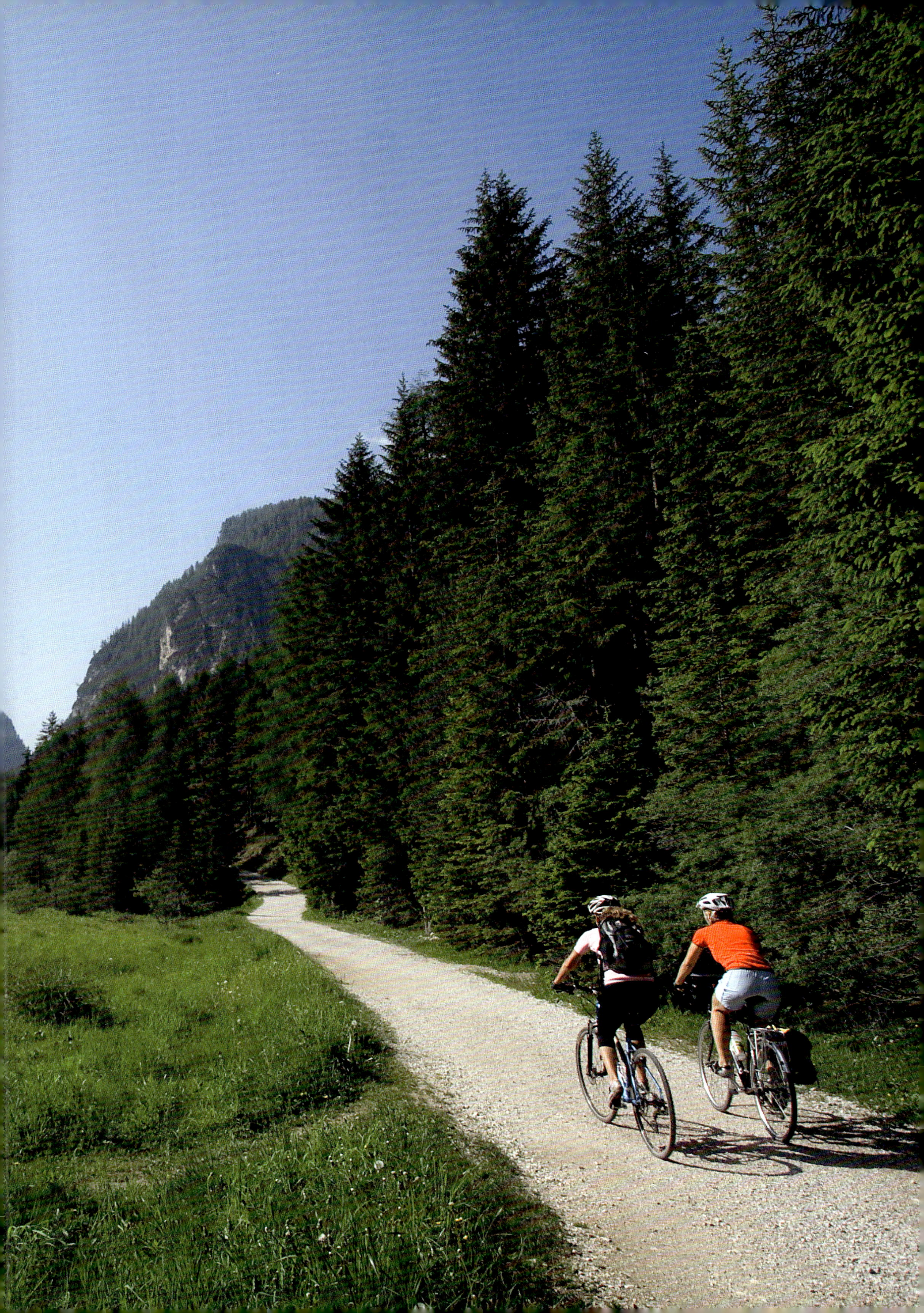

Gigantische Bergwelt

Tom Bierl, Text und Fotos

Endlich wurden EU-Steuergelder einmal wirklich sinnvoll investiert. Die Arbeiter auf dem Bahn-Radweg kurz hinter der Olympiastadt Cortina d'Ampezzo räumen gerade die letzten Gerätschaften weg, als wir mit unseren Trekkingbikes entspannt vorbeibrausen. Nach mehrjähriger Bauzeit scheint ein einzigartiges Projekt endlich fertig. Auf der einst als kleines Weltwunder gefeierten Trasse der spektakulären Dolomitenbahn keuchen schon längst keine Dampfrösser mehr. Die Panoramastrecke durch die Welt der weißen Berge ist in Zukunft ausschließlich für Radfahrer reserviert und als „Langer Weg der Dolomiten" (Lunga via delle Dolomiti) bis hinunter nach Belluno ausgeschildert. Von dort folgen Radfahrer dann der erprobten Via Claudia Augusta bis an die Adria nach Venedig. Kaum Verkehr stört dabei den Naturgenuss. Als wir bestens gelaunt Cortina d'Ampezzo passieren, geht die Fahrt bereits mehr als 20 Kilometer zügig bergab. Doch ein Ende des Vergnügens ist noch nicht in Sicht. Das Tagesziel Pieve di Cadore liegt noch gut 30 Kilometer entfernt und bis dahin ist auch nicht mehr mit einem Anstieg zu rechnen. Eine Alpenüberquerung, so lernen wir schnell, hat nicht nur ihre schweißtreibenden Seiten.

Vor drei Tagen waren wir auf der Sonnenseite der Alpen gestartet. Sterzing ist idealer Ausgangspunkt für diese Tour, denn dort beginnt das ebenfalls relativ neue Teilstück des „Radwegs der Sonne", der künftig den Brenner mit Rom verbinden soll. Italien, einst verkehrsreicher Albtraum aller Radtouristen, entwickelt sich Zug um Zug zum kleinen Radlerparadies. Der Radweg folgt abseits der Straße dem Verlauf des wilden Eisacks, doch obwohl es stets flussabwärts geht, eigenartigerweise nicht immer nur bergab. Aber an Anstiege müssen wir uns ohnehin gewöhnen. Ganz ohne Schweiß können die Dolomiten nicht bezwungen werden. Eng rücken die Berge im Bereich der Sachsenklemme zusammen. Wir rollen stets auf historischem Boden. Auch der Freiheitskämpfer Andreas Hofer war hier zugange, und sogar Napoleon schaute vorbei. Auf Höhe der zum Glück ewig sinnlosen Franzensfeste biegen wir dann ins Pustertal hinauf. Auch hier haben die Südtiroler einen schönen Radweg gebaut. Das feine Asphaltband und die grandiose Landschaft lassen uns den stetigen Anstieg bis Bruneck kaum spüren. Am nächsten Tag geht es sogar noch steiler bergauf. Den Abstecher zum sagenumwobenen Pragser Wildsee lassen wir uns nicht nehmen. Umrahmt von Berggiganten, leuchtet das Wasser wie ein grüner Diamant zwischen den Felswänden.

In Toblach beginnt dann das wahre Abenteuer. Früh brechen wir auf, um die Königsetappe in vollen Zügen genießen zu können, denn die Höhepunkte reißen jetzt nicht mehr ab. Den ersten Cappuccino vor überwältigendem Panorama genießen wir auf der Terrasse des Cafés direkt am Toblacher See.

Grandiose Kulisse: Die Drei Zinnen liegen gleich um die Ecke (vorhergehende Doppelseite).

Mächtige Mauern aus Fels: Radroute am Fuße des Monte Cristallo.

Zeitzeugen: Die ehemaligen Bahnhöfe sind heute meist Privathäuser.

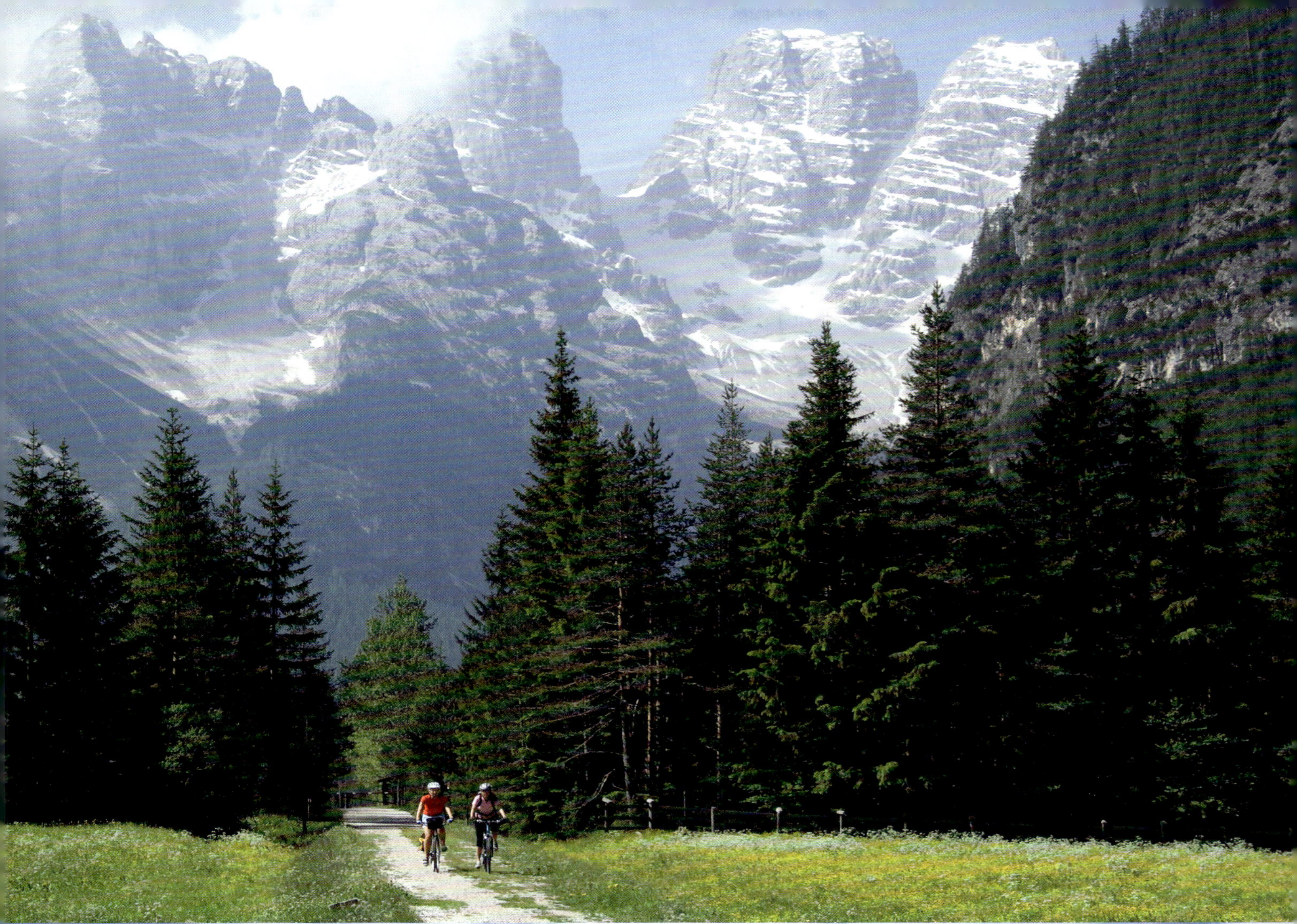

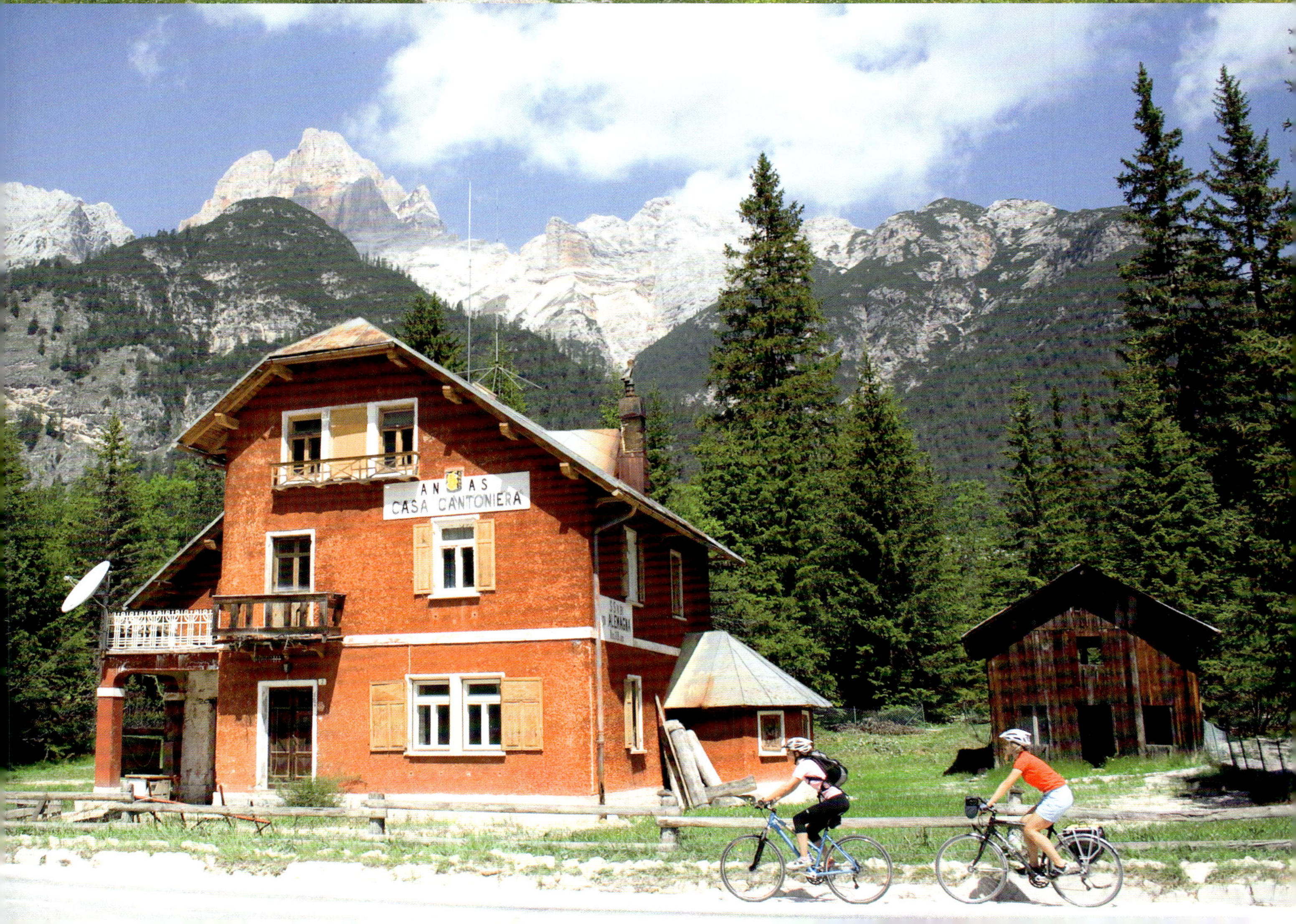
ANAS
CASA CANTONIERA

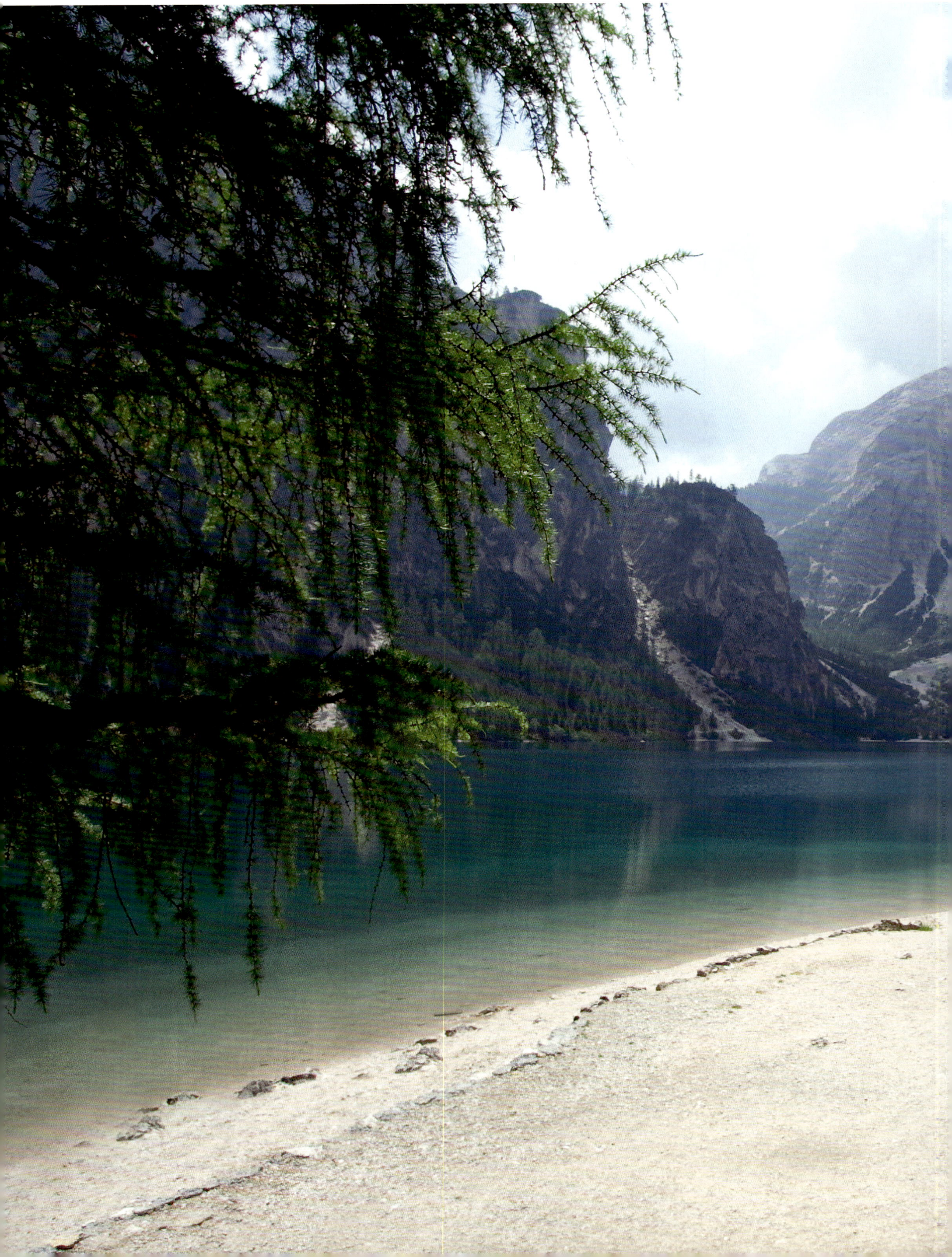

Kleinod zwischen Giganten: der Pragser Wildsee bei Toblach in Südtirol.

Ruhige, versteckte Wege durch die
Weinberge im Veneto (oben).

Das alte Dampfross zog einst die
Waggons durch die Dolomiten.

Die Fahrradroute führt über Brücken und auch durch lange Tunnel.

Bald ist das Ufer von Badegästen belagert, doch in der Kühle des Morgens atmen wir noch die Stille der Bergwelt ein. Etwas schwer rollen die schmalen Reifen auf dem hier nur geschotterten Bahntrassenweg. Die sanfte Steigung kostet zusätzlich Kraft. „Gleich um die Ecke tauchen jetzt die Drei Zinnen auf", weiß uns Guide Anke gekonnt zu motivieren. Der Anblick der vielfach fotografierten Postkartenberge raubt auch uns wenig später endgültig den Atem. Beinahe unwirklich schön ist es, in so einer Landschaft mit dem Rad unterwegs zu sein. Doch hinter der nächsten Biegung wartet ein weiterer Höhepunkt. Der Monte Cristallo schiebt sich wie ein mächtiger Riegel vor das Tal. Hier scheint es kein bequemes Durchkommen zu geben. Doch die alte Bahnlinie macht das schier Unmögliche möglich. Mächtige Brückenkonstruktionen überspannen ein tiefes Tal, Tunnel durchbohren den weißen Fels. Wir gleiten mit unseren Rädern wie durch eine Märchenlandschaft. Schöner kann Radfahren nicht mehr sein. Erst 50 Kilometer später ist die lange Abfahrt für heute zu Ende. „Doch morgen", so verspricht uns Guide Anke, „geht es am Vormittag weiter überwiegend bergab."

Ab Pieve di Cadore wird der Radweg zur überwiegend stillgelegten Straße. Wir fahren durch ausgestorbene Dörfer, an aufgelassenen Tankstellen vorbei und genießen einen Espresso in einer original italienischen Bar. Seit die Schnellstraße fertig ist, versinkt hier alles im Dornröschenschlaf. Fluch für die einen, Segen für die anderen. Wir sind dafür mehr als dankbar.

Kurz vor Belluno öffnet sich dann das enge Tal. Wir spüren bereits einen Hauch von Venedig. Die reichen Familien der Seefahrerstadt weilten in den Hügeln zwischen Belluno und Feltre gerne zur sogenannten Sommerfrische. Ihre Wohnsitze aus dem 17. Jahrhundert stehen noch heute als protzige Villen da. Hier könnten selbst Hollywoodstars noch lernen, was wahrer Reichtum bedeutet. Wir dagegen sind froh, dass wir uns nicht auf eigene Faust durch die Hügellandschaft schlagen müssen, denn zu schnell summieren sich die Höhenmeter zu einer respektablen Tagesleistung. Nur wer den Weg kennt, kann die tatsächlichen Mühen vorab kalkulieren.

Während Fernradler sich ab hier gerne in die Via Claudia Augusta nach Venedig einklinken, steuern wir entgegen der Marschrichtung auf den historischen Ortskern von Feltre zu. Das Städtchen allein ist mit seinen gut erhaltenen Renaissance-Häusern eine Reise wert. Am nächsten Tag kommen wir in den Genuss eines weiteren noch jungen Radweges entlang der wilden Brenta. Bis vor wenigen Jahren war das Nadelöhr für Radfahrer so gut wie unpassierbar. Jetzt führt ein gut ausgebauter, attraktiver Weg direkt ins Herz von Bassano di Grappa hinein. Die pulsierende Stadt ist idealer Schlusspunkt für alle, die die Tour mit der Bahn beenden wollen. Von hier geht es mit der Regionalbahn nach Trento und dann weiter durchs Etsch- und Eisacktal nach Sterzing. Wir hängen allerdings noch einen Tag im geschichtsträchtigen Veneto an und lassen zum Abschluss die Prosecco-Korken in Valdobbiadene knallen. Denn schließlich haben wir etwas zu feiern: Die Alpen liegen hinter uns.

Wo der Prosecco gedeiht – on tour zwischen Asolo und Valdobbiadene.

Es grüßt der Veneto: die Brücke in Bassano und der venezianische Löwe in Asolo (rechts).

Info **Dolomiten**

CHARAKTER Eine spektakuläre Radreise auf der Sonnenseite der Alpen. Die Route verläuft durch die Bergwelt der Dolomiten ausschließlich auf Radwegen oder kleinen, verkehrsarmen Nebenstraßen. Imposantes Kernstück ist die Trasse der ehemaligen Dolomitenbahn, die mit hohem Aufwand im Jahre 2006 zum Radweg umgebaut wurde. So werden extreme Steigungen oder Gefällstrecken vermieden. Diese ehemalige Bahntrasse ist teilweise geschottert. Schwieriger wird die Orientierung weiter südlich im Veneto. Die kleinen, hügeligen Straßen sind jedoch ein Rennrad-Paradies. Die Schwierigkeit der Tour wird durch die Länge der Tagesetappen entschieden.

UNSERE ROUTE Sterzing – Franzensfeste (Eisacktal) – Bruneck – Toblach (Pustertal) – Cortina d'Ampezzo – Tai di Cadore (Dolomiten) – Belluno – Feltre (Tal der Brenta) – Bassano di Grappa – Asolo – Valdobbiadene (Veneto). Strecke insgesamt ca. 350 km, 3700 Höhenmeter. Empfohlene Reisedauer: rund eine Woche.

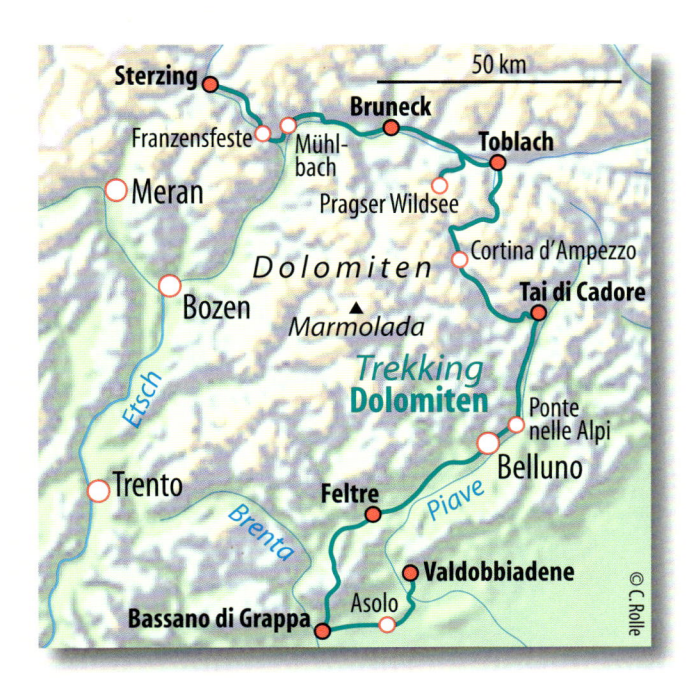

BESTE REISEZEIT Ende Mai bis Anfang Oktober. Unbedingt beachten: In der Woche um den 15. August (Feiertag Ferragosto) sind in Italien alle Quartiere lange im Voraus ausgebucht.

ANREISE Über die Brennerautobahn mit dem Auto oder mit der Bahn via Innsbruck bis Sterzing. Rückfahrt nach Sterzing mit der Bahn am besten ab Bassano di Grappa.

SEHENSWERTES Nicht kulturelle Bauten, sondern einzigartige Landschaften sind die Highlights dieser Tour. Sie führt von den alten Handelsstädten Südtirols durch die weißen Felsberge der Dolomiten in die venezianisch geprägte Villenlandschaft des Veneto. Abschluss sind die Weinberge des Valdobbiadene, der Heimat des italienischen Proseccos.

VERANSTALTER Ein Spezialunternehmen für geführte Trekkingbike- und Mountainbike-Touren durch die Alpen ist Alps Biketours in München. Eine geführte Radreise durch die Dolomiten von Sterzing nach Valdobbiadene, mit Gepäcktransport, Halbpension und Übernachtungen in ausgesuchten Hotels mit gehobenem Standard, dauert eine Woche. Der Rücktransfer erfolgt im Reisebus. Das sportliche Programm umfasst sechs Tagesetappen von 42 bis 84 km und 600 bis 1000 Höhenmeter. Einige Etappen können auch abgekürzt werden. www.go-alps.de

LITERATUR/KARTEN Für die gesamte Tour gibt es keine eigene Tourenbeschreibung. Die Route kombiniert Eisacktal-Radweg, Pustertal-Radweg, Dolomiten-Radweg, Via Claudia Augusta (in Gegenrichtung), Brenta-Radweg sowie Rennrad-Routen durch das Veneto. Beste Orientierung bieten die italienischen Tabacco-Karten der jeweiligen Gebiete. Empfehlenswert ist auch die „Radkarte Südtirol" (1 : 100 000) von Bikeline, www.esterbauer.com

AUSKUNFT Italienisches Fremdenverkehrsamt, Barckhausstr. 10, 60325 Frankfurt/Main, Tel. 069/237434, Fax 069/232894, www.enit.de

INTERNET-TIPPS www.südtirol.info (Eisacktaler Radweg); www.pusterbike.com (Folder zum Download); www.dolomiting.com (interaktive Tourenkarte); www.veneto.to; www.infodolomiti.it (allgemeine Reiseinfos)

Maremma

Auch der Süden der Toskana verzaubert seine Besucher mit mittelalterlichen Städtchen und sanfter Hügellandschaft.

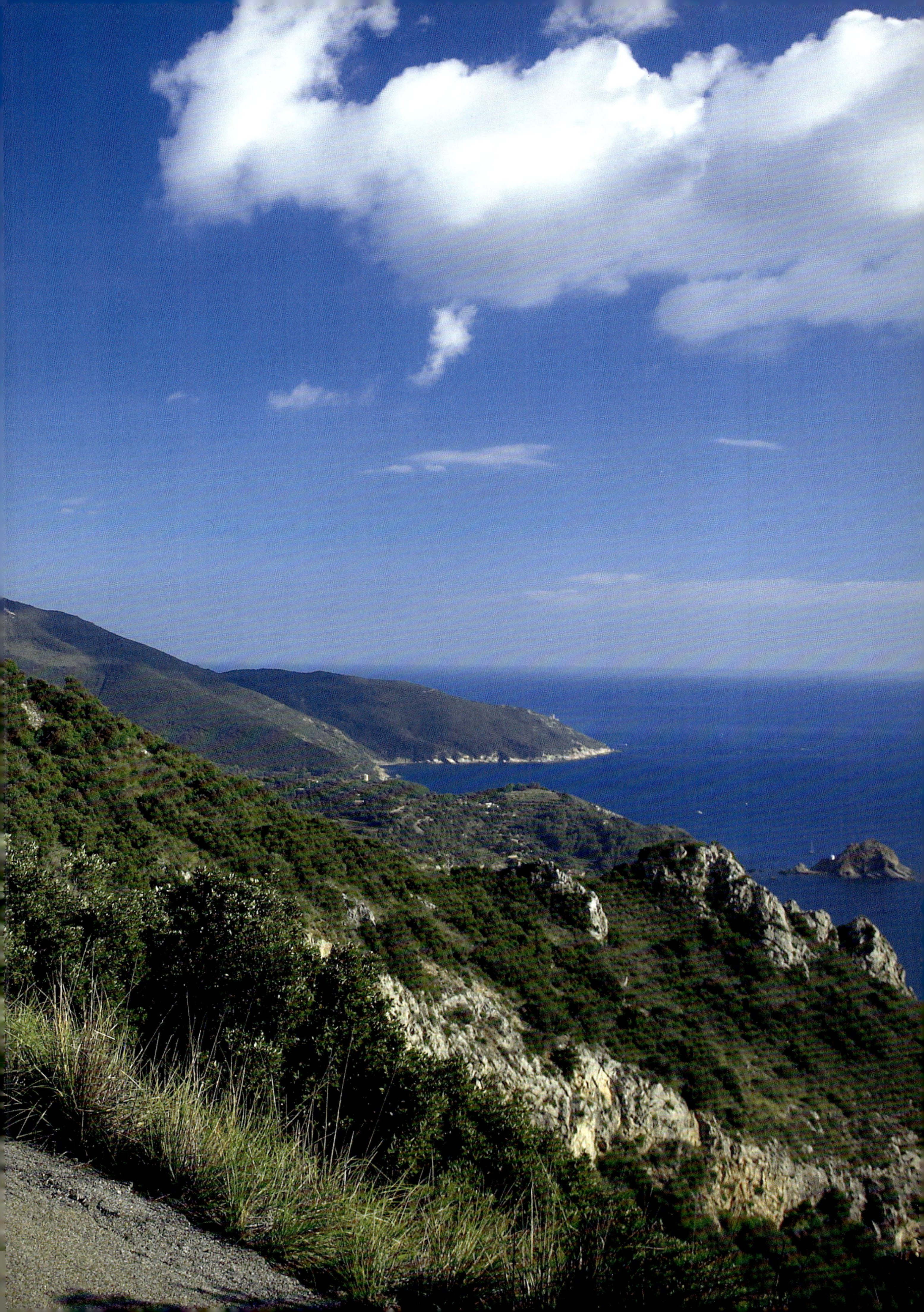

Städte aus dem Mittelalter

Armin Herb, Text   Daniel Simon, Fotos

Freunde wollten uns warnen: Die Südtoskana ist recht hügelig. Wussten wir schon. Alle schwärmten von den Maroni, den berühmten Esskastanien. Kannten wir auch schon. Aber dass Maroni für Radler reinste Holper-Parcours bilden können, das hat uns niemand verraten. Kurz vor Prata passiert es. Nach anstrengenden Höhenmetern geht es wieder bergab durch ein Kastanienwäldchen. Dass die kleinen braunen Früchte der Begierde so schnell auftauchen, damit rechnet keiner. Nach einer unübersichtlichen Kurve zieht sich ein wahrer Igelteppich über die ganze Straßenbreite. Lenker festhalten, langsam drüberhoppeln, dann schnell anhalten. Das hätte schief gehen können. Eine heikle Situation, vor allem bei dem Gedanken, mit dem Hintern in den Stacheln zu landen. Und das am ersten Radeltag. Trotz Schrecken wollen wir die Kastanien nicht alle den heimischen Sammlern überlassen, die mit Stöcken die Igel von den Bäumen schlagen. Lenkertasche füllen und weiter geht's – voller Vorfreude auf geröstete Maroni zum Abendessen.

Wir haben unser Quartier in Massa Marittima bezogen. Der Name hat übrigens nichts mit Meer zu tun, das liegt einige Kilometer weiter westlich. Marittima kommt von Maremma, der Bezeichnung für die gesamte Region. Unser Drei-Mann-eine-Frau-Reiseteam entschied sich für das mittelalterliche Städtchen wegen Ernesto. Der Exil-Schweizer und Ex-Radrennfahrer führt dort seit vielen Jahren ein rustikales Radler-Hotel. Eigentlich eher für Rennradler und Mountainbiker ausgelegt. Aber wo Racer unterwegs sind, finden erst recht Trekkingbiker ihre Routen. Ernestos Tourenskizzen leisten gute Dienste. Und seine Lieblingsroute entpuppt sich als wirklich abwechslungs- und aussichtsreich. Sie führt kurvenreich durch die Hügel und Wälder Richtung Prata. Aber auch das mittelalterliche Dörfchen zeigt uns seine netten Tücken. Als wir die Kopfsteinpflastergässchen, die selbst für einen Cinquecento zu schmal sind, hinaufstrampeln, öffnet sich plötzlich eine Tür und ein Putzeimer ergießt sich auf den Weg. Kein Affront gegenüber ungeliebten Gästen. Nein, das wird eben dort noch so gemacht wie vor hundert Jahren. An einem kleinen Platz ist Markt. Der Begriff klingt fast übertrieben, da nur drei Stände aufgebaut sind. Einer mit Obst und Gemüse, der andere mit Jeans und Pullovern und der dritte mit selbst gemachten Deckchen. Das kann die Stimmung nicht trüben. Markttag bedeutet Socializing. Alt und Jung trifft sich zu einem Schwätzchen. Wir rollen weiter nach Tatti – ein angenehmes Radeln, denn es geht nur bergab. Das Dörfchen wirkt wie ausgestorben. Klar, es ist ja Mittagszeit! Endlich Zeit für einen kulinarischen Zwischenstopp. Der Jahreszeit entsprechend gibt's Pasta mit Pilzen – und gratis dazu einen grandiosen Blick vom Ristorante bis hinaus zum Golf von Follonica. Zum Glück dürfen danach die vollen Bäuche noch etwas bergab rollen. Zuerst in

Küstentour mit Aussicht: Runde um den Monte Argentario (vorhergehende Doppelseite).

Das Mittelalter lässt grüßen: das Städtchen Pitigliano im warmen Abendlicht.

Weitblick bis zum Meer hat man auf der Stadtmauer von Massa Marittima.

Der Café-Stopp als tägliches Ritual: hier im Zentrum von Orbetello (rechts).

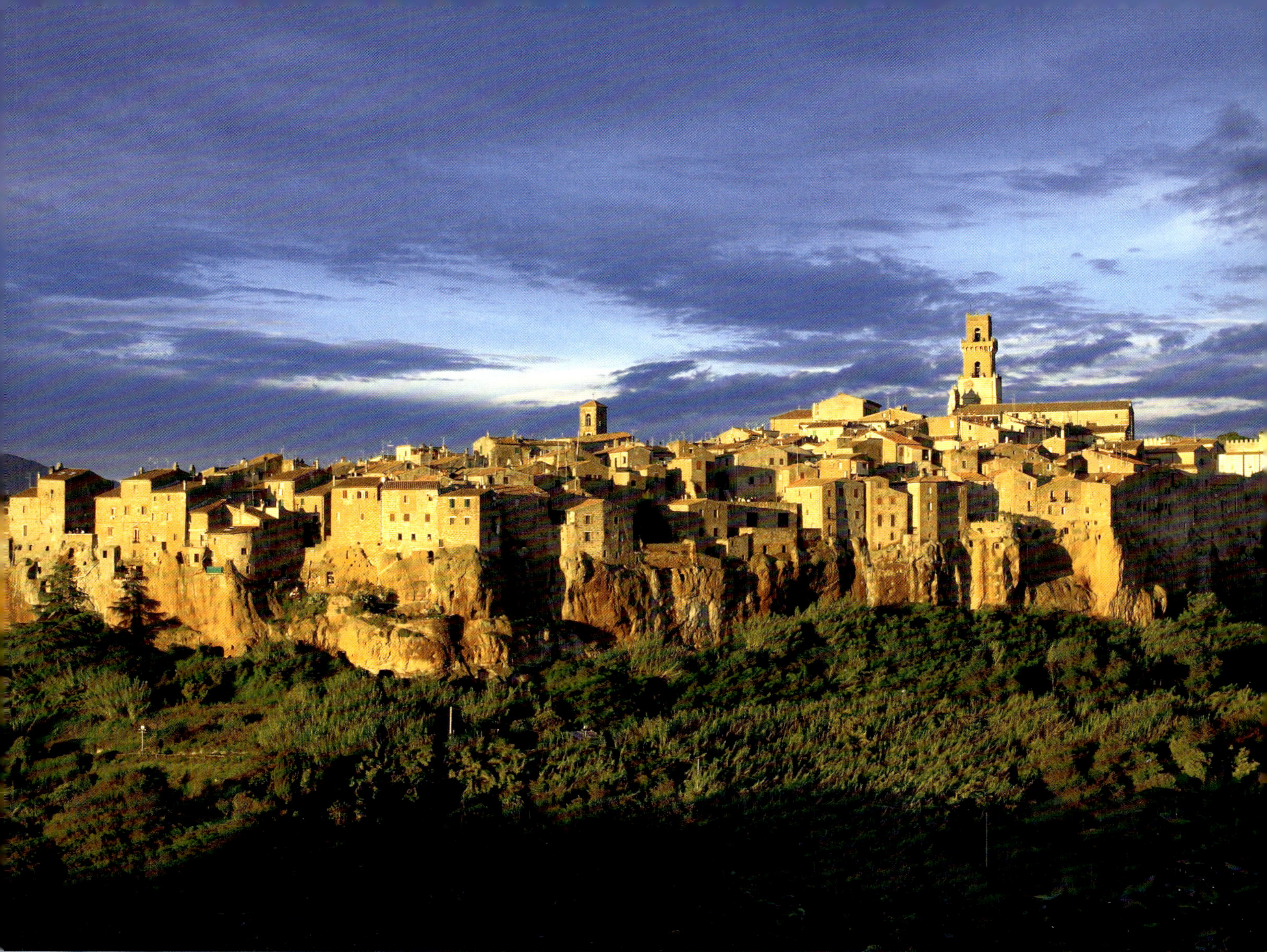

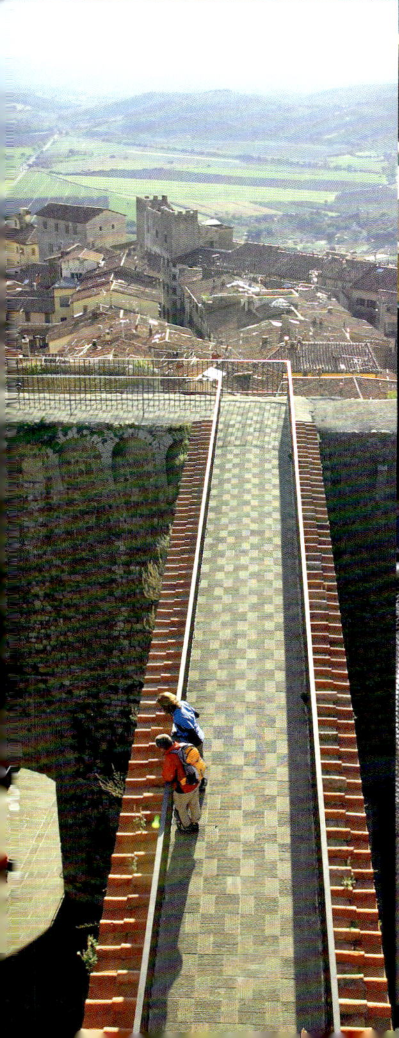

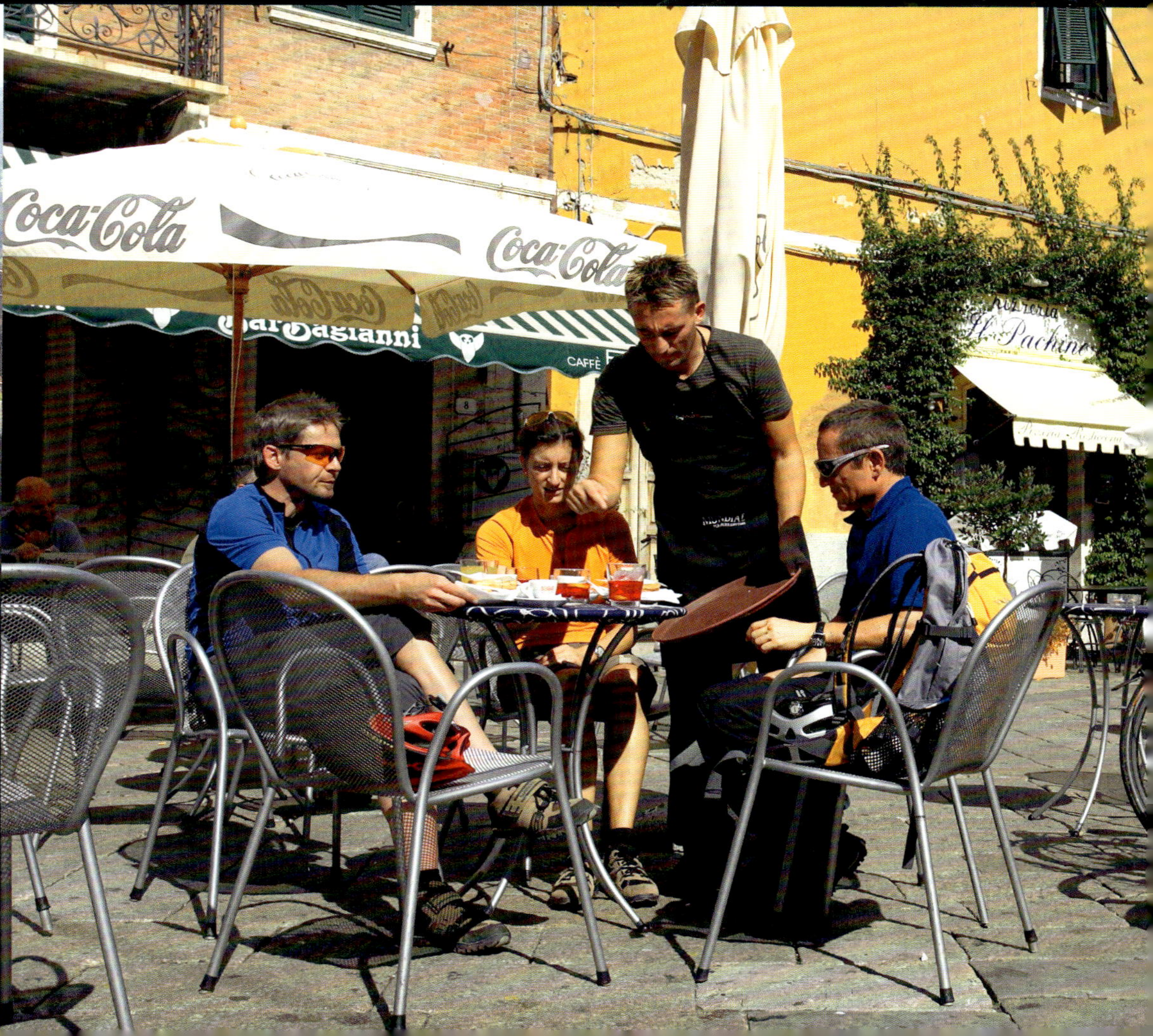
Coca-Cola
Coca-Cola
CAFFÈ

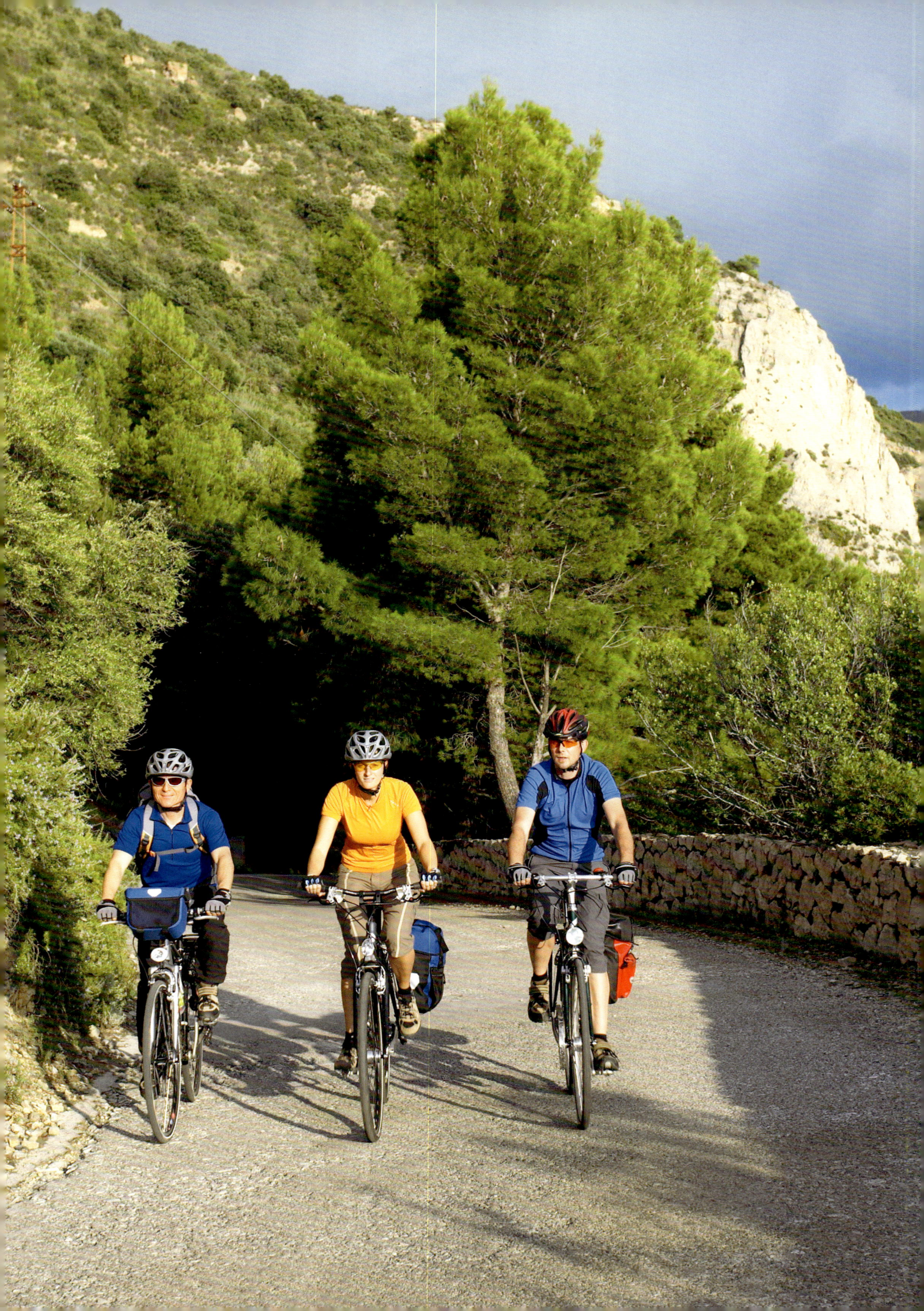

Viele steile Serpentinen: Inselstraßen am Monte Argentario (linke Seite).

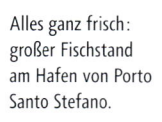

Alles ganz frisch: großer Fischstand am Hafen von Porto Santo Stefano.

Entspannung für müde Radlerbeine: in den Thermalquellen von Saturnia.

vielen Kurven durch feuchte Eichenwälder, dann hinaus in die Ebene Richtung Collacchia. Radwege sucht man vergeblich, aber der Verkehr hält sich in Grenzen. Nach dem gemütlichen Downhill müssen wir wieder hinauf in die Colline Metallifere, in die Erzhügel, wo bis 1992 noch nach Erzen geschürft wurde. Aber zuvor noch eine Verschnaufpause im Schilf des Lago dell'Accesa. Ein kitschig-schönes Plätzchen inmitten von Weinbergen und alten Landgütern. Monumentale Kulisse für unser Tagestourfinale bildet die Citta Vecchia von Massa Marittima. Ein Platz wie eine Bühne für ein mittelalterliches Schauspiel. Ringsherum der Dom, der Palazzo Comunale, erhabene Herrenhäuser und ein Gewirr an Gassen.

Die nächste Tour widmen wir der Kultur zwischen Saturnia und Sorano. Eine Highlight-Route – landschaftlich und kunsthistorisch. Wenn nur das Wetter lieblicher wäre. Wer radelt schon gerne in Regenmontur und erntet noch mitleidige Blicke? Wohl als Entschädigung glänzt am späten Nachmittag das pittoreske Pitigliano in fast unwirklichem Sonnenuntergangslicht. Ein grandioser Abschluss nach einem langen Tag mit vielen Eindrücken: Dazu zählt vor allem das kleine Museumsdorf Sovana mit seinen zutraulichen Katzen und die in den weichen Tuff gegrabenen Hohlwege und Höhlenbehausungen bei Sorano. Dazwischen heißt es immer wieder: Hügel rauf, Hügel runter. Vielleicht hätten wir Saturnia besser ans Ende anstatt an den Anfang der Tour gelegt. Die heißen Schwefelquellen lockern nämlich auch müde Radlermuskeln nach unzähligen Bergkilometern.

Bei einer Reise in die südliche Toskana darf das Meer nicht fehlen. Vielerorts zeigt sich die Küste nur nicht allzu attraktiv zum Fahrradfahren. Große Ausnahme: der Monte Argentario, eine kleine Insel, mit dem Festland über drei Dämme verbunden. In Orbetello steigen wir vom Auto aufs Rad um. Aber nur nicht hetzen. Mit den Tagen gewöhnt man sich auch etwas Dolce Vita an. Erst mal einen Espresso trinken und gemütlich schlendern im Etruskerstädtchen. Gefolgt von hupenden Alfas und Cinquecentos, geht es dann ins nahe Porto Santo Stefano. Eine Art Mini-Monaco mit teuren Jachten in der Marina und Villen in den Hügeln. Danach ist abrupt Schluss mit Dolce Vita. Die Straße windet sich in Serpentinen den Berg hinauf. Hinter Buschwerk lassen sich noble Ferienhäuser erahnen. Nach einigen anstrengenden Passagen dürfen wir die erste Anhöhe abhaken. Mit Freude, denn plötzlich ist der Blick frei aufs blaue Meer. Zwischen Bougainvilleen und Agaven fällt das Sträßchen wieder steil ab. Aber auch Steilstrecken lässt sich etwas abgewinnen. In einer Haarnadelkurve liegen drei junge Italienerinnen auf einer Mauer und blinzeln in die Sonne, das heißt, hauptsächlich quasseln sie in ihr Telefonino. Aber die Kurve ist wirklich klasse – mit super Tiefblick auf einsame Felsbuchten. Der Weg führt weiter hoch über der wilden Küste um die Insel. Im Sommer radelt es sich hier wohl kaum so still und einsam. Völlig verschwitzt rollen wir in den schnuckligen Hafen von Ercole ein. Jetzt dürfen wir wieder an Dolce Vita denken. Die letzten Kilometer zurück nach Orbetello treten sich fast von allein.

Ausflug zum Sandstrand zwischen Orbetello und Porto Santo Stefano.

Romantisches Plätzchen für eine Rast am kleinen Lago dell'Accesa (rechts).

Info **Maremma**

CHARAKTER Man fährt hauptsächlich auf wenig befahrenen, asphaltierten Nebenstraßen durch hügelige Landschaft. Eine gute Grundkondition für einige Höhenmeter ist Voraussetzung.

TOURENTIPPS Tour 1: „Durch die Colline Metallifere" – leicht bis mittelschwer, 60 km, meist wenig befahrene Nebenstraßen.
Massa Marittima – Ghirlanda – Niccioleta – Prata – Tatti – Collacchia – Lago dell'Accesa – Capanne – Massa Marittima
Tour 2: „Um den Monte Argentario" – mittelschwer, 40 km, überwiegend wenig befahrene, aber z. T. steile Inselsträßchen, einige Kilometer auf Schotter. Orbetello – (ggf. Abstecher hinunter an den Strand von Bocca dell'Albegna) – Porto Santo Stefano – Punta Lividonia – Porto Ercole – Orbetello
Tour 3: „Südtoskana-Highlights" – leicht bis mittelschwer, 45 km (Stichtour; als Rundtour besser auf zwei Tage verteilen), wenig bis mäßig stark befahrene Landstraßen. Saturnia – Poggio Capanne – Catabbio – San Martino sul Fiora – Sovana – Sorano – Pitigliano

BESTE REISEZEIT Mai/Juni sowie September/Oktober. Im Hochsommer ist es meist zu heiß für lange Radtouren.

ANREISE Mit dem Pkw über den Brenner oder durch die Schweiz nach Modena, von dort über die A 1 nach Bologna und Florenz. Über die mautfreie Autostradale Firenze–Siena bis zur Ausfahrt Poggibonsi, weiter über die Landstraßen 541, 73 und 441 nach Massa Marittima. Mit der Bahn dauert es von München via Florenz nach Grosseto etwa 12 bis 14 Stunden mit zweimaligem Umsteigen. Internationale Fahrradkarte nicht vergessen! Radfahrer-Hotline der Deutschen Bahn unter 0180/5996633.

UNTERKUNFT Albergo Podere Massa Vecchia, Ernesto Hutmacher, I-58024 Massa Marittima (GR), Tel. 0039-0566/903885, Fax 0039-0566/901838, www.massavecchia.it. Sympathisches Radlerhotel in einem ehemaligen toskanischen Gutshof mit Pool, Radverleih (auch Elektrobikes!) und Fahrradwerkstatt am Stadtrand (vorzügliche Küche!), dazu eine kleine „Filiale" in einem alten Bürgerhaus in der Altstadt.

LITERATUR/KARTEN Bikeline „Radatlas Toscana", Radtourenbuch und Karte 1 : 100 000, 180 Seiten. Kompass Wander- und Bikekarte Nr. 651 „Maremma, Argentario, Grosseto, Isola del Giglio" im Maßstab 1 : 50 000. Das ausführliche Handbuch für die allgemeinen Reiseinformationen: Michael Müller „Südtoscana", 256 Seiten.

AUSKUNFT Italienisches Fremdenverkehrsamt (ENIT), Kaiserstr. 65, 60329 Frankfurt/Main, Tel. 069/237069, Fax 069/232894, weiteres Büro in München, Tel. 089/531317. Infos im Internet unter www.enit.it und www.toscanapromozione.it

Norwegen

Zwischen Oslo und Bergen liegen einzigartige Kilometer –
mit romantischen Gebirgsseen und malerischen Fjorden.

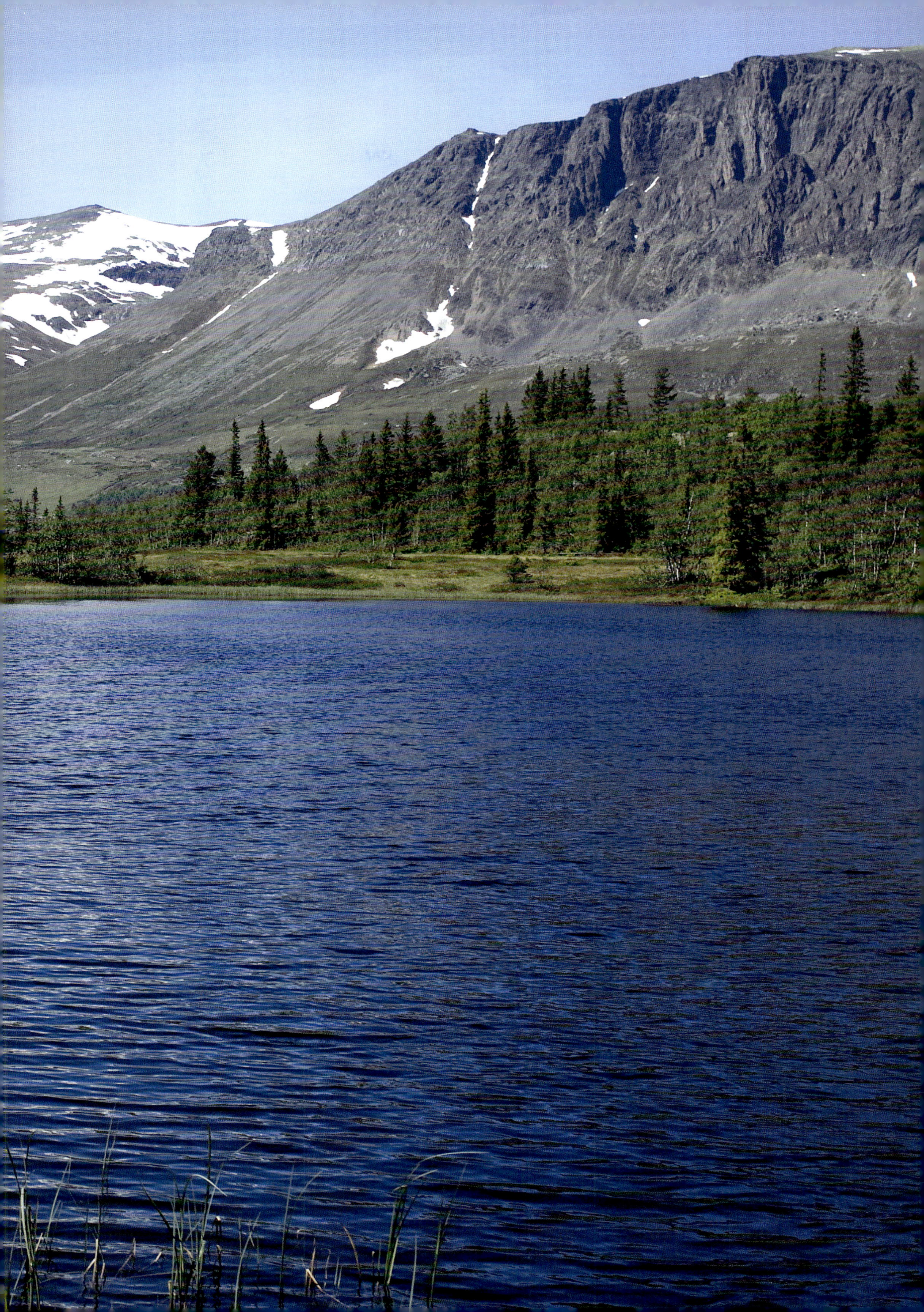

Abenteuerland

Armin Herb, Text   **Daniel Simon, Fotos**

Die Route von Oslo nach Bergen, von der Hauptstadt in die beliebte Hafenstadt, heißt auch „Eventyrveien", die Abenteuerstraße. Der Name geht nicht auf wilde Wikinger zurück, sondern eher auf findige Marketingstrategen. Aber so abwegig ist die Bezeichnung wahrlich nicht.

Janne, unsere blonde Radreiseleiterin, schmunzelt. Sie amüsiert sich über ihre ungläubig schauenden Sommergäste. Das Thermometer ist nicht kaputt. Es zeigt wirklich 29,5 Grad Celsius. Nesbyen ist Norwegens heißester Ort. Hier, 200 km nördlich von Oslo, wurden immerhin schon mal 37,6 Grad Höchsttemperatur gemessen. Die Landschaft um das 2000-Seelen-Dorf erinnert an deutsches Mittelgebirge: sanfte Berge und viel Wald. Ideal zum Einradeln.

Wer dann bei Gol, dem kleinen Zentrum des Tales, das Hallingdal Richtung Berge verlässt, schnauft hinauf in eine andere Welt. Für Reiseradler beginnt hier der Ernst der Tour. Die Straße ist okay, aber rund zehn Kilometer lang und steil. Die Vegetation ändert sich, wird karger. Nadel- statt Laubbäume säumen die Serpentinen. Hier grüßt eine Landschaft wie in so vielen Skandinavien-Klischees. Glasklare Bergseen laden zum Angeln, aber nicht gerade zum Baden ein. Die Sonne scheint, aber man freut sich über eine kuschelige Fleecejacke. Selbst im Hochsommer funkeln Schneefelder in der Sonne. Keine Menschenseele weit und breit. Hier und da warnt ein Verkehrsschild: Vorsicht, Elche kreuzen! Zu sehen sind jedoch nur ein paar Schafe. Ein echtes Outdoor-Erlebnis – tief durchatmen und das Stillleben erfahren. Für Radler allerdings nur in einer sehr kurzen Sommersaison. Aber dafür sind ja die Tage lang. Erst gegen 23 Uhr zeigt sich Ende Juni eine leichte Dämmerung.

Nach vielen einsamen Kilometern über breite Erdstraßen steht uns der Sinn doch etwas nach Gesellschaft. Wir steuern einen der weit verstreuten Bergbauernhöfe an. Almferien auf Norwegisch ist das Motto in Ulsåkstølen. Bei Anne, der Hofherrin, übernachten auch Bergwanderer auf Hochlandtouren. Haus und Stube erinnern an eine Alpenvereinshütte. Ansonsten versorgt Anne Kühe, Hühner, Schweine, Kaninchen und Ziegen und macht einen vorzüglichen Käse nach alten Rezepten. Unbedingt probieren muss man den karamellisierten Ziegenkäse. Übrigens, was in den Alpen der Kaiserschmarrn sind hier oben deftige Pfannkuchen mit selbst gemachter Sauercreme und Preiselbeermarmelade. Das macht auch den hungrigsten Radwanderer satt.

Von Ulsåkstølen rollen wir erst mal wieder hinunter ins Tal. Eine sanfte Abfahrt auf Asphalt, vorbei an stillen Moorseen und Bauernhöfen, vor denen die norwegische Fahne im Wind flattert. Der Wintersportort Hemsedal teilt das Schicksal vieler Alpendörfer: Sie fallen in eine Art Sommerschlaf. Halt, nicht ganz! Wer genau hinsieht, stellt doch etwas Leben fest. Am Nachmittag füllen sich die Tische in Hemsedals wenigen Cafés. Die einen kommen vom

Wellness für die Sinne: stille Moorseen bei Ulsåkstølen (vorhergehende Doppelseite).

„Rauchendes Wasser" heißt der wilde Wasserfall bei Hemsedal im Volksmund.

Der Winter gibt sich erst spät geschlagen: Frühsommer am Fanitullvegen.

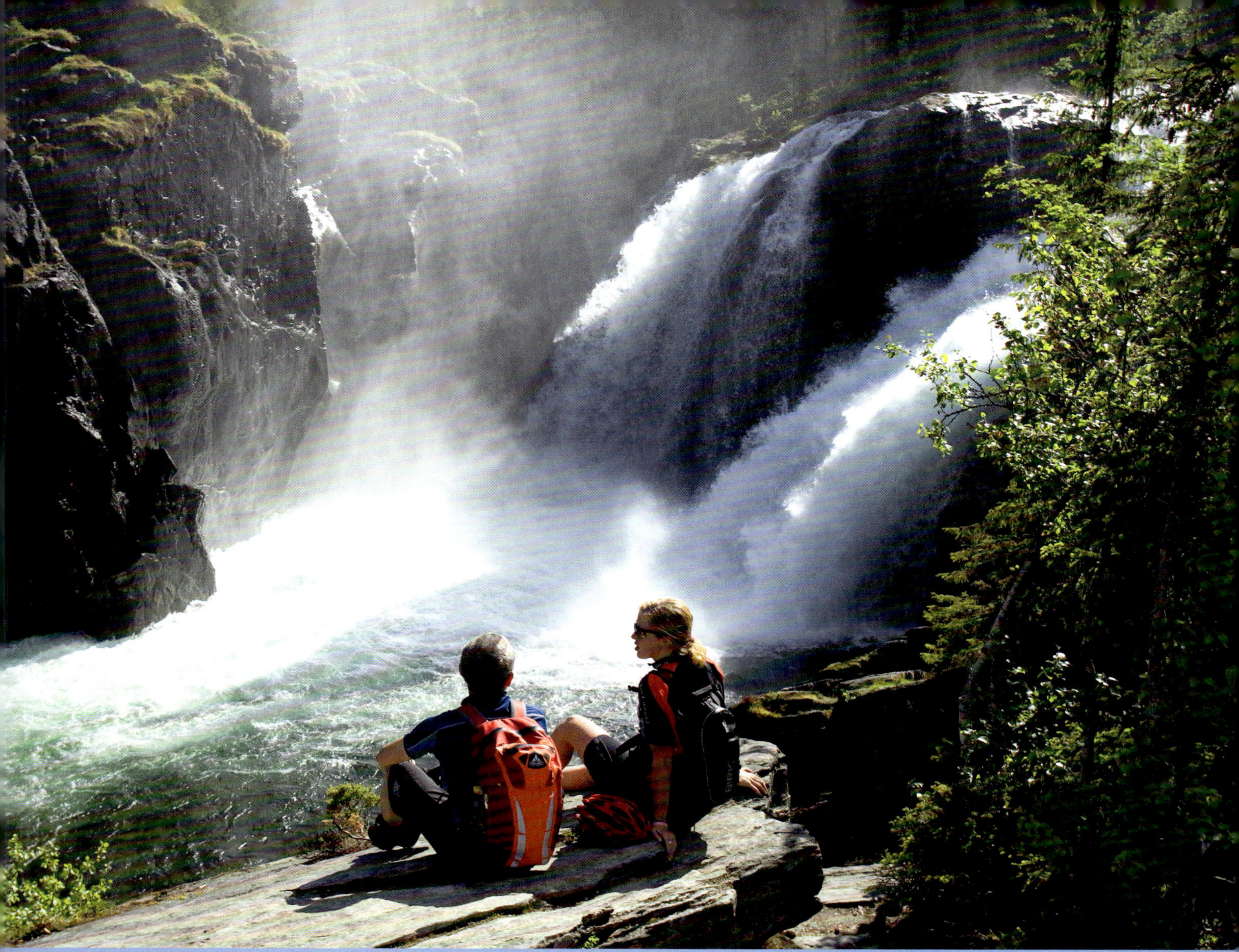

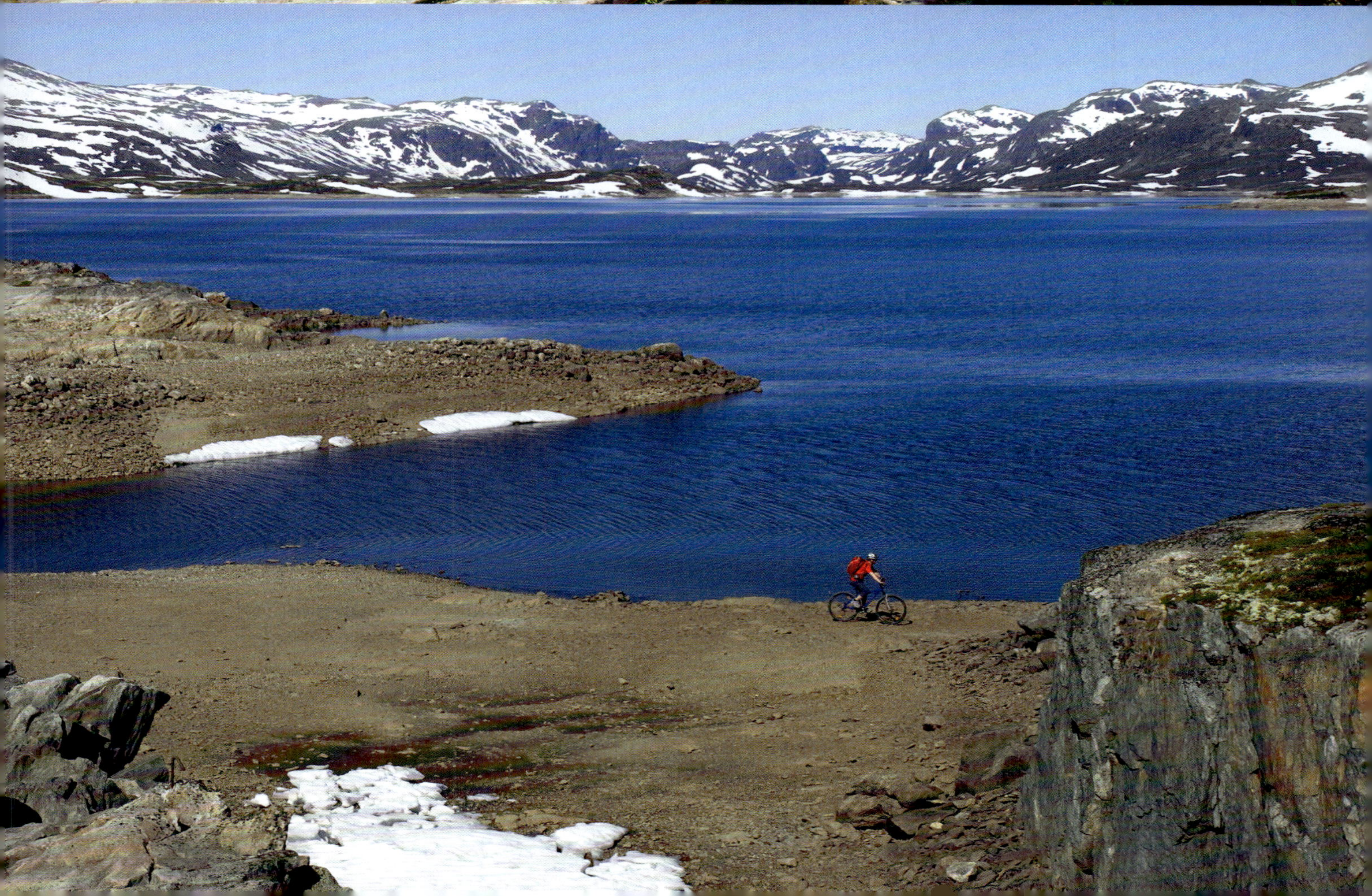

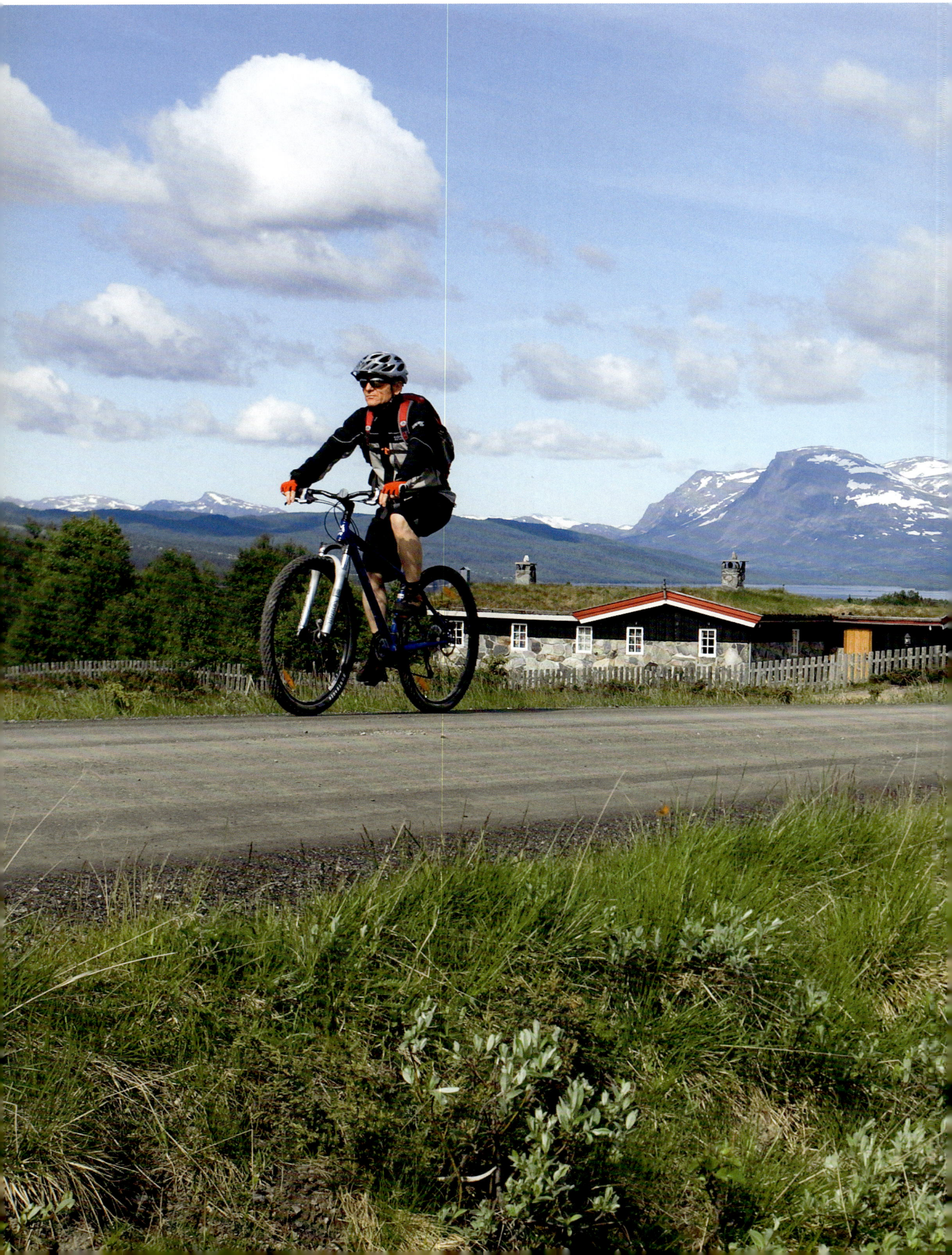

Einsame Berghütten und Bauernhöfe im Hochland des Golsfjellet.

Kleine Wegblockade: Ziegenherde im Flåmsdalen (oben).

Die Berghütten am Bergsjøstølen sind nur selten bewohnt.

Highway nach Hemsedal: herrliches Bergpanorama und kaum Verkehr.

Angeln, andere waren beim Wandern, z. B. zum wilden Wasserfall Rjukandevoss. Dazu gesellen sich Selbstversorger-Urlauber, die zum Einkaufen aus den Bergen herunterkommen. Später kehrt wieder Ruhe ein. Alle ziehen sich ins Holzhäuschen zurück oder ins bizarre Designhotel Skarsnuten oben im Skigebiet. Ein Bauwerk, das polarisiert. Entweder es fällt das Argument der gelungenen modernen Architektur oder das vernichtende Urteil von der Schande am Berg. Über Komfort und Gastronomie gibt's jedoch nichts zu streiten – die überzeugen. Wenn davor nur nicht viele staubige Höhenmeter liegen würden. Aber wir müssen so oder so in diese Richtung. Wieder hinauf zu tiefblauen Seen und Schneefeldern. Über Erd-Highways vorbei an Hüttchensiedlungen. Gut, dass wir uns für Stollenreifen und Bergübersetzung entschieden haben.

Eine faszinierende Landschaft. Aber wehe, es ziehen dunkle Wolken auf. Dann fallen einem gleich düstere skandinavische Krimis ein. Es wird kalt und ungemütlich. Vor allem bei Regen freut man sich, wenn es wieder hinuntergeht in ein liebliches Wiesental. Aber das Auf und Ab hält an. Und das nächste Ziel liegt wieder oben auf 1100 Metern. Bergsjøstølen ist ein allein stehendes Holzhotel – etwas in die Jahre gekommen, aber gemütlich – an einem klaren Bergsee. Drum herum ein alpines Kleinod mit Wiesen und Bächlein. Allerdings geht's ab Juli lebhafter zu, wenn die Sommergäste ihre Angelruten und Walkingstöcke schwingen. Wir kämpfen eher mit der Einsamkeit – und mit Wind und Regen.

Es schüttet wie aus Kübeln, als wir gerade die Stabkirche von Hol fotografieren wollen. Die Rettung liegt nebenan: ein kleines Café mit leckerem Schokokuchen. Und die Bedienung spricht sogar Deutsch. Im Wintersportort Geilo ist leider Radelstopp. Es regnet sich ein, am Pass schneit es. Keine Wetteränderung in Sicht. Zum Glück fährt die Bergenbahn in unsere Richtung. Die Zugfahrt ist aber auch ein Erlebnis für sich. Wie in einem Kinofilm zieht die Bergwelt der Hardangervidda vorbei. Die Zuggäste, darunter viele Japaner und Koreaner, wechseln von links nach rechts und wieder zurück. Man möchte ja nichts vom Panorama versäumen. Aber momentan ist mit dem Rad eben kein Durchkommen. Weite Abschnitte des Rallarweges liegen unter einer dicken Schneeschicht. Schade! Anscheinend dauert der Winter diesmal bis weit in den Juli hinein.

Erst in Myrdal geht es wieder aufs Rad. Dort, wo die Flåmbahn, ein Seitenarm der Bergenbahn, hinunter zum Sognefjord nach Flåm führt. Bereits vom Bahnhof fällt der Blick in die tiefe, grüne Schlucht. In scharfen Kurven schlängelt sich die Bahnlinie ins Tal, 865 Höhenmeter auf nur 20 Kilometern. Atemberaubend! Und dort hinunter führt auch der Rallarweg. Den ersten Abschnitt schaffen nur versierte Radler im Sattel. Mehr als 20 steile, holprige Serpentinen gilt es zu meistern, dazwischen ein mächtiges Altschneefeld. Da ist Schieben sicherer. Man will ja auch die wilde Landschaft genießen, die Wasserfälle am Wegesrand und grandiose Ausblicke ins saftige Grün. Am Talgrund rollen die Räder dann fast von allein hinaus zum Minihafen von Flåm am Sognefjord.

Irgendwo plätschert immer ein Bächlein: Radelpause unweit von Hemsedal.

Attraktiv, aber regenreich: Norwegens zweitgrößte Stadt Bergen ist Weltkulturerbe (rechts).

Info **Norwegen**

CHARAKTER Das Landschaftserlebnis steht an der Abenteuerstraße zwischen Oslo und Bergen klar im Vordergrund. Von lieblichen Mittelgebirgstälern über raue Hochplateaus bis hin zu tief eingeschnittenen Fjorden ist alles vorhanden. Aber die Wege wollen bewältigt sein. Der Radwegebelag ist nur zum Teil asphaltiert, oft holprig und ausgewaschen. Einzelne Streckenabschnitte führen steil bergauf und bergab, können aber abschnittsweise mit dem Zug (Bergenbahn und Flåmbahn) umfahren werden. Achtung: Das Wetter kann im Hochland selbst im Sommer schnell von Sonnenschein zu starkem Wind und sogar Schneesturm umschlagen. Daher unbedingt warme Kleidung, Unterhelm-Mütze, Handschuhe sowie Wind- und Regenschutz mitnehmen! Es empfiehlt sich auf jeden Fall ein Trekkingbike mit Bergübersetzung und Cross-Bereifung.

TOURTIPP Vom Hallingdal zum Sognefjord via Nesbyen, Gol, Golsfjellet, Hemsedal, Fanitullvegen, Vats, Bergsjø, Tvist, Hovet, Hol, Geilo, Finse, Myrdal nach Flåm. Eine spannende, sehr abwechslungsreiche Strecke mit insgesamt rund 260 km und vielen Höhenmetern, für die man sich am besten mindestens vier bis fünf Tage Zeit nimmt.

BESTE REISEZEIT Die kurze Rad-Saison dauert von Anfang Juli bis Anfang September. Selbst im Juli muss im Hochland vereinzelt noch mit Schnee auf den Wegen gerechnet werden.

ANREISE Mit der Autofähre z. B. von Kiel nach Oslo oder vom norddänischen Hirtshals nach Kristiansand oder Larvik mit Color Line. Mit dem Flugzeug von mehreren deutschen Flughäfen nach Oslo, z. B. mit Lufthansa, SAS und Norwegian, ggf. mit Rückflug von Bergen. Viele Züge in Norwegen befördern auch Räder, so auch die Bergenbahn von Oslo nach Bergen. Ideal, wenn man nur Teilstrecken der Abenteuerstraße abfahren möchte.

RADSERVICE/-VERLEIH In den etwas größeren Orten, wie Geilo und Hemsedal, steht meist Hilfe bereit. Da aber weite Strecken durch einsamere Regionen führen, empfiehlt sich das umfangreiche Reparaturset im Gepäck.

UNTERKUNFT-TIPPS Berghotel-Tipp: Bergsjøstølen (einfaches, uriges, allein stehendes Holzhotel mit 30 Zimmern an einem klaren Bergsee auf fast 1100 m Höhe), Bergsjøstølen Fjellstue, Bergsjøområdet, N-3570 Ål, Tel. 0047/32084618, post@bergsjostolen.no, www.bergsjostolen.no
Designhotel im Gebirge: Skarsnuten Hotel (mitten am Berg im Skigebiet, zusätzlich mit vielen Ferienappartements), Postboks 74, N-3561 Hemsedal, Tel. 0047/32067010, Fax 0047/32067011, www.skarsnuten.no
Ferien auf dem Bergbauernhof: Ulsåkstølen (urige Berghütte und Alm mit eigener Käserei und einfachen Ferienappartements in der Nähe von Hemsedal), Tel. 0047/92231413, www.ulsaakstolen.com

KARTEN/LITERATUR Ausführlich, detailliert, nützlich: Reisehandbuch „Norwegen" aus dem Michael Müller Verlag, 672 Seiten. Reise nach Routen: Kettler Verlag „Norwegen per Rad", 320 Seiten. Gute Wander- und Fahrradkarten gibt es u. a. in den Tourist Offices von Hemsedal (www.hemsedal.com), Gol und Geilo (www.geilo.no). Für die wichtigsten Radrouten gibt es die sogenannten „Sykkelguides" im Maßstab 1 : 100 000, z. B. für den Rallarvegen.

AUSKUNFT Innovation Norway, Norwegisches Fremdenverkehrsamt, ABC-Straße 19 oder Postfach 113317, 20433 Hamburg, Tel. 0180/5001548, Fax 040/22941588. Infos im Internet unter www.visitnorway.de (allgemeine touristische Norwegentipps), www.eventyrveien.no (Abenteuerstraße), www.bike-norway.com (Radrouten in Norwegen)

Dänemark

Meer, Strand, schmucke Orte und putzige Inseln – rund um den Kleinen Belt auf dem Ostseeküsten-Radweg.

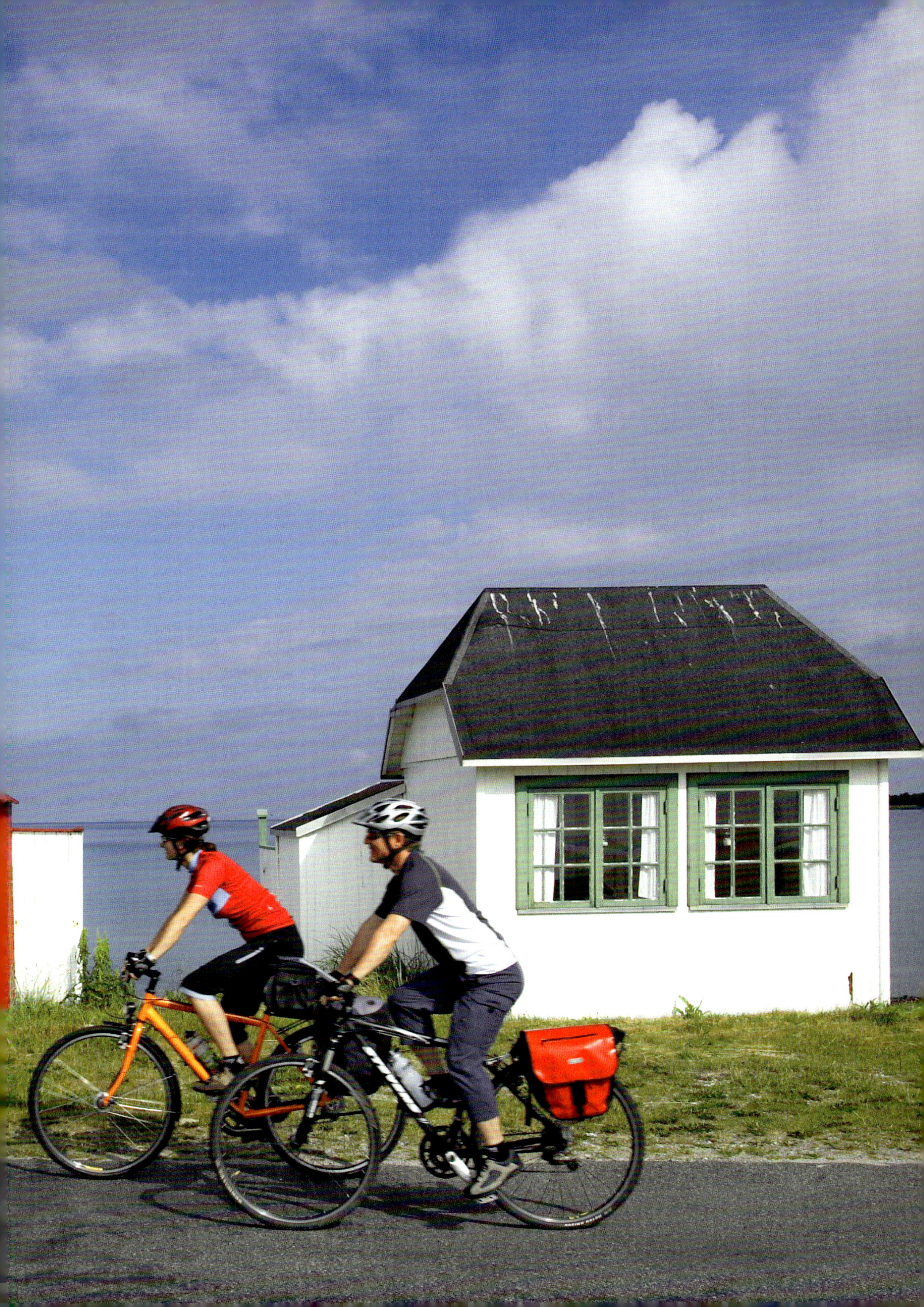

Spaß auf den Inseln

Armin Herb, Text   Daniel Simon, Fotos

Gibt es eigentlich Architekten für Badehäuschen? Auf der Insel Ærø bestimmt. Oder sind das alles Hobbybaumeister, die diese bunten Häuschen, mal in Pagodenform, mal als Mikropalast oder einfach als knallgrüne Laube an den Strand zimmern? Eigentlich wirkt ganz Ærø wie eine überdimensionale Puppenstube – putzig, farbig, irgendwie richtig niedlich. Vor allem die Gassen von Ærøskøbing scheinen aus einer vergangenen Epoche zu stammen. Vorne dran die Østergade – kaum Autos, viele Fußgänger, liebevoll gepflegtes Fachwerk, geschnitzte Holztüren, nur das grobe Kopfsteinpflaster lässt Radler von moderner Vollfederung träumen.

Aber beginnen wir von vorn. Die Fremdenverkehrswerbung verspricht für die „Østersørouten", den Ostsee-Radweg, Dänemarks schönste Radroute. Und die Dänen sollten es ja wissen. Ihre Fahrradinfrastruktur zeigt sich in vielen Regionen bekanntermaßen als vorbildlich. Es müssen ja nicht gleich die ganzen 800 Ostsee-Kilometer sein. Fangen wir doch als Vorgeschmack mit dem Kleinen Belt an.

Jenseits der Lillebæltbro eröffnet sich Dänemarks Inselwelt. Diese Brücke verbindet Jütland mit Fünen, die Städtchen Kolding und Middelfart. Die „mittlere Furt", wie Middelfart übersetzt heißt, ist Startpunkt unserer Lillebælt-Reise. Ein gemütlicher Ort mit vielen alten Fachwerkhäusern und einem sehenswerten, rot getünchten Stadtmuseum. Aber es zieht uns gen Süden, hinaus aufs Land und ans Meer. Erst mal Richtung Assens, einem überschaubaren Hafenstädtchen mit großer Marina. Die Ausschilderung „Østersørouten" lässt keinen verloren gehen. Selbst nach kleinen Abstechern, wie zur Halbinsel Helnæs – des Leuchtturms und Strandes wegen –, findet man schnell zurück in die Spur. Dank perfekter Beschilderung. Überall erwartet uns ruhiges Radeln durch sanft gewellte Landschaft: weite Felder, kleine Weiler, weiße Sandstrände. Eine Landschaft zum Malen – so macht es zumindest ein Hobbykünstler, der bei Føns stoisch am Wegesrand vor seiner Staffelei sitzt. Zwischendurch überrascht auch mal ein riesiger roter Farbklecks fast bis zum Horizont: zehn Hektar Klatschmohn in voller Blüte. Wer hier etwas ganz anderes sucht, kann sich höchstens dem japanischen Garten bei Brydegard widmen. Uns steht der Sinn nach echt Dänischem, wie der eigenartigen Rundkirche von Horne oder vielmehr dem historischen Ortskern von Faaborg. Fast schon kitschig-schön leuchten die gelben Fachwerkhäuschen entlang der gepflasterten Gassen. Das weiß wohl auch das Dänische Fernsehen, dem wir aus Versehen durch die Aufnahmen zu einer Soap-Folge durchs Bild rumpeln. Klappe – das Ganze noch einmal! Sorry, sorry – war keine Absicht! Dabei würden ein paar Radler doch eigentlich ganz gut in die historische Faaborg-Kulisse passen.

Badehaus-Parade an der Strandpromenade auf der Insel Ærø (vorhergehende Doppelseite).

Alte Handwerkskunst: Hier entsteht ein neues Reetdach auf Langeland.

Idyll am Kleinen Belt: kitschig-schönes Fischerdorf bei Assens.

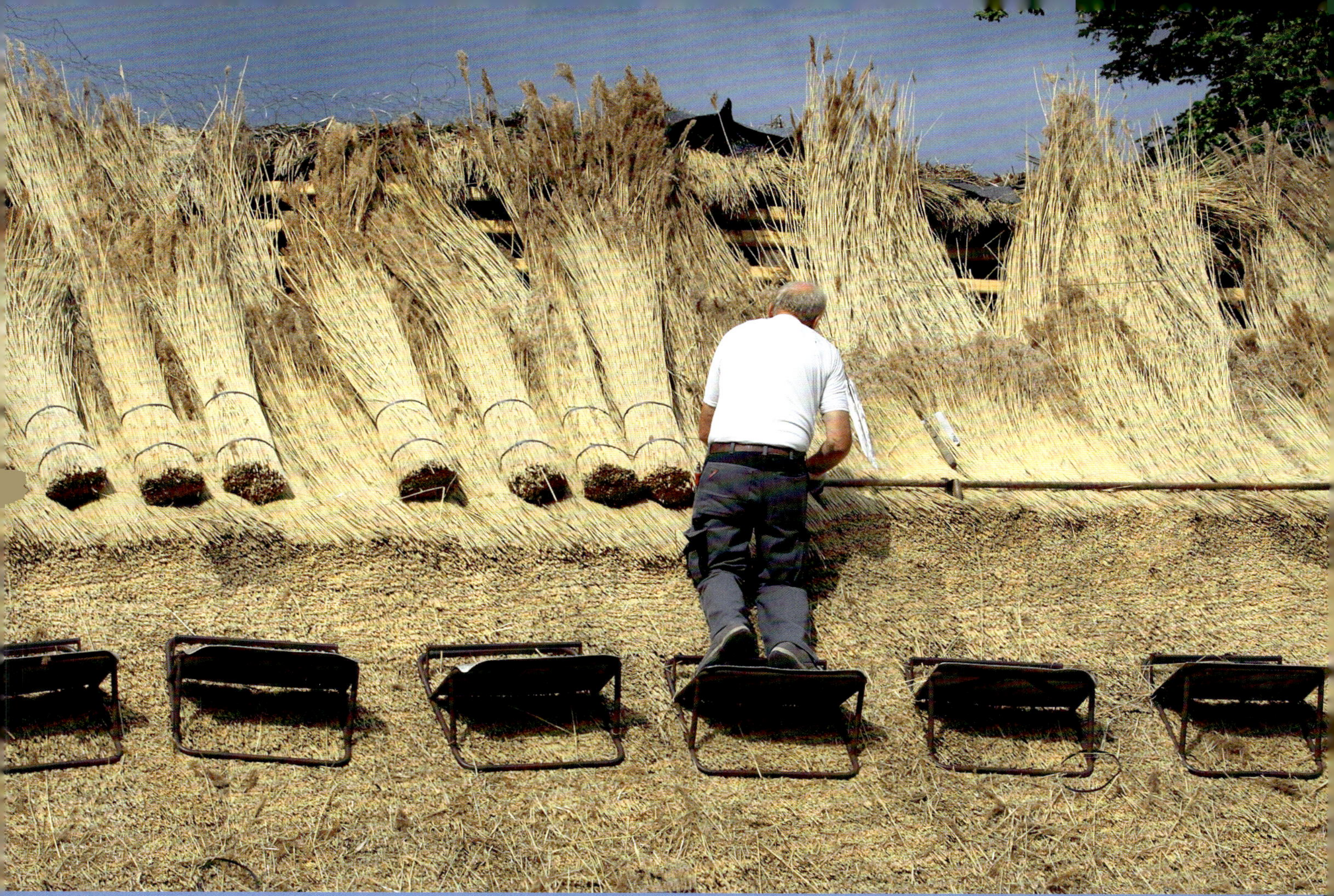

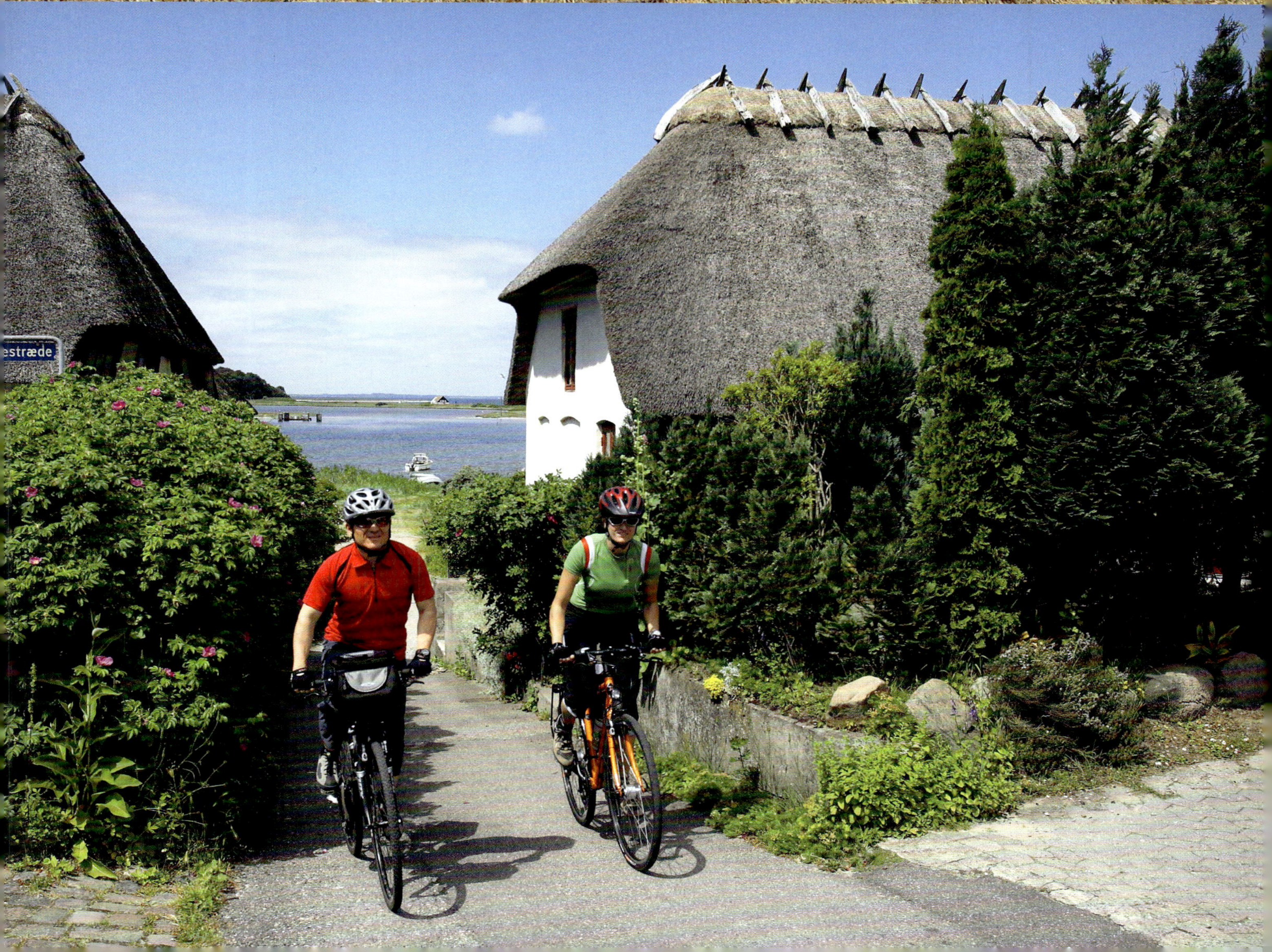
estræde

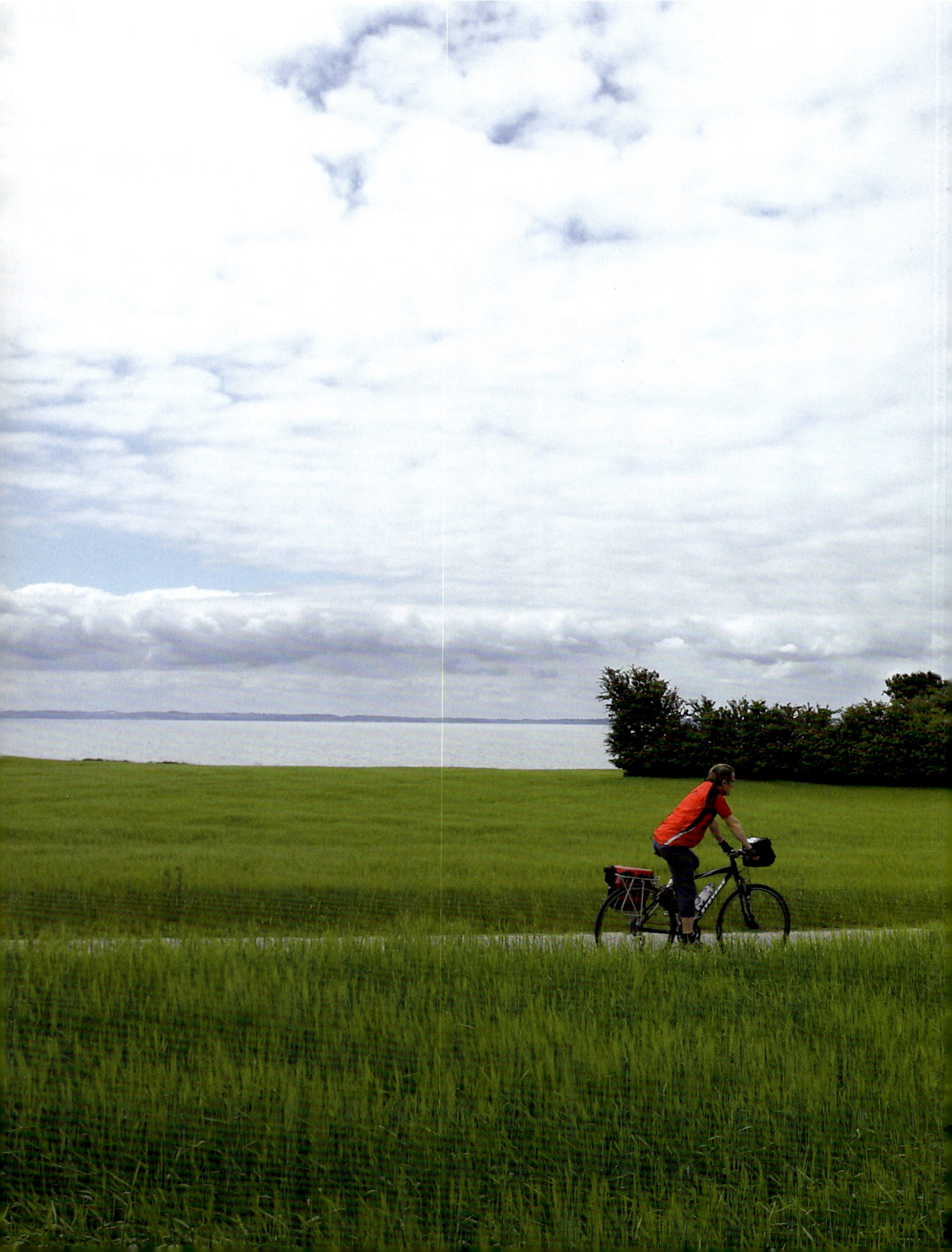

Exkursion von Fünen zum Leuchtturm Lindehoved auf der Halbinsel Helnæs.

In der liebevoll gepflegten Altstadt
von Faaborg (oben).

„Der Korb des Riesen": zeitgenössische
Kunst im Schlosspark Tranekær.

Klatschmohn so weit das Auge reicht –
an der Südküste Fünens (oben).

Sand und Strand: Lange Badebuchten
warten zwischen Assens und Helnæs.

Ganze Großfamilien auf Urlaubsreise begegnen uns – mit vielen Rädern, viel Gepäck und Kinderanhänger. Die Wassertemperatur der Ostsee lockt allerdings noch nicht allzu sehr in die Wellen. Vielleicht ist Ende Juni doch etwas zu früh für Biken und Baden?

Die Dänen scheinen übrigens viel Vertrauen in ihre Gäste zu haben. Vor Bauernhöfen sieht man immer wieder kleine Selbstbedienungskioske mit den Waren des Hauses – mal eine Schale Erdbeeren, mal ein Korb Kartoffeln, zuweilen auch ein Glas Honig. Das Geld dafür kommt ins dazugehörige Kässchen.

Vor Faaborg haben wir auch die „Fünischen Alpen" durchquert. Bergerprobte Radler kommentieren diese Landschaftsform – die sanften Hügel sind dort eine kleine Idee steiler als sonst – höchstens mit einem Schmunzeln. Ganz ernst ist die Bezeichnung wohl auch nicht gemeint.

Quirliges Zentrum im Süden Fünens ist Svendborg. Der richtige Ort, um mal wieder etwas Stadtluft zu schnuppern, etwa beim Bummel durch die Altstadt und beim Bier in einer der vielen Kneipen. Das Flair einer alten Seefahrerstadt weht noch durch die verwinkelten Gassen. Immerhin geht der Ursprung Svendborgs bis ins 13. Jahrhundert zurück. Im Hafen liegen jede Menge historischer Holzsegler. Daneben rollen Autos und Brummis in die Bäuche der Fähren Richtung Jütland und Ærø.

In Svendborg verlassen wir Fünen. Weiter geht's über Brücken von Insel zu Insel. Zuerst nach Tåsinge. Im Dörfchen Troense scheinen sich gut verdienende Svendborger niedergelassen zu haben. Recht nobel und gepflegt reihen sich dort die Reetdachvillen aneinander, und am Segelhafen kommt wohl rein rechnerisch auf jeden Bewohner eine schicke Jolle.

Majestätisch hoch zu Stahlross rollen wir durch die Tore von Valdemarsslot, der ausladenden Schlossanlage von Baron Juel-Brokdorff. Um kurze Zeit später vom Winde verweht nach Langeland überzusetzen. Ganz schön zugig so hoch über dem Meer auf der langen Brücke.

Das „lange Eiland" zeigt sich wirklich ländlich. Über die (für uns) so netten Dorfnamen kommen wir aus dem Schmunzeln nicht heraus: Kulepile, Simmerbølle, Tullebølle oder Pusseløkke klingen doch irgendwie lustig. Dann sehen wir endlich auch mal, wie ein Reetdach entsteht. Wie mit einer riesigen Nadel und Schnur vernähen die Dachdecker die Reetbündel auf einem Holzgerüst – ein anstrengendes kunstvolles Handwerk. Apropos Kunst: sehenswerte zeitgenössische Skulpturen, wie von Riesen entworfen, zieren den Schlossgarten von Tranekær. In die Gemächer dürfen allerdings nur die adligen Familienmitglieder der Schlossherren.

Nach der Langeland-Runde rollen die Räder auf die Fähre Richtung Ærø. Hinüber in die Puppenstuben-Idylle, von der man nur jedem vorschwärmen kann – nicht nur eingeschworenen Radlern. Dagegen geraten die letzten gemütlichen Kilometer auf Jütland und die Abschiedsrunde an der attraktiven Strandpromenade von Sønderborg stimmungsmäßig ins Hintertreffen – etwas zu Unrecht. Aber in Dänemark gilt wohl: je kleiner die Insel, umso gemütlicher!

Nostalgische Schiffe: Im Hafen von Svendborg ankern auch historische Frachtensegler.

Der Wind bringt den Strom: moderne Energietechnik auf der Ostseeinsel Ærø (rechts).

Info **Dänemark**

CHARAKTER Die Radtour entlang des Kleinen Belts verläuft meist auf guten, in der Regel asphaltierten Rad- und Feldwegen und verkehrsarmen Nebenstraßen. Starke Steigungen sind nicht zu fürchten. Die Ausschilderung als Ostsee-Radweg (dänisch „Østersørouten") ist ausgesprochen gut. Die Route ist zum großen Teil sogar auf Routenplanern verzeichnet. Für mitfahrende Kinder kann die Route um den Lille Bælt ab etwa acht Jahren empfohlen werden.

UNSERE ROUTE Middelfart – Assens – Faaborg – Svendborg – Rudkøbing (Insel Langeland) – Rundtour Langeland – Fähre Rudkøbing nach Marstal auf Ærø – Tour auf Ærø – Fähre von Søby auf Ærø nach Mommark (Jütland) – Sønderborg (insgesamt ca. 250 km; gut zu absolvieren in fünf bis acht Tagesetappen).

BESTE REISEZEIT Ende Mai bis Anfang September. Badewetter herrscht vor allem im Juli und August.

ANREISE Von Hamburg mehrmals täglich in rund vier Stunden im Intercity nach Fredericia oder Middelfart. Rückreise von Sønderborg nach Hamburg in rund vier Stunden per Bahn inklusive Umsteigen. Internationale Fahrradkarte nicht vergessen!
Info unter www.bahn.de, Radfahrer-Hotline unter 01805/996633.

UNTERKUNFT-TIPPS Hotel Ærø in Svendborg, Tel. 0045/62210760, Fax 0045/62203051, www.hotel-aeroe.dk (historisches Gasthaus und komfortables Hotel direkt am Fähr- und Segelhafen).
Hotel Rudkøbing Skudehavn, Tel. 0045/62514600, Fax 0045/62514940, www.rudkobingskudehavn.dk. Nettes Ferienhotel auf der Insel Langeland an Rudkøbings Segelhafen.
Um Dänemark noch fahrradfreundlicher zu machen, wurde ein Qualitätslogo eingeführt, das den Weg zu den besten Übernachtungsmöglichkeiten für Radfahrer weist. Die Gäste können z. B. davon ausgehen, einen Werkzeugkasten, Trocknungsmöglichkeiten, sichere Unterbringung für die Räder vorzufinden (weitere Empfehlungen unter www.fyntour.com).
Wer länger an einem Ort bleiben möchte, dem empfiehlt sich ein Ferienhäuschen an der Ostseeküste, eine große Auswahl findet sich im Internet z. B. unter www.dancenter.com

LITERATUR/KARTEN Bikeline Radtourenbuch und Karte 1 : 100 000 „Ostsee-Radweg Dänemark: Die schönste Fahrradroute Dänemarks", 140 Seiten, Verlag Esterbauer. Weitere Landkarten über Fyntour (s. u.)

AUSKUNFT Visit Denmark (Fremdenverkehrsbüro von Dänemark), Glockengießerwall 2, 20095 Hamburg, Tel. 01805/326463, E-Mail: daninfo@visitdenmark.com, www.visitdenmark.com
Fyntour (Tourismusbüro für die Insel Fünen), Teglgårdsparken 101, DK-5500 Middelfart, Tel. 0045/66131337, Fax 0045/66131338, E-Mail: info@fyntour.dk, www.visitfyn.com

Schweden

Kleine Schäreninseln prägen die Westküste, an der die berühmte North Sea Cycle Route entlangführt.

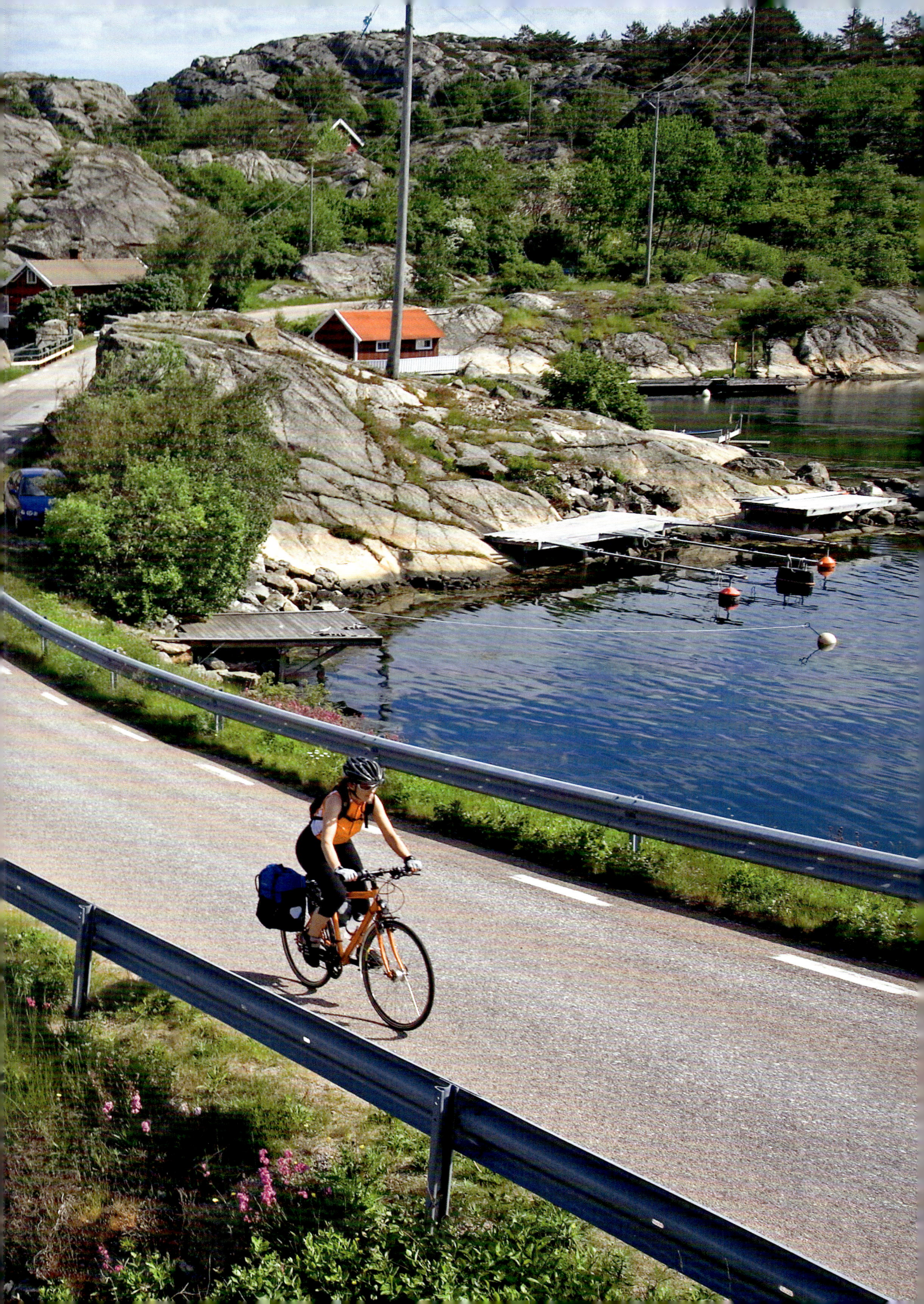

Die Schärenküste

Jörg Spaniol, Text und Fotos

Zwischen Blaubeersträuchern und Birken geht es einmal mehr steil bergauf. Ich kurbele wie in Trance, denn die Buckel, die die Eiszeit hier übrig gelassen hat, sind auf Dauer lästig. Angestrengt starre ich drei Meter vor dem Vorderrad auf die Straße. Da klebt irgend etwas Plattes auf dem Asphalt. „Bananenschale" ist der erste Gedanke. Doch es ist ... ein Seestern. Mitten im Wald. Keine Ahnung, wie er hierher gekommen ist. Ob ihn eine Möwe aus dem Schnabel verloren hat? Das geplättete Meerestier reißt mich aus der Trance. Ich blicke auf und peile rundum. Sehe Bäume, Sträucher, rundliche Steinbuckel, noch mehr Bäume. Und ein besonders gerader und weißer davon bewegt sich, deutlich sichtbar, parallel zu meiner Fahrtrichtung. Ein verdutzter Blick, dann ein genauer Blick: Es ist der Mast eines meerwärts tuckernden Segelbootes.

Westschwedens Schärenküste ist immer für eine Überraschung gut. Kaum hat sich das Gemüt auf eine waldig-wellige Mittelgebirgslandschaft eingestellt, glückst hinter einer Kurve unvermittelt ein Meeresarm mit ein paar Booten darauf. Erklimmt dann die Straße einen kleinen Höhenzug, vermitteln dunkel hervortretende Felsen den Eindruck rauen Hochgebirges – gerade einmal 50 Meter über dem Meer.

Wie einladend gerade dieser Teil des 6000 Kilometer langen Nordsee-Radweges ist, hatte sich schon am Vortag gezeigt. Einladend, im Wortsinne. Ausgestattet mit Plastiklöffeln und großen Joghurtbechern, hatten wir auf dem Gehweg vor dem Supermarkt gesessen, als eine Passantin uns ansprach: Wir könnten doch auch in ihrem Garten sitzen, im Schatten unter dem Apfelbaum. Da sei es doch viel schöner! Den Eindruck entspannten Landlebens bestätigte kurz darauf noch der Bewohner eines klassisch-roten Holzhauses. Auf der Suche nach einem besseren Foto-Standpunkt war ich über einen Weidezaun gestiegen. Der Mann trat aus der Tür – um ein Schwätzchen zu halten. Auf die schuldbewusste Frage, ob das Übersteigen des Zaunes verzeihlich sei, winkte er ab: „Hey, hier ist Schweden. Solange ihr nichts kaputtmacht, könnt ihr hier fotografieren wo und was ihr wollt!"

Und oft genug sind rote Holzhäuser ein Motiv. Obwohl neuere Häuser manchmal in Gelbocker, gedämpftem Hellblau oder gar schnödem Weiß gestrichen sind, steht das dunkle Rot so sehr für Schweden, dass man es auf der blau-gelben Nationalflagge geradezu vermisst. „Falun-Rot" heißt der Farbton, nach seinem Gewinnungsort in Mittelschweden. Die allgegenwärtige Schlammfarbe ist ein Nebenprodukt der Faluner Kupfermine. Ihre Zusammensetzung schützt das Holz vor der Witterung. Und weil sie nicht besonders scheuerfest ist, kommt für Fensterrahmen und Türen eine andere Farbe auf den Pinsel – das Weiß, das so charmant mit den roten Wänden und

Rund geschliffene Granitfelsen prägen die Welt der Schären (vorhergehende Doppelseite).

Nordwärts geht's per Rad, für den Rückweg dient dann die Bahn.

In Ellös geht man um Mittsommernacht auch abends zum Schwimmen.

Putzig: das eigene Schulbus-Wartehäuschen für die Bauernhofkinder (rechts).

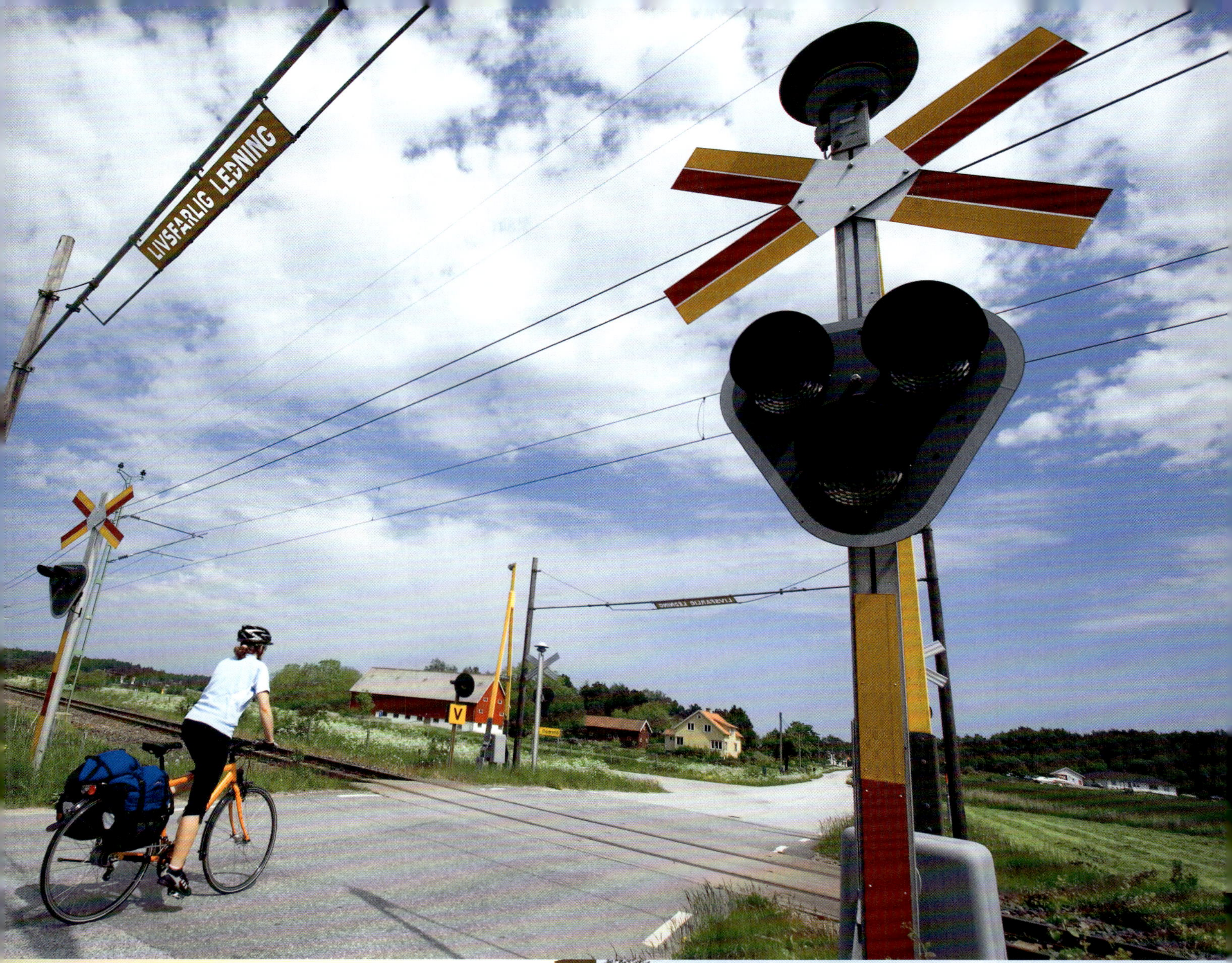
LIVSFARLIG LEDNING
V

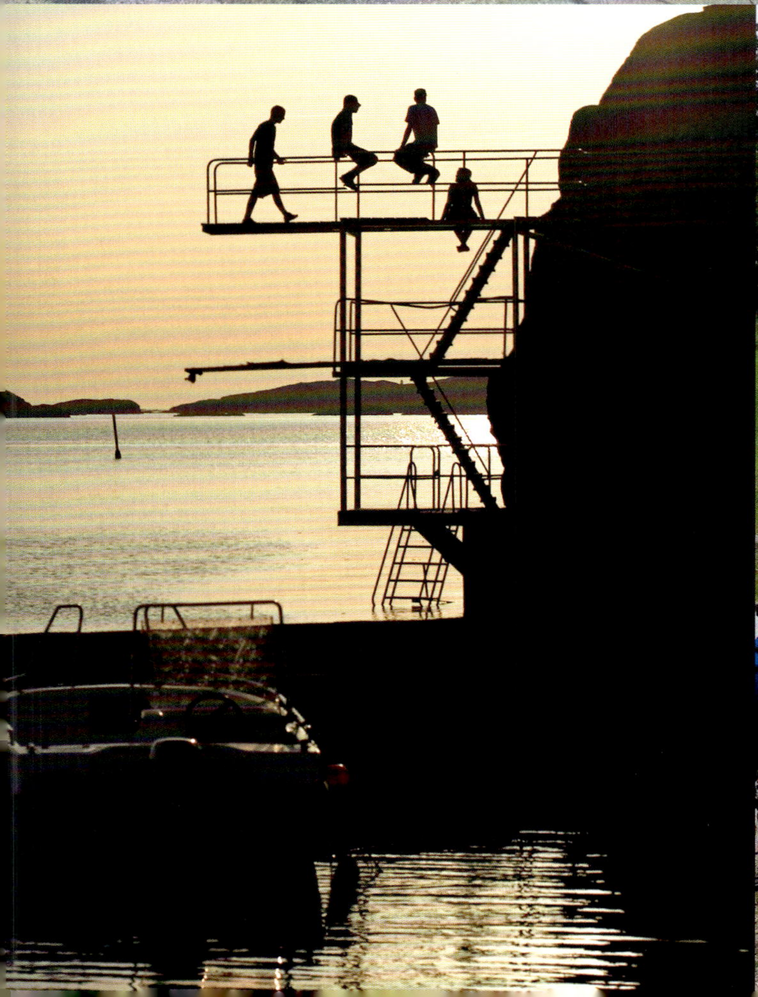

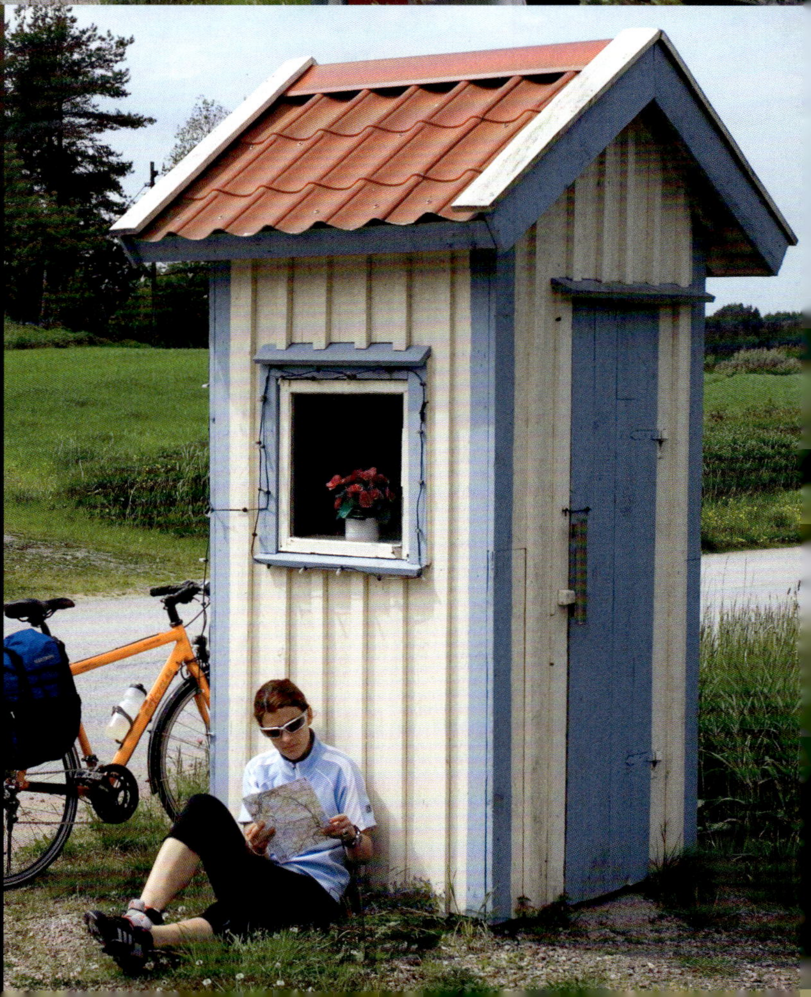

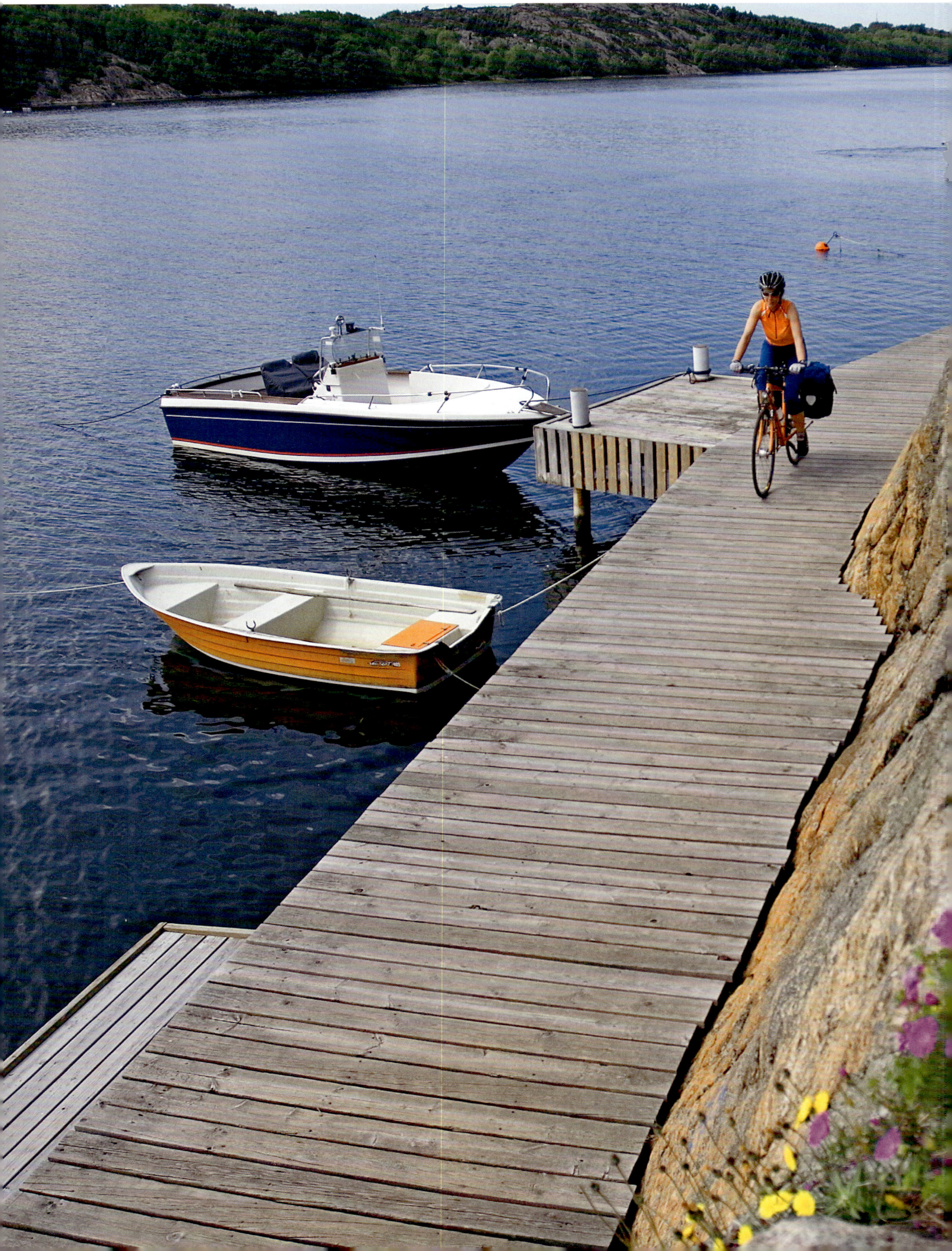

Mehr Boote als Autos: An der Schärenküste hat jeder sein Wasserfahrzeug.

grünen Wäldern kontrastiert. Wenn man Glück hat, ergänzt ein tiefes Himmelblau ganz oben diese Landschaft.

Es geht auf Mittsommer zu, und zu keiner Zeit des Jahres ist blauer Himmel so wichtig für die Schweden wie jetzt. Am Mittsommer-Wochenende, dem Wochenende nach dem 21. Juni, beginnt im ländlichen Schweden ein mehrwöchiger Ausnahmezustand. Wer kann – und das sind viele – fährt ins Landhäuschen oder an die Küste.

Als wir die Küste bei Stenungsund erreichen, schallen die Geräusche von Kreissägen und Hämmern über die Bucht. Strandhütten, Bootshäuschen, Pensionen, das ganze Jahr über verrammelt, werden für den kurzen Sommer hergerichtet. Falun-Rot steht gleich eimerweise herum. Und in mancher Garage dürften unentgeltliche Nachtschichten gefahren werden: Zur Sommerzeit gehört auch das Sommerauto, ein möglichst pompöser Straßenkreuzer älteren Baujahres, tunlichst ein Cabrio. Es gilt, mit niedertourig bollerndem Motor und drallen Begleiterinnen durch die Küstenorte zu cruisen. Ein Sommernachtstraum in der schwedischen Version.

„Die Leute machen sich wirklich verrückt mit den Autos. Viele sind nur zwei Monate im Jahr angemeldet", erzählt Helga Fossum, unsere Gastgeberin im Hotel „Kaprifol" in Hunnebostrand. Und während ich noch schwanke, ob ich ein paar weitere Krabben pule oder gleich in die Erdbeerschüssel

153

Häuschen und Boote: Inselwelt zwischen Fjällbacka und Norwegen.

Gelungene Abwechslung ist ein Ausflug mit dem Seekajak (rechte Seite oben).

Kleine Landpartie zwischen Blaubeeren und roten Holzhäusern (rechts).

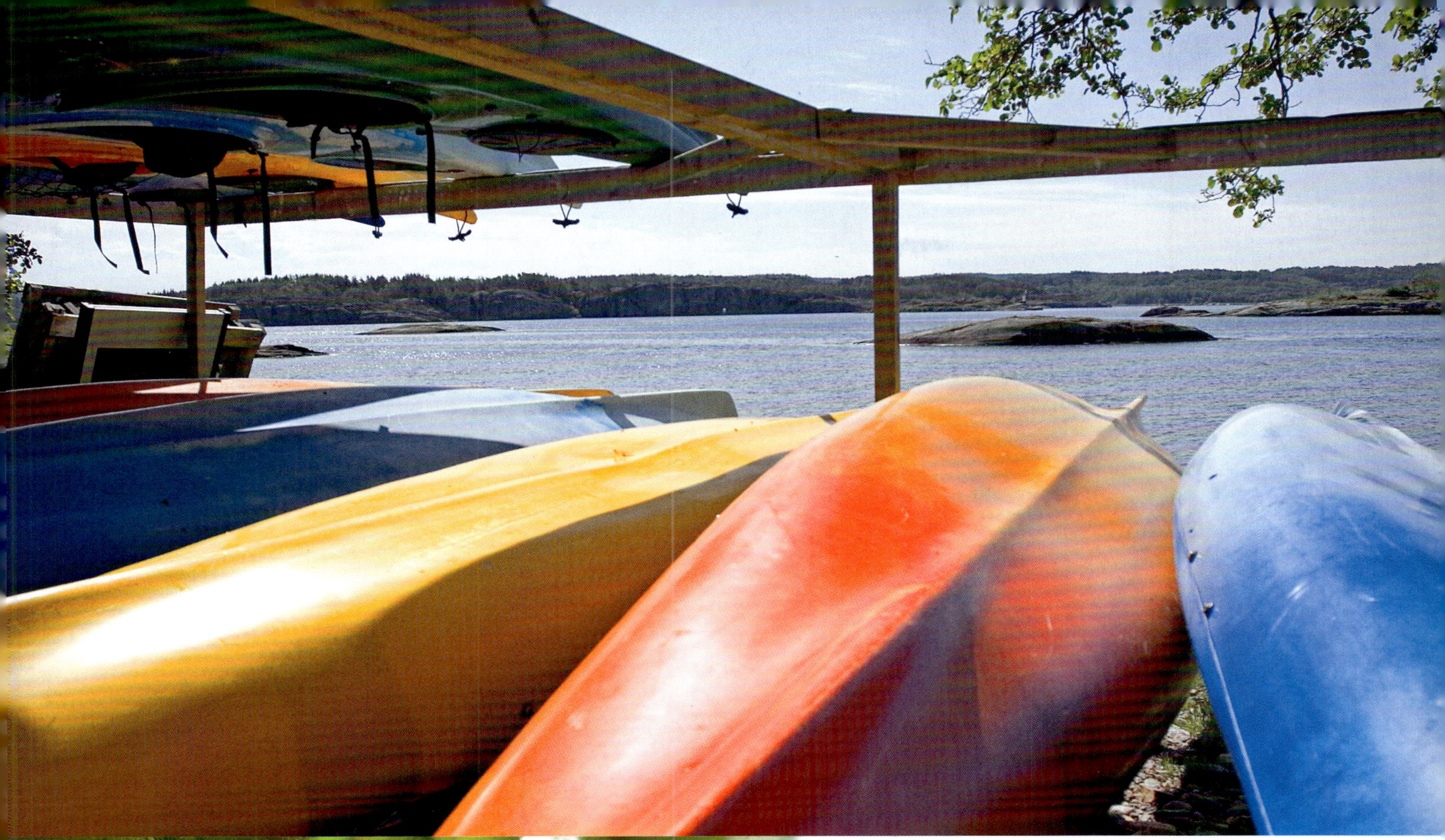

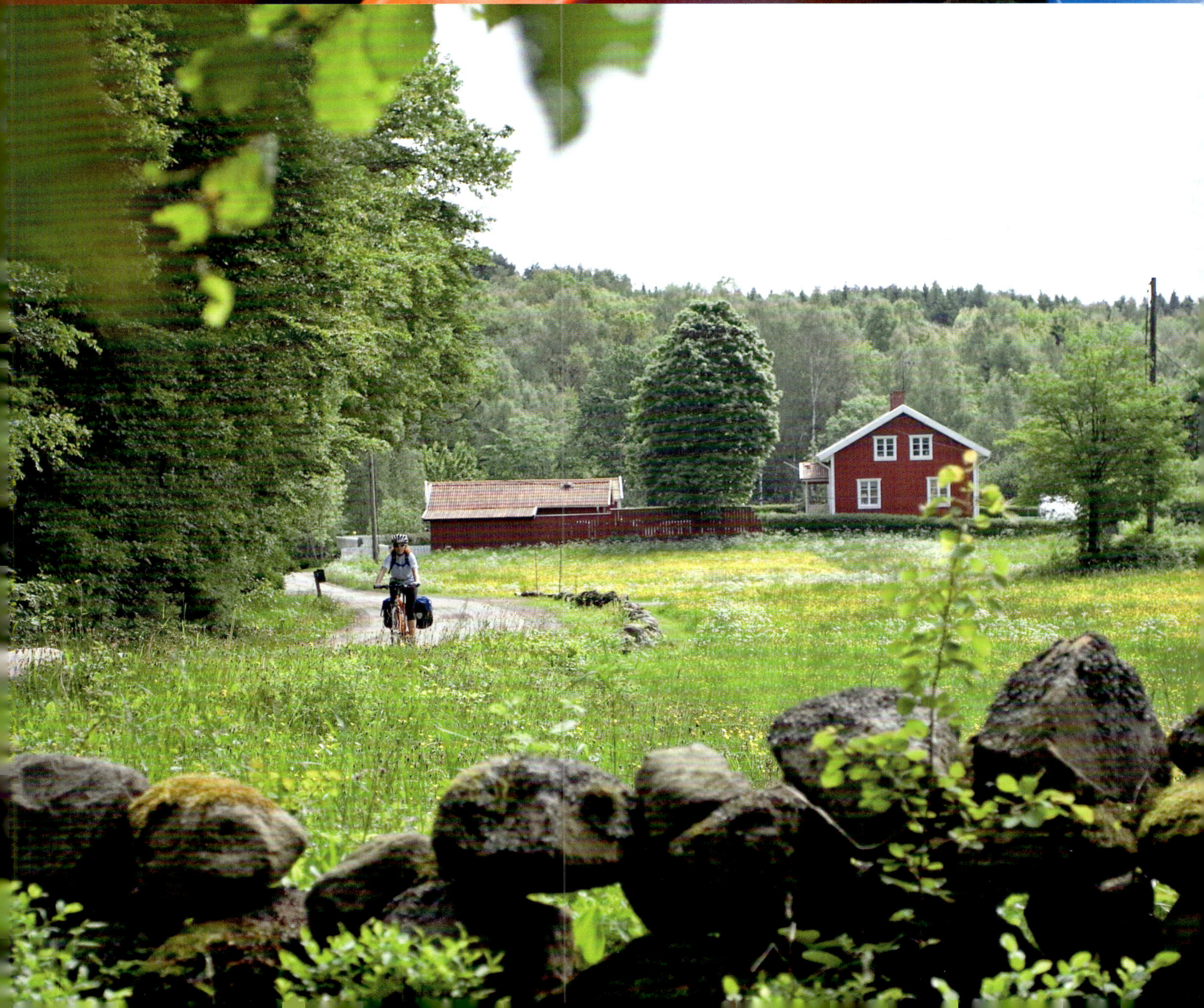

greife, beschreibt sie eine Region, in der sich alles um die viel zu kurze Hochsaison dreht. „Wärt ihr ein paar Wochen früher hier, würde kaum jemand durch die Straßen laufen. Viele der alten Häuser gehören mittlerweile Leuten aus Göteborg oder aus Norwegen, die nur selten hier sind." Auch in der Gastronomie dreht sich alles um die Wochen von Mitte Juni bis Mitte August. Mancher verdient in dieser kurzen Zeit genug für den Rest des Jahres, andere haben noch ein Hotel in den Skigebieten. Und obwohl es im Mai oder September nicht unbedingt schlechteres Wetter gibt, sind sich die Schweden sicher: Der Sommer dauert acht Wochen. Punkt.

Wohl dem, der dann einen Schleichweg nimmt. Nicht immer verweisen die Schilder des Nordsee-Radweges den Radler direkt auf die Küste. Oft mäandert die Route scheinbar ziellos durchs ruhige Hinterland, um Sehenswürdigkeiten mitzunehmen oder stark befahrenen Straßen auszuweichen. Doch immer wieder bündeln sich die Verkehrswege, wenn eine Insel zu Ende ist oder es gilt, einen Fjord zu queren. Dann stauen sich Autos und Radler vor den Schranken kleiner Fähren oder teilen sich die Fahrbahnen kühner Brücken. Ob ein Stück Land zum Festland gehört oder eine Insel ist, lässt sich unterwegs nicht sicher sagen. Und: Ist das nicht einfach eine philosophische Frage? Was ist eine Insel, ab welcher Größe wird Land im Meer ein Kontinent? Stoff zum Nachdenken, bis zur nächsten Fähre.

Als unsere Route bei Grebbestad wieder auf die Küste trifft, überfahren wir im Geiste einen Zielstrich. Hier ist die Schnuppertour durch Schwedens Westen zu Ende, denn ganz in der Nähe bietet ein Bahnhof die Chance zum problemlosen Rücktransport. Doch noch ist der Schären-Hunger nicht gestillt – im Gegenteil: Vor dem Aussichtsfelsen eines Küstenörtchens hatte sich ein verwirrendes Sortiment immer kleinerer und immer kahlerer Inseln weit ins ruhige Meer ausgebreitet. Unerreichbar fern für Radler und so eigenartig wie verlockend.

Wir sind die einzigen Kunden des Kajak-Verleihers. Leise knarzt der Steg in den mickrigen Wellen, als unser knallgelber Zweisitzer den Bug seewärts dreht und plätschernd Fahrt aufnimmt. Eine wasserdichte Seekarte klemmt auf dem Deck, die Trinkflaschen vom Rad daneben. Wir lassen Quallenschwärme zurück, dann die Leuchtbojen der Hafeneinfahrt. An diesem Teil der Schärenküste gibt es kaum Brandung oder Gezeitenströmungen, und so gleiten wir mutig an der ersten Inselkette vorbei. Angler sitzen vor roten Häusern, ihre Boote dümpeln vor sich hin. Auf der zweiten Inselkette campiert eine Motorbootbesatzung in einer Badebucht – und dann ist der magische Aussichtspunkt erreicht: ein namenloser Felsen im offenen Meer, halb so groß wie ein Tennisplatz. Kahl, vielleicht zwei Meter hoch und mit drei Batzen Vogelkot sowie einer zerhackten Krabbe dekoriert. Wir ziehen das Boot auf den sonnenwarmen Granitbuckel, schlürfen die Trinkflaschen leer und blicken landeinwärts. Auf eine Landschaft, die in ihrer grünen Küstenlinie viele rote Häuser, Buckel und Kurven versteckt. Und manchmal auch Seesterne.

Absolut tierisch: Der 6. Juni ist Nationalfeiertag. Aber die Rinder schauen immer so feierlich.

Ob ein Stück Land Festland oder Insel ist, lässt sich nicht immer genau sagen (rechts).

Info Schweden

CHARAKTER Zwischen Göteborg und der norwegischen Grenze liegen vorgelagerte Granitbuckel, die Schären, im Meer. Deren wellige Struktur setzt sich auch im Inland fort, was immer wieder zu kurzen, knackigen Anstiegen führt. Daher ist die vorgestellte Tour nicht für Anfänger geeignet. Übersetzungs-Minimum ist eine Achtgang-Nabe. Die Route folgt weitgehend dem Verlauf des spärlich durchmarkierten Nordsee-Radweges, der in diesem Abschnitt mit dem schwedischen „Cykelspåret" identisch ist. Die Route verläuft meist auf wenig befahrenen Nebenstraßen und gut planierten Erdstraßen. Auf den manchmal unumgänglichen Hauptstraßen herrscht vor allem von Mitte Juni bis Mitte August reger Autoverkehr.

TOURENVERLAUF 1. Tag: Göteborg – Stenungsund, ca. 60 km
Nach der lästigen Durchquerung der verkehrsreichen Gemeinden nördlich von Göteborg verläuft die Strecke ab Kungälv ruhig und wellig durchs Inland, dann als Radweg parallel zur Küstenstraße.

2. Tag: Stenungsund – Ellös, ca. 40 km. Über die Tjörnbron-Brücke, von der man einen großartigen Blick auf das umliegende Land und Wasser hat, geht es auf die Insel Tjörn. Auf Nebenstraßen hinüber nach Orust, Schwedens drittgrößter Insel. Der Küstenort Nösund auf halber Strecke ist hübsch, aber ohne Einkaufsmöglichkeiten.

3. Tag: Ellös – Hunnebostrand, ca. 65 km/700 hm. Die Etappe über die Inseln Malö, Flatön und Angön hinüber nach Fiskebäckskil ist ein landschaftliches Highlight. Die kleinen Fähren sind gratis, lediglich für die Überfahrt nach Lysekil sind ein paar Euro fällig. Nach etwa zwei Dritteln der Strecke biegt die Route sehr wellig nach Westen ab.

4. Tag: Hunnebostrand – Fjällbacka – Grebbestad, ca. 50 km. Die recht geradlinige Nordrichtung des Nordsee-Radweges hat hier eine Unterbrechung: Im Küstenort Fjällbacka verbrachte die Schauspielerin Ingrid Bergman viele Sommer, außerdem wurden hier Teile von Astrid Lindgrens „Ronja Räubertochter" gedreht. Auch ohne dieses Wissen lohnt der Besuch des Ortes – und die Besteigung des 75 Meter hohen Aussichtsfelsens! Vom Bahnhof Tanum bei Grebbestad verkehren Züge mit Radtransport zurück nach Göteborg.

AUSFLUGSTIPP Kajakcenter Grebbestad, www.kajakcenter.com. Bei ruhiger See sind Paddelausflüge im dichten Schärengürtel vor der Küste auch für Anfänger ungefährlich.

ANREISE Autofähren verkehren von Rostock nach Trelleborg und von Kiel nach Göteborg. Die Öresundbrücke verbindet Dänemark mit Schweden (Maut!). www.oeresundbron.com; www.scandlines.de; www.ttline.com; www.stenaline.de. Mit dem Flugzeug nach Göteborg, von dort per Airportbus (Fahrradmitnahme gratis, wenn verpackt) in die Stadtmitte.

UNTERKUNFT Hotel Kaprifol, Hunnebovägen 60, Hunnebostrand, www.kaprifol.com. Familiäres Hotel in Hunnebostrand.
Günstige und oft gepflegte Unterkünfte bieten die schwedischen Jugendherbergen (Vandrerhem), www.stfturist.se

ESSEN In Fjällbacka direkt am Wasser liegt das Gasthaus „Josefina W.". Hier gibt es für wenig Euro ein leckeres Mittagsbuffet inklusive Salat und nichtalkoholischen Getränken. Das lassen sich auch gerne die Einheimischen schmecken. Josefina W. Pensionat & Restaurang, Ingrid Bergmans Torg 2, Tel. 0046-525/32880

VERANSTALTER Wikinger Reisen (www.wikinger-reisen.de) organisiert individuelle Radreisen mit Gepäcktransport auf der vorgestellten Strecke.

AUSKUNFT Visit Sweden, Stortorget 2–4, SE-83130 Östersund, Fax 0046-63/128137, Tel. 069/22223496 (für Anfragen aus Deutschland), E-Mail: germany@visitsweden.com, www.visitsweden.com

Autoren und Fotografen

Armin Herb

Der freie Journalist und Leiter des Reise-Ressorts der Zeitschrift TREKKINGBIKE hält es mit Oscar Wilde. Der Schriftsteller soll einmal gesagt haben: „Reisen veredelt den Geist und räumt mit vielen Vorurteilen auf." Das Thema Reise bestimmt seit vielen Jahren sein Berufs- und Privatleben. Bevorzugtes Fortbewegungsmittel ist dabei das Fahrrad – nicht nur aus sportlichen und ökologischen Gründen. Die Straßen und Wege dürfen durchaus steil sein. Besonders gerne bewegt sich Armin Herb in den Gebirgen Europas, bevorzugt in den Alpen, aber auch in den Höhenlagen rund ums Mittelmeer oder in Skandinavien.

Daniel Simon

Der Sport-, Outdoor- und Reisefotograf arbeitet seit Jahren für führende deutsche Radsportmagazine. Als Bildredakteur der Zeitschrift TREKKINGBIKE prägt er entscheidend deren Erscheinungsbild. Im Fotostudio genauso zu Hause wie unterwegs, ist der Allrounder auch für internationale Zeitschriften und Firmen tätig. Am liebsten ist Daniel Simon auf seinen Fotoreisen trotz schwerer Ausrüstung mit dem Fahrrad unterwegs. Ein bevorzugtes Reiseziel hat der freie Fotograf nicht. Noch in jeder Region hat er bisher grandiose Landschaften, fantastisches Licht und faszinierende Menschen vor die Kamera bekommen.

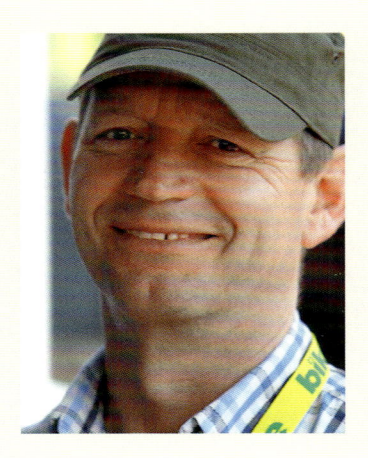

Tom Bierl

Der Chefredakteur der Zeitschrift TREKKINGBIKE ist seit mehr als 30 Jahren Reiseradler mit Passion. Auf seinen Radtouren erkundete er Europa und auch abgelegene Regionen der Welt, wie Kuba, Sri Lanka, Tasmanien, aber weite Teile der USA. Seine Reisereportagen veröffentlicht er in BIKE, TREKKINGBIKE und anderen Publikationen. Besonders begeistert ist Tom Bierl jedoch von den Trekkingradtouren im Alpenraum. Eine Alpenüberquerung gehört für ihn zu den schönsten Rad-Erlebnissen überhaupt.

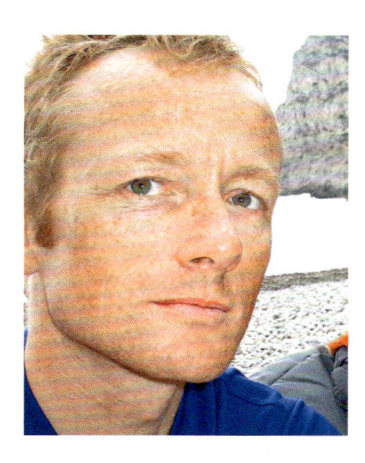

Jörg Spaniol

Er entschied sich schon als Schüler für ein anständiges Fahrrad anstelle einer Bus-Monatskarte. Seitdem begleiten ihn Fahrräder als Transportmittel, Sportgeräte und ideale Reisevehikel. Nach mehreren Jahren als Redakteur des Rennradmagazins TOUR kündigte er 2003 seine Festanstellung. Jörg Spaniol lebt in München und arbeitet als freier Journalist und Fotograf für diverse Publikationen – unter anderem auch für TREKKINGBIKE.

Gerhard Eisenschink
Sylvia Lischer

Sylvia Lischer (Text) und Gerhard Eisenschink (Fotos) sind als Autoren-Team schon seit 15 Jahren gemeinsam unterwegs. Für TREKKINGBIKE arbeiten sie seit der ersten Stunde des Magazins und sehen ihre Schwerpunkte bei der Reisereportage. Beide recherchieren unter ihrem ganz persönlichen Motto „von Kanu bis Kamel" Reportagen für diverse Magazine mit den unterschiedlichsten Fortbewegungsmitteln.

Norbert Eisele-Hein

Er finanzierte bereits sein Studium der Ethnologie, Psychologie und Literaturwissenschaft in München und London mit Reportagen über exotische Radabenteuer. Ehe er sich vollends der Outdoor- und Actionfotografie widmete, assistierte er bei mehreren Studiofotografen, um das Handwerk von der Pike auf zu lernen. Seine Fotos sind in Outdoor-, Reise- und Lifestylemagazinen, wie z. B. NATIONAL GEOGRAPHIC, TREKKINGBIKE und FIT FOR FUN, zu sehen.

500 km
NOR
Bergen
Oslo-
SCHOTT LAND
Aberdeen
Nordsee
Edinburgh
Glasgow
NORD-IRLAND
Belfast
Newcastle
DUBLIN
IRLAND
Leeds
Liverpool
Manchester
Sheffield
Corcaigh
Birmingham
Norwich
NIEDER-LANDE
ENGLAND
AMSTERDAM
Den Haag
Wales
Cardiff
Oxford
Bristol
LONDON
Essen
Dover
BELGIEN
Portsmouth
Plymouth
Der Kanal
Lille
BRÜSSEL
Le Havre
LUX
LUXEM
PARIS
ATLANTISCHER OZEAN
Rennes
Tal der Loire
Strasbour
Nantes
FRANKREICH
Burgund
Lyon
St-Etienne
Bordeaux
Golf von Biscaya
La Coruña
Gijón
Oviedo
Provence
Bilbao
Toulouse
Montpellier
Nizza
Vigo
Marseille
ANDORRA
Porto
Valladolid
Zaragoza
Barcelona
MADRID
PORTUGAL
Menorca
LISSABON
Mallorca
Menorca
Valencia
Palma
SPANIEN
Mallorca
Ibiza
Teneriffa
Córdoba
Sevilla
Murcia
Alicante
Mittel
Kanarische Inseln (Spanien)
La Palma
Lanzarote
Fuerte-ventura
Teneriffa
Gran Canaria
100 km
Granada
Málaga
ALGIER
ALGERIEN